The Great British Reboot

How the UK Can Thrive in a Turbulent World

英国的重启

[英] 亚历克斯 · 布鲁默 著

洪 云 毛俐鸿 李诗翊 译

中国科学技术出版社

·北 京·

图书在版编目（CIP）数据

英国的重启 /（英）亚历克斯·布鲁默著；洪云，毛俐鸿，李诗翊译 . -- 北京：中国科学技术出版社，2025.9

书名原文：THE GREAT BRITISH REBOOT：HOW THE UK CAN THRIVE IN A TURBULENT WORLD

ISBN 978-7-5236-0573-8

Ⅰ . ①英… Ⅱ . ①亚… ②洪… ③毛… ④李… Ⅲ . ①经济 – 研究 – 英国 Ⅳ . ① F156.1

中国国家版本馆 CIP 数据核字（2024）第 057196 号

策划编辑	李惠兴　郭秋霞
责任编辑	关东东
封面设计	书诚汇发
正文设计	中文天地
责任校对	张晓莉
责任印制	马宇晨

出　　版	中国科学技术出版社
发　　行	中国科学技术出版社有限公司
地　　址	北京市海淀区中关村南大街 16 号
邮　　编	100081
发行电话	010-62173865
传　　真	010-62173081
网　　址	http://www.cspbooks.com.cn

开　　本	787mm × 1092mm　1/16
字　　数	290 千字
印　　张	24.75
版　　次	2025 年 9 月第 1 版
印　　次	2025 年 9 月第 1 次印刷
印　　刷	河北鑫兆源印刷有限公司
书　　号	ISBN 978-7-5236-0573-8 / F · 1228
定　　价	78.00 元

（凡购买本社图书，如有缺页、倒页、脱页者，本社销售中心负责调换）

前　言

自 2020 年本书首版问世以来，英国及全球政治格局已发生天翻地覆的变化。初版付梓之时，英国及众多国家经济正深陷新冠疫情后的瘫痪状态。在鲍里斯·约翰逊（Boris Johnson）政府领导下，英国抗疫起初举棋不定、反应迟缓，在应对这场危机时付出了惨痛的生命代价。

新冠疫情及随后的俄乌战争彻底改变了英国政治生态。在这段动荡岁月里，鲍里斯·约翰逊、利兹·特拉斯（Liz Truss）和里希·苏纳克（Rishi Sunak）三位保守党首相接连倒台，令执政 14 年的保守党陷入分裂与混乱。2024 年 7 月 4 日，人权律师出身的工党领袖基尔·斯塔默爵士（Sir Keir Starmer）取得压倒性胜利，成为下一任英国首相。工党斩获 412 个议席，保守党仅获 121 席，创下现代史上悬殊最大的胜选纪录之一。工党允诺的变革与发展，激起了英国人民终结保守党乱局的渴望。

2025 年 1 月 20 日，唐纳德·特朗普（Donald Trump）再度就任

美国总统，全球政治经济秩序不确定性增加。这位新任总统携激进改革方案而来，意在重塑有损美国制造业霸主地位、导致美国优质就业岗位流失的国际贸易体系。

在英国，最终导致约翰逊下台的政治风暴根源均指向新冠疫情。接踵而至的疫情危机与俄乌战事，使得英国的脱欧进程与“英国的重启”遭到搁置。

然而，英国卓越的生命科学领域，作为其最能从脱欧中获益的行业之一，在疫情初期的混乱中大显身手。各家制药巨头都打起精神应对挑战。由牛津大学莎拉·吉尔伯特（Sarah Gilbert）教授研发，由在中国市场极为活跃的药企阿斯利康（AstraZeneca）推向市场的新冠疫苗，为遏制疫情蔓延作出重大贡献，助力英国、欧洲部分地区及全球多地逐步恢复常态。

疫苗研发与推广的幕后功臣是鲍里斯·约翰逊政府任命的疫苗工作组负责人——富有进取心的健康事务专家凯特·宾厄姆（Kate Bingham）。首相约翰逊将大部分功劳据为已有。时任财政大臣的里希·苏纳克因推行“休假补贴计划”广受赞誉，该政策有效遏制了疫情期间的失业潮，避免经济遭受长期创伤。

疫情期间，英国防疫封锁政策严禁社交聚会。但随后媒体曝出猛料：当全国民众严守防疫规定时，首相官邸唐宁街 10 号的花园与室内却接连举办多场聚会。

公众的愤怒瞬间被引爆。那些被禁止探视住院亲属、无法在养老院陪伴至亲的家庭怒火中烧。最终，伦敦警察厅对约翰逊及其团队提起系列诉讼。在瞬息万变的英国政坛，这位首相及其保守党政府的权力根基开始松动。约翰逊被迫辞职后，保守党内部选举推举前外交大臣利兹·特拉斯于2022年9月接任首相。彼时，她接手的英国面临着疫情造成的经济、预算余震与乌克兰战争双重困扰。西方对俄制裁引发的能源断供导致油气价格飙升，英国政府为家庭提供的大规模补贴使国债规模激增，国家债务占GDP比例直逼100%。

特拉斯与其财政大臣夸西·克沃滕（Kwasi Kwarteng）为重振经济实施了激进的供给侧税收改革。为带领英国走出困境，政府实施的具体措施包括削减个人所得税最高税率、大幅降低企业所得税、取消银行家奖金限制、减轻资本利得税与遗产税负担等。

这套减税方案既没有资金支撑，也未经英国预算责任办公室[①]进行规模审计，立即引发了金融市场剧烈震荡。英国国债收益率飙升，英镑汇率暴跌，英格兰银行被迫启动救市。为保住首相之位，特拉斯解雇了亲自任命的财政大臣兼政治盟友克沃滕，改由温和派保守党议员杰里米·亨特（Jeremy Hunt）接任。

但保守党后座议员[②]掀起的倒戈浪潮势不可挡，特拉斯执政仅45天便黯然下台，创下英国现代史上最短首相任期纪录。

走投无路的保守党转而求助抗疫功臣苏纳克，寄希望于他稳健的经济手腕。这位曾任对冲基金经理、娶印度亿万富豪之女的政坛新星担起了不可能完成的任务。财政大臣杰里米·亨特推翻了许多特拉斯政府颁布的供给侧政策。苏纳克、亨特与贸易大臣凯米·巴德诺赫

---

① 预算责任办公室（Office for Budget Responsibility），英国独立公共机构，提供有关英国公共财政的分析与预测，主要功能包括进行经济和财政预测、评估政府政策的财政影响、增强财政透明度和可信度。（页下注均为译者注）

② 后座议员，即在英国及其他英联邦国家议会下院中，未担任政府或反对党重要职务，坐在后排议席的普通议员。其核心职能包括监督政府施政、代表选民发声及参与议会辩论。

（Kemi Badenoch，后于 2025 年当选保守党领袖）意识到：必须重启脱欧议程。亨特推出“全额费用化”（full expensing）政策，允许企业通过税款减免，全额抵消厂房、机械、设备等新投资。

英国先后与加拿大、澳大利亚、日本签署贸易协定，并加入《全面与进步跨太平洋伙伴关系协定》[①]。巴德诺赫启动的英印贸易对话最终促成斯塔默工党政府于 2025 年 5 月签署协议。5 年前，本书首版探讨的“经济向快速增长的太平洋地区倾斜”趋势，已经得到了印证。在特朗普政府 2025 年 4 月 2 日对全球加征关税后，英国成了首个与其签署关税协议的国家。

与保守党前辈们相似，基尔·斯塔默领导的工党政府清醒认识到：21 世纪的英国不能将目光局限于欧洲，而是要放眼全球。英国期望在欧盟框架外发展，同时又通过重塑英欧关系（特别是强化防务与外交政策联动）平衡其目光的重心。工党修复英欧关系的举措，标志着其与前任保守党政府路线的重大决裂。工党也意识到，奈杰尔·法拉奇（Nigel Farage）领导的改革党正在崛起，这支由英国脱欧的支持者重组而成的党派，将限制英欧再次互联的深度。

本书的写作背景可以追溯到 2015—2016 年的英国脱欧公投运动。与许多支持英国离开欧盟的人不同，我的观点从未受到“控制边境”或“限制移民”这样的呼声所影响。恰恰相反，作为一名幸存难民的儿子，我在英国找到了容身之所，也有了经济保障，所以我很难去批评移民政策。实际上，我深知近年来英国经济改善的重要动力正

① 全面与进步跨太平洋伙伴关系协定（Comprehensive and Progressive Agreement for Trans-Pacific Partnership，CPTPP），是亚太国家组成的自由贸易区，是美国退出跨太平洋伙伴关系协定（TPP）后该协定的新名字。

是大量移民的涌入。我也明白，接纳外来移民对国家发展有利有弊。

随着2016年的公投推进，“留欧”支持者们的消极态度，让我对他们日渐失望。“脱欧”将对英国造成破坏性的影响，可能会影响国民家庭收入和国家经济增长，这一点我完全同意。然而，我仍坚持认为，脱欧的影响远不及2008年那一场使国民收入停滞长达十年之久的大金融危机（The Great Financial Crisis）。导致英国无家可归者数量增多、食物银行随处可见的元凶是银行业崩溃及其后的财政紧缩，而非脱欧。

我们无法接受英国这个世界第六大经济体陷入贫困。但要讲述现代英国的故事，也不应忽视积极的一面：失业率创历史新低、逆境中实现增长、优势产业持续发光。

2009—2010年，始于希腊、席卷欧盟的欧洲主权债务危机给人们敲了一道警钟：欧盟共有28个成员国，其中17个（包括英国）处于欧元区[①]中，这本应是一个秩序井然的经济金融共同体，实际上却是如此的不堪一击。整个欧元区内的失业率上升尤为惊人，而年轻人最是饱尝苦果。在希腊、意大利和西班牙，青年失业率更是创下了40%～50%的新高。高得离谱的失业率，预示着又有一批人将沦为迷惘一代，他们中的许多至今还未找到工作。同样令人不安的是，经济失衡与对非欧盟移民的抵制情绪，共同滋生出政治极端主义。

希腊危机高峰时期，我正担任驻雅典记者，听说有金色黎明[②]的

---

① 欧元区，是指欧洲联盟成员中使用欧盟的统一货币——欧元的国家区域。1999年1月1日，欧盟国家开始实行单一货币欧元和在实行欧元的国家实施统一货币政策。

② 人民联盟－金色黎明（Popular Association – Golden Dawn），通常直接简称金色黎明，希腊非法政党，为极右翼组织、法西斯政党、新纳粹组织。2020年10月7日被希腊法院裁定为犯罪组织。

支持者穿着黑色法西斯服装组成抢劫团伙袭击阿尔巴尼亚移民，这让我大为震惊。其他欧洲极端主义党派也大多都持有种族主义观点，它们在各地开展游行，例如法国的国民阵线①、德国的德国选择党②、意大利的五星运动③，还有匈牙利的尤比克党④、青年民主主义者联盟⑤。这些游行所体现的并不是欧洲一体化的成果，反而令人想起 20 世纪 30 年代动荡的政治环境。事实上，自本书 2020 年完稿以来，极右翼势力的惊人增长印证了这种趋势。

前首相戴维·卡梅伦（David Cameron）和财政大臣乔治·奥斯本（George Osborne），以及其他留欧派将欧盟标榜为英国与欧洲的纽带，称其是国家民主和繁荣的基石，但现实与他们所言相去甚远。

欧元区运作不畅，以及德国对欧盟内的弱势国家采取不必要的严厉预算和货币补救措施，都让我不满，更让我不禁质疑：为何英国会想要加入这样一个低能的俱乐部？于是，我开始关注英国在哪些方面表现良好，思考英国脱离欧盟后是否真的会损失惨重。英国在很大程

---

① 国民阵线（Front National），法国的一个极右翼政党，2018 年 6 月 1 日，正式更名“国民联盟（the National Rally）”。

② 德国选择党（Alternative for Germany，简称 AfD），德国新成立的新政治运动团体。它以抛弃欧元为核心目标，是德国自第二次世界大战结束以来首个进入议会的右派民粹主义政党。

③ 五星运动（Five Star Movement），一个新兴的意大利民粹主义政党。所谓“五星”，是指政党的五大支柱理念：水资源公共化、可持续交通、发展、连通性和环保主义。

④ 尤比克党（Jobbik），匈牙利七政党之一，成立于 2003 年 10 月 24 日，成员多为青年人。

⑤ 青年民主主义者联盟（FIDESZ），匈牙利执政党，成立于 1988 年 3 月 30 日，成员多为青年知识分子。

度上是一个服务驱动型经济体。然而，从闪电战[①]的狂轰滥炸，到20世纪70年代英镑贬值和向国际货币基金组织借款的创伤，再到1992年退出欧洲货币体系（欧元区的前身），说明英国也有抵御政治、经济和金融冲击的英勇历史。

2020年春，英国应对新冠疫情的经济、金融和社会冲击的行动走在七国集团前列。鲍里斯·约翰逊所领导的保守党政府抛弃了一贯的财政责任和货币审慎传统，果断采取激进措施遏制金融市场混乱，为英国从公共卫生危机与经济冲击中复苏创造条件。

自20世纪80年代以来，英国经济渐渐转型。现代化的汽车制造业已经从过去的一片狼藉中崛起，但英国经济真正的优势在于伦敦金融城，在于英国的世界一流研究型院校，在于英国所掌握的技术及其创新型产业。很少有人承认的是，尽管经济活动的许多标准可能都是欧盟制定的，但大多数服务业都不在贸易协定的管辖之内。这或许是英国脱离欧盟后收获的终极大奖，亦是本书的核心关切。

二十年来，我在《每日邮报》（*Daily Mail*）任财经编辑，有幸能与政府、英格兰银行、各大智库的意见领袖，以及富时100指数[②]成份股公司的首席执行官、主席们保持定期密切联系。诸多人士为本书观点形成提供了宝贵帮助。在此，我不会透露他们的姓名，也不需要借此来捏造权威性。我想表达的是，如果没有这些高管、专业人士和

---

① 闪电战（Blitz），又名闪击战，是第二次世界大战纳粹德国使用的一种战术，利用飞机、坦克的快捷优势，以突然袭击的方式制敌取胜。1940年9月7日至1941年5月11日，纳粹德国对英国发动猛烈轰炸。

② 伦敦金融时报100指数（FTSE 100），简称富时100指数。创立于1984年1月3日，是在伦敦证券交易所上市的最大的一百家公司的股票指数，由伦敦金融时报编制。该指数是英国经济的晴雨表，也是欧洲最重要的股票指数之一。

观念塑造者抽出时间来与我交谈或是接受采访（部分内容已引述文中），我必定难以琢磨清楚英国如何重掌经济命脉，拿回工业控制权，重启社会并开创国家新纪元。在创作本书期间，我还兼顾撰写报纸的每日专栏。文中若有疏漏，那完全是出自我本人的粗心和时间限制，与接受我采访的各位人士无关。

尽管距本书首版已逾五载，我坚信诸多观点至今仍具现实意义。英国高校是创新引擎。英国的诺贝尔奖得主数量仅次于美国，尤以科学领域见长。2024 年，深脑（DeepMind，现属谷歌）创始人、AI 先驱德米斯・哈萨比斯（Demis Hassabis）与科学家杰弗里・辛顿（Geoffrey Hinton）、经济学家西蒙・约翰逊（Simon Johnson）分别摘得诺贝尔化学奖、物理学奖和经济学奖，再次彰显英国在科技、AI 与生物科技领域的领导地位。辅以恰当的研发激励与税收优惠，英国创新发展机遇不可估量。

在 2020 年写作本书时，我力主英国大胆投资基建。斯塔默工党政府 2024 年接过了这一重任，通过设立国家财富基金（National Wealth Fund）、组建大英能源公司（Great British Energy），以及改革英国商业银行以助推目标实现。财政大臣蕾切尔・里夫斯（Rachel Reeves）也调整了财政规则，使其向投资倾斜。在写作本书时，我所强调的“为数字革命重构英国”进程正加速推进，具体体现于以“H”为首字母的三大工程：希思罗机场（Heathrow Airport）扩建、欣克利角（Hinkley Point）核电站建设与连接伦敦与英国北部的英国高铁 2 号线（High Speed 2）。

本届工党政府将基础设施建设列为优先事项：改革规划体系以推进风电场、碳捕获与绿色氢能等新项目；重启欧洲最繁忙机场希思罗机场的第三条跑道建设；持续推进萨默塞特郡欣克利角巨型核电站建设；将罗尔斯·罗伊斯工程师设计的小型模块化核反应堆提上日程。虽然苏纳克政府因预算不足取消了高铁 2 号线北段，但工党承诺完成伦敦至伯明翰段，并在伦敦市中心的尤斯顿站设立终点站，且高铁 2 号线由伯明翰至曼彻斯特的精简版方案也并未完全搁置。

说起来，唐纳德·特朗普 2025 年就职美国总统后反而强化了英美纽带。伦敦金融城实际已成为华尔街在欧洲的大本营，脱欧后伦敦金融业岗位不降反增，预言中的“外逃巴黎、米兰、法兰克福”从未成真。其实，新一代美国金融机构，如城堡投资（Citadel），正重金布局伦敦金融城的地产、贸易与做市业务[①]。新上台的工党政府已经认识到，放松 2008 年大金融危机以来的严苛监管，可巩固英国的金融中心地位。

在宪政改革方面，工党没能如本书所主张那样，对以贵族为主的上议院进行彻底改革。希望前首相戈登·布朗（Gordon Brown）关于加强地区代表性的构想终能实现，这也恰是本人 1970 年本科毕业论文的核心观点！在英国，政治改革向来步履缓慢。

令人欣慰的是，本书的许多核心理念在 2025 年的今天仍具生命力。机遇就在眼前，只待英国政府、商界与民众一同敞开怀抱。脱离欧盟的英国仍属欧洲一员，完全有能力将其在科研、创意产业、金融与专业服务领域的卓越成就推向全球。这是一个崇高的抱负。面对新冠疫情、欧洲战事、中东烽火、特朗普贸易新政等挑战，前路难免坎坷，但凭借坚定意志与善治，这个充满智慧与技能的国度定能攻坚克难。

---

① 做市业务，即做市商在银行间市场按照有关要求连续报出做市券种的现券买、卖双边价格，并按其报价与其他市场参与者达成交易的行为。

如此大篇幅的作品，没有他人的协助是绝对不行的。成书过程中，我要特别感谢挚友、前《卫报》（*Guardian*）同事诺曼·海登（Norman Hayden）的慷慨相助。诺曼就像对待我此前的创作一样，帮助我调整章节，钻研用词，提供了许多高见。我们至今仍能融洽地共事，实在是难能可贵。亦需感谢联合报业集团（Associated Newspapers）主席，也是我的前任主编保罗·达克雷（Paul Dacre），感谢他在英国脱欧公投前后允许我在《每日邮报》上预先发表了许多本书当中的论点。

我后来遇到的其他编辑也同样乐于助人。无论涉及脱欧经济影响抑或高铁 2 号线的利弊，即使他们未必完全认同我的观点，但也给予我充分的表达自由。特别致谢特稿栏目前负责人利夫·卡尔法扬（Leaf Kalfayan）及其团队，将笔者多篇剖析英国脱欧、展望欧盟外前景的文章置于版面要位。

感谢朝夕相处的同事、《每日邮报》商业栏目编辑露丝·桑德兰（Ruth Sunderland）。我二人经常在欧盟问题上意见相左。我为“脱欧”摇旗呐喊，她却是“留欧”阵营的一员。不过我们之间的辩论始终彬彬有礼，不会像下议院辩论和英国广播公司（BBC）的《问题时间》（*Question Time*）那样剑拔弩张。她的真知灼见有助于我修正自己的观点。而且，对于我因创作而导致的工作缺席，她也一直予以包容。

在创作期间，我的出版经纪人乔纳森·佩格（Jonathan Pegg）为这本关乎国家利益的著作提供了大量宝贵意见和建议。我们已经默契配合了将近二十年，但愿以后也能持续下去。置身学术氛围浓厚的布鲁姆伯里区，来到伦敦耶鲁大学出版社，我还要向我的前编辑泰巴·巴图尔（Taiba Batool）致以感谢，感谢她慧眼识珠，看见了这本书的价值。我还很荣幸得到编辑部主任朱利安·洛斯（Julian Loose）诸多中肯建议，指导我走向出版。同我之前的作品一样，这部作品的参考书目也是由爱子贾斯汀·布鲁默（Justin Brummer）博士编制的，他还提出了技术层面的建议。

最后特别致敬爱妻特里西娅·布鲁默（Tricia Brummer）。无论身处意大利、希腊、康沃尔，还是美国东海岸，她与家人早已习惯：每一个假日清晨，不光属于美景与沙滩，也属于我的创作。

从始至终，特里西娅毫无怨言，一直耐心地支持着我。

亚历克斯·布鲁默

2025 年 5 月　英国伦敦

目录

第一章 企业与希望的国度 1

第二章 美丽新世界 28

第三章 研发领域的大师 71

第四章 白热化的技术 107

第五章 创意天才：从游戏到奥斯卡 135

第六章 摇钱树：贪婪、蝗虫与嬉皮士 175

第七章 分裂的国家：地理、代际与商品之战 206

第八章 国家治理：拿回控制权！ 240

第九章 基础设施：火车、电话和飞机 278

第十章 传统：归于未来 309

第十一章 勇往直前 330

注释 345

主要参考文献 367

索引 370

译后记 378

第一章
企业与希望的国度

经济是一种手段，目的在于改变灵魂。

——玛格丽特·撒切尔

2020年1月31日，英国正式结束其欧盟成员国身份，这是英国历史上一个标志性的时刻。英国脱欧一事，饱含活力、热情和进取心，为重建英国与世界其他国家的关系、重启英国经济、社会和国家治理提供了绝佳机会。脱欧代表着与过去决裂，意义重大。尽管它与其他重大事件相比，重塑国家叙事的方法有所不同，但它同样具有决定性意义。

英国的脱欧是有迹可循的，可以追溯到新教伦理的胜利。脱欧之前，有一系列环环相扣的事件：一切始于1688年的光荣革命[①]与

① 光荣革命（Glorious Revolution），是1688年英国资产阶级和新贵族发动的推翻詹姆斯二世统治、防止天主教复辟的非暴力政变。因没有发生流血冲突而得称“光荣革命”。

1846年《谷物法》的废除，自此国际社会走上了零关税贸易的道路；到1931年金本位制[①]的舍弃；再到20世纪80年代玛格丽特·撒切尔[②]掀起的自由市场风暴。脱欧之后，英国不必再参考欧盟委员会在布鲁塞尔制定的财政规章制度，例如禁止国家补贴的规章制度。因而，2020年新冠疫情来袭时，英国能够并且愿意采取独立行动，克服疫情造成的生产活动混乱。

英国退出欧盟之后的新角色，使其有机会重新关注英国的优势所在，重新考虑英国想要以怎样的姿态面对其他国家。同时，为了应对新冠疫情对英国的商业、民族自信和国家凝聚力造成的创伤，英国必须树立起更宏伟的愿景。作为英国新闻界的一个经济、商业评论员，一直以来，让我沮丧的就是：只有小部分人会关注英国长期面临的问题，会为我们国家的闪光点而感到自豪。我在2012年出版的《待售的英国》（*Britain for Sale*）一书中，指出英国允许海外企业在未经彻底审查的情况下收购英国的关键企业，是一种过度的开放；我试图阐明这对于我们的文化和国家工业的未来造成了多么严重的损害。英国脱欧后的新角色需要面向世界，这就要求英国重新思考自己的定位。

1973年至1993年，英国的经济态势可以说相当出色。那时，“一

---

① 金本位制（Gold standard），是以黄金为本位币的货币制度。在金本位制下，每单位的货币价值等同于若干重量的黄金（即货币含金量）；当不同国家使用金本位时，国家之间的汇率由它们各自货币的含金量之比——金平价来决定。

② 玛格丽特·撒切尔（Margaret Thatcher，1925—2013年），通常被称为“撒切尔夫人”，英国右翼政治家，第49任英国首相，1979—1990年在任，她是英国第一位女首相，也是自19世纪初利物浦伯爵以来连任时间最长的英国首相。在任首相期间，对英国的经济、社会与文化面貌做出了既深且广的改变。在担任首相前后高姿态地反对共产主义，而被苏联媒体戏称为“铁娘子”，这个绰号甚至已成了她的主要标志。

体化程度较低”的欧洲经济共同体首次实行了单一市场①政策。在此期间，英国的人均产出（经济学家称为人均国内生产总值）增长了117%。[1]随后，从1993年到2016年英国脱欧公投期间，国内生产总值又增长了57%。就这样，英国击败了它在欧洲大陆的部分竞争对手。但这些数据不足以说明英国的这一出色表现有多大程度应该归因于它加入了欧盟和单一市场，又有多大程度取决于其他因素。有一种观点认为，20世纪80年代，玛格丽特·撒切尔的经济政策以放松管制和私有化为核心，对经济和金融体系进行了大刀阔斧的改革，正是这一系列改革从而释放了资本主义自由市场的活力。而正是企业和企业家发生的这些根本性变化为英国从工业衰退中的复苏提供了支撑。

走向全球并不意味着英国必须与欧盟断绝往来。走向全球对英国的要求是能够自由地做出相关政策决定，而不是被欧盟的潮流裹挟而行。鉴于贸易开放国家的角色不变，英国必须与欧盟保持健康的政治、安全、贸易和经济关系。脱离欧盟并不等于用世界其他地区来取代欧洲。在英国作为欧盟成员国时期，世界也在持续发展。尽管之前美国在全球经济中占据主导地位，但在21世纪初这一地位却受到了中国的强力挑战。全球经济形势的变化及英国与世界其他地区日益增长的贸易量（尤其是服务贸易）是怎样完成的，都是本书的关注点。

人们往往会低估英国竞争优势的规模。英国需要延续并发展它在多个领域的竞争优势，包括一流研究型大学、金融服务、高科技、航

① 单一市场（Single Market），最初称“共同市场”（Common Market），是指在欧盟内实现没有内部边界的一个区域，在这个区域内保证商品、人员、服务和资本的自由流动。

空航天和创意产业，等等。这些领域的活动对英国经济的贡献鲜为人知。我将在随后的章节尝试更加详细地考察它们的贡献。此外，研究、制药、技术、软件和创新方面的许多进步，都可以溯源到英国高等院校的高知群体。在应对 2020 年新冠疫情的挑战期间，这一群体同样做出了突出贡献。我也将详细考察他们在英国的发展故事当中的角色。

从媒体每天事无巨细的报道中，我们可以经常浏览到英国的创意产业：J.K. 罗琳（J.K. Rowling）的畅销书《哈利 · 波特》（*Harry Potter*）、导演萨姆 · 门德斯（Sam Mendes）的电影《1917》及其多部获奖作品、世界巨星阿黛尔（Adele）和埃德 · 希兰（Ed Sheeran）的表演、理查德 · 罗杰斯（Richard Rogers）对世界建筑的影响……只不过我们并未意识到，从设计领域到电子游戏产业，创新创业的故事无处不在，而我们所看见的不过是冰山一角。

我们的国家对伦敦这座城市爱恨交织，我们的银行仍旧被看作是导致 2007—2009 年金融危机及随后的经济停滞和收入下降的罪魁祸首。不过，在许多方面，金融就是英国的利刃。金融业为英国带来的海外收入最高，就像是一块吸引国际机构的磁石。伦敦是除纽约以外世界上最大的金融中心。本以为 2016 年的脱欧公投不利于伦敦发展，出人预料的是，自公投结果公布以来，伦敦反而吸引了更多的资深金融人士。2020 年新冠疫情造成的封锁和社交距离措施，重创了多个经济领域，尤其是航空航天、酒店业和零售业。在社会生产和就业机会大幅下降的情况下，英国金融部门通过通融交易、提供信贷（在政府担保的助力下）及为陷入困境的公司和在疫情过后寻求机遇的公司筹集新资本，担起了应尽之责。尽管新冠疫情的遗留问题使得挑战更加严峻，但保持伦敦的金融领导权并抓住下一代金融技术的命脉势在必行，这对于英国在脱欧后时代续写往日辉煌至关重要。

在这本书中，我试图更详尽地探讨英国政治对话中经常被忽略的优点，并对巩固发展的方式方法展开叙述。要弥合社会和地理的鸿沟，我们还有许多工作要做。生产力低下这一问题也必须解决，才能提高社会生产。失业问题（尤其是首次进入劳动力市场的 18—24 岁年轻人的失业问题）因新冠疫情而加剧，也给我们带来了挑战。新冠疫情让我们看到政府如何在危急关头适应新环境，也让我们看到过度中央化的国有机构很难打破陈规，例如国家医疗服务体系和英国公共卫生局。英国与欧盟决裂之前的争论，使得国民之间的代沟显露无遗。本书也就这种代沟展开了讨论。历经三年半的艰难抉择，英国最终脱欧。这期间，英国政治、司法和治理体系中未经解决的问题暴露了出来。我们此前的宪法改革零碎且陈旧，因此，我主张进行彻底改革。

金融危机过后，最严重的经济问题之一就是生产率低下，随之而来的是几年间的经济增长滞后。为解决这一问题，我们需要更灵活、更快地采用数字经济，而数字经济又需要更好、更快的宽带覆盖和连接。因此，我们的任务之一，就是跟随维多利亚时代人们的脚步，建设新形态、更绿色和数字化的基础设施。本书第九章探讨了优先项目、气候变化议程和低利率环境。这三者被看作是英国向前迈出的一大步，对鲍里斯・约翰逊及其所领导的保守党政府提出了新的要求。公民的最大利益是什么？尽管政府已经在与新冠疫情和经济萧条的斗争当中消耗了太多精力，但它必须就此问题做出严肃、长远的决定。

而英国的年轻一代，有许多人因为在脱欧辩论中意见相左而相互疏远，因新冠疫情导致的穷困等种种负面影响而沮丧。英国需要树立起新的愿景，以此激励年轻一代。

英国加入欧盟以来，近五十年间，全球经济发生了根本性的变化。尽管欧盟在某些方面对英国有利，但脱欧让我们的国家有机会重新聚焦、拥抱新视野。英国仍未摆脱过去一些决策的后果。政府承诺拉动北部、中部和其他被忽视的地区发展，就是一个很好的例子。达成这一承诺需要坚定的意志和大量的资源，基础设施投资至关重要，但我们绝不能低估这些设施投入使用所需的时间。这个过程首先需要税收激励的支持，可以效仿撒切尔时期为重振默西赛德郡（Merseyside）而采取的税收激励。其次，也需要更加大力地扶持当地的公共服务，包括公务员待遇等。2020 年 3 月，时任财政大臣的里希·苏纳克宣布计划将数千名英国财政部工作人员从伦敦迁往英格兰北部。这是政府朝着这个方向迈出的一步。

交通不便和通信不畅，对于英国投票退出欧盟的各地区是一大发展阻碍。这就是为什么对现代基础设施的投资必不可少。无论是发展超高速宽带，还是改善整个北方的通勤交通，都是必要的。2020 年的封锁对英国发展唯一有益的一点，就是推出了超高速宽带、第五代移动通信技术（5G）和其他新通信技术的价值。有了这些，数百万工人和企业家足不出户就可以在网上完成工作、经营业务。政府已经做了一些重大决定，尽管其中一些尚存争议，例如继续修建连接伦敦与伯明翰（Birmingham），再到曼彻斯特（Manchester）和利兹（Leeds）的高速铁路。此外，政府还承诺大力投资以改善公共汽车服务和线路，并打造更适宜自行车骑行的城市。只有解决了城市连通问题，前财政大臣乔治·奥斯本所设想的“北方经济引擎”① 才有可能化为现实。

公用事业的监管方式及发挥其效用的途径也需要进行彻底改革。海外公司执掌重要公用事业和重要经济部门，这件事本身并不坏。英格兰银行首席经济学家、工业战略委员会（Industrial Strategy Council）主席安迪·霍尔丹（Andy Haldane）认为，一些跨国企业甚至在英国成了领头羊。霍尔丹在他的办公室里接受了我的采访，窗外就是英格兰银行郁郁葱葱的庭院。霍尔丹告诉我：“如果你去了解那些在英国运营的外资企业，会发现他们的生产力水平是内资公司的几倍……接触到国际竞争、国际人口流动、国际理念和最佳实践、管理，等等，确实是有助于激励英国企业的。”[2] 诚然，外资收购英国企业后，为大众利益而努力的例子并不少见：宝马迷你（Mini）系列在英格兰中部地区的复苏、劳斯莱斯汽车在西萨塞克斯郡（West Sussex）的发展，都充分印证了外资能够为更广泛的国家利益而努力。然而，情况也可能相反。水务公用事业被外资收购后进行了债务融资，新掌管者本应将资金用于更换老旧、漏水的供水系统，却将其注入了海外的避税天堂②。还有一点，英国六大能源公司中有四家是外资企业，这意味着这个国家未来关于核电的重要决定将取决于德国

---

① 北方经济引擎（Northern Powerhouse），国内媒体多译为“北方经济引擎”“北部振兴计划”，或者“北方动力计划”，是由英国原财政大臣乔治·奥斯本在 2014 年率先提出的一系列促进英格兰北部经济发展的计划。

② 避税天堂是指那些为吸引外国资本流入、繁荣本国或本地区经济，在本国或本地区确定一定范围，允许境外人士在此投资和从事各种经济、贸易和服务活动，获取收入或拥有财产而又不对其征直接税，或者实行低直接税税率，或者实行特别税收优惠的国家和地区。

和法国，而不是英国本身。

在我看来，英国最大的失败是失去了国内杰出院校的重要技术。英国拥有一些世界上最顶尖的研究型大学。这些院校由英国纳税人资助，近几十年来，还从欧盟的支持当中获益。我们欢迎来自世界各地的科学家和研究人员，这种开放式的架构极大地促成了当今的盛况。从纳粹德国时期来的移民队伍让英国获益匪浅，尽管这一队伍在日益减少。其中包括剑桥大学（University of Cambridge）前生物化学教授汉斯·科恩伯格爵士（Sir Hans Kornberg），他开展了关于有机体如何将食物和氧气转化为能量和组织的重要研究。汉斯·科恩伯格爵士逝世后，一则讣告将其称赞为“生命的内燃机”。英国的大学和研究机构在基因组图绘制领域一直处在前沿，同时在机器人技术、人工智能（AI）及电子游戏和金融技术的支持软件等方面，也取得了不少突破。在这些领域，英国有机会凭借恰当的关注点、远见和投资，在欧洲乃至全球范围内重建辉煌。然而，由于缺乏资金支持，并且在早期没有审视外资企业收购是否会剥夺英国的研发成果、专利和产品，英国创造的软件和技术往往落入他人之手。据霍尔丹说，英国在欧洲的风险资金池①中所占份额极大，但这并不意味着服务英国的企业状况也是如此。霍尔丹说：“相对于美国，英国在某些方面还有所欠缺，比如初创企业向大规模企业的转变。”[3]

霍尔丹所言不假，看看数字巨头苹果（Apple）于2019年收购光谱边缘（Spectral Edge）就知道了。后者是一家关于摄影的初创

① 风险资金池，是一种专项或虚拟基金，目的是集中风险管理，以在遭受自然灾害或意外事故时及时得到经济补偿；同时也为了优化保险方案结构，降低风险管理成本。

公司，总部位于剑桥，五年前从东英吉利大学（University of East Anglia）的科研实验室中分离出来。[4] 该公司开发的软件可以通过融合同一图像的多个版本，来提高照片质量。鉴于苹果手机在拍摄画质方面一直落后于其竞争对手三星（Samsung），这次收购对苹果的价值是不可估量的。但光谱边缘的能力不仅如此，它的安全应用也颇具价值，可以用于优化监控摄像机的图像。出售前，光谱边缘从风险投资集团筹集了 530 万美元。跟许多此类交易一样，这次出售是非公开的。但是这样的技术，其诞生是基于英国卓越的软件实力，那么其出售也应当在权衡国家利益之后，才予以批准。

在前瞻性技术投资方面，英国向来就不善于进行长远布局。这个国家的成功，很多时候更像是机缘巧合。随着 21 世纪的到来，世界竞争变得更加激烈，更多亚非国家迈向富裕，我们需要对本国的创新创业技术予以保护和关注，不能鼠目寸光。英国必须清楚地意识到它对于世界上其他国家的智力和商业价值，同时，我们也必须重拾先辈们的冒险精神和雄心壮志。

从 20 世纪 70 年代初起，我就开启了作为经济金融作家、国内报纸评论员的职业生涯。在我看来，英国退出欧盟，最令人难过的是，当代政治家未能像他们的某些前辈一样，与选民在知识和远见层面打成一片。取而代之的是，他们让整个脱欧的讨论过程充斥着上个季度的经济表现、为操控公投风向而做的虚假承诺、围绕这些承诺的无尽争论、专业知识的贬值、恼羞成怒者的无脑发言，以及种种长期以来只说不做的高谈大论。政治阶层的庸碌无为影响了整个社会。这让那些支持脱欧的选民迷茫徘徊，因为他们对潜在的好处一无所知。

英国的商业不仅丝毫没有让公众参与公投辩论，而且还不敢给出资本承诺[①]。多年来，英国议会及政府争论不休，使得商业投资受阻，信心受挫，产出低迷。然而，产出下降和失业率居高不下的最坏经济后果还没有展现出来。当然，支持脱欧的经济学家们所预测到显著飞跃也不见苗头。现实是，尽管趋势不高，但经济确实在缓慢增长。有一种说法是，新冠疫情开启了变革，让英国走向持续拥抱新技术、使用更多机器驱动的制造系统和接受弹性工作制的道路。这一说法是否确凿，以及这样的巨变是否会刺激经济增长，仍然有待观察。

脱离欧盟产生了许多意料之外的影响，其中最显著的就是英国持续打破了就业岗位数量的记录。尽管那时 2019 年 12 月的大选还未来临，保守党也还未决胜大选，英国的未来还处在一片迷雾当中。其实，这种“意外”的出现是因为在新的移民制度出台之前，比起信息技术现代化、建造新工厂或是为提升办公效率而投资，增加劳动力、保护就业机会的成本更低。

在新旧政府交接之际挺身而出、为英国的过人之处辩护的，往往是那些把英国企业发展到海外的高管们。例如联合利华公司（Unilever）的首席执行官，保罗·波尔曼（Paul Polman）。他不畏从巴西来的掠夺者，为公司的独立性而战，这反映了强烈的国家利益观。英国的研发活动、创意营销、历史遗产和企业税收贡献等事物的价值所在，被联合利华体现得淋漓尽致。不仅如此，联合利华也让我

① 资本承诺，又称资金承诺或承诺资本，是指承诺向一只风险投资基金提供的资本。该资本一般不是一次性提供完毕，而是从基金建立的年份起，在 3—5 年内陆续投入。

们看到，向世界敞开怀抱的实力型、外向型总部，对公司而言就是如虎添翼。与之形成鲜明对比的是，整个雇主组织、英国工业联合会（Confederation of British Industry）及许多企业，它们所呈现的故事都令人沮丧、失望。难怪公众会被骗得团团转，为英国脱欧后的未来忧心忡忡。2016—2019 年的政治僵局期间，我结识了一位 40 岁的商界精英，他显得十分睿智，向我透露道：英国要从脱欧的冲击中恢复过来，需要半个世纪。如果像我这位友人一样的有识之士，都被国家对话（national dialogue）折磨得如此疲惫不堪，那么重建国民信心将会是一场硬仗。英国需要为其能力和机遇打造一个新的集体愿景。

制药巨头阿斯利康等公司成功抵御了海外收购。这清楚地提醒我们，如果吉百利（Cadbury）、帝国化学工业集团（Imperial Chemical Industries，ICI）和苏格兰纽卡斯尔公司（Scottish & Newcastle）等英国具有代表性的公司消失在外资手中，英国将遭受怎样的损失。阿斯利康法国首席执行官帕斯卡尔·索里奥（Pascal Soriot）带领该公司的科学家与牛津大学（University of Oxford）的先锋学者一起，率先并快速研制出了新冠病毒疫苗。在新冠疫情到来并蔓延期间，英国大部分工业企业的股价暴跌，而阿斯利康股价却有所上涨，股票市值达 1100 亿英镑，一度成为英国最具价值的公司。当一家公司被出售给海外买家，其控制权也随之转到海外，英国当局和广泛的利益相关者对公司决策的影响将会大打折扣。就像英国的公用事业，影响英国能源、水务和铁路的政策决定权不在英国手中，而是归属于外国资本。出售给海外收购者会带来一系列对英国不利的影响：总部和营销手段的角色被削弱；干洗店、三明治店等小商贩的生态系统遭到破坏；就连研发预算，作为未来发展的关键之一，也被削减；国家的税基亦被侵蚀。2007年博姿药房（Boots the Chemist）被售出，2010年吉百利被售出，随后，相关税务迅速转移至瑞士。由英国纳税人通过教育体系和研发支持所供养起来的知识产权，也流入外国人手中。有关英国环境、社会和治理责任的金标准被废除。如果收购方是私人股权公司，情况更是如此。因为私募股权公司的运作就是建立在非公开基础之上，不像公开上市企业那样接受审查。这样看来，英国退出欧盟之后，有机会以更坚定的意志、更饱满的活力和更充沛的想象力，像它之前夺取商业成就一样，重获制高点，追求国家利益。脱欧还为英国“重启对卫星导航系统的研发”提供了机会，这将决定国家的未来走向。

迈入21世纪之后的20年里，英国以放任金融和短期思维主导经济发展为特点。托尼·布莱尔（Tony Blair）和戈登·布朗的新工党政府（1997—2010年）决心不干涉自由市场，由此，金融业得以野蛮发展。随着美国和欧洲大陆的投资银行呈飞速扩张，伦敦金融城也乘势迅猛发展。对冲基金、积极主义股东和私募股权公司纷纷入驻，它们支付的收益税和红利税让财政部从中受益。金融业的荣耀，让英国支持、保护和发展经营良好企业的需要变得不值一提。然而，金融蓬勃同样带来了棘手的问题。由于英国对伦敦金融城的期望和投入太高，金融危机对英国的打击尤为严重。英国才刚走出低迷不久，就受到了欧元区危机的影响，紧接着又面对欧盟公投的政治布局，以及近期来自疫情、封锁和社交距离的挑战。只能说，英国的商业被频繁地当作金融、政治和短期思维的祭品。

经济的“金融化”已经变得具有传染性。对于首席执行官、上市公司董事和股东们而言，只需要通过“肥猫”[1]奖金或收购的形式就可以轻松获得短期收益。想要快速获得满足感，这种欲望操控了整个资金体系，包括顾问、律师和大型审计公司赚取的工资和大额费用。这样的资金周转令人生厌，也让伦敦金融城、白厅[2]及负责我们养老金和储蓄的基金经理脱离了更广泛的公众利益。这场纷争的主角是个人价值、市场份额、遗产、知名品牌、宝贵资产、关键技能和培训，而研发、专利等事物，往往被排在了第二位。

富时 100 指数留给英国顶级公司的领地越来越窄，它已经成为全球公司的舞台。英国制造业的话语权主要集中在国内几家一流企业手中，如制药巨头阿斯利康和葛兰素史克（GlaxoSmithKline，GSK），专注快速消费品的联合利华和利洁时（Reckitt Benckiser），以及酿酒和啤酒集团帝亚吉欧（Diageo），许多其他制造商、港口所有者、大量公用事业业务都落入了外国手中。在富时 100 指数的成分股数量达到饱和后，金融家们转而关注富时 250 指数[3]的二线公司，例如空中加油先驱科巴姆（Cobham），该公司开创了英国一些最具创新性的航空航天技术。

似乎有许多商界人士认为，加入欧盟就足以维持英国的繁荣。一个极具说服力的论点就是，加入欧盟等于拥有了整个欧洲的供应链

---

① “肥猫”（fat cat）一词在英国指薪酬过高的公司高管。人们一般认为高管的薪水和奖金高得离谱，他们还能获取丰厚的养老金和退休福利，其中包括其他公司员工无法获得的额外薪酬。

② 白厅（Whitehall）是英国伦敦市内的一条街，连接议会大厦和唐宁街。在这条街及其附近有国防部、外交部、内政部、海军部等一些英国政府机关设在这里，白厅通常作为英国行政部门的代称。

③ 富时 250 指数（FTSE 250），在英国伦敦证券交易所上市，是每一个季度根据证券交易主要排名的第 101 个至 350 个最大的公司组成的指数。

和 5 亿人规模的现成市场，这也是支撑留欧阵营辩论的两大基础。如果从经济学的角度来看，与邻国开展贸易会更有效率，物流问题也更容易解决。但这并不是个万全之策。欧盟缺乏有效的资源转移机制，再加上欧元区成员国身份的束缚，导致英国出现经济停滞和高失业率。此外，尽管欧盟的市场可能很大，但机会的争夺也会变得更加困难。因为整个区域内的经济活动存在重叠，从汽车制造业到化学工业再到高级时装业，都是如此。欧洲的公司发现，相比于英国公司收购欧盟其他国家的公司，收购英国公司要容易得多。在“21 世纪轰轰烈烈的第一个十年”期间，冰岛这个小国居然能够手握巨额债务，收购了英国商业街的大片商铺，包括弗雷泽百货连锁店（House of Fraser department store chain）、伦敦西区代表性的玩具店哈姆雷斯（Hamleys）和同名的连锁超市冰岛（Iceland）。为了在伦敦金融城站稳脚跟，德意志交易所（Deutsche Börse）曾两次（最近的一次是在 2018 年）试图接管伦敦证券交易所（London Stock Exchange），但均以失败告终。最终，这一意图被欧盟委员会竞争总司的强力干预掐灭。2013 年，法国电气集团施耐德（Schneider）斥资 54 亿美元收购了英国工程和电子公司英维斯（Invensys），进一步侵蚀了英国的工业基础。

关注与欧洲国家开展的贸易和在欧盟内部进行的跨境交易，会分散英国对全球经济正在发生的更广泛变化的注意力。德国的汽车制造商和工程师们坚定地将目光投向了中国和太平洋地区。当英国财政大臣乔治·奥斯本试图稳固英国企业在中国的根基，个别英国公司也在东亚地区进行了宣传，包括经典时尚集团博柏利（Burberry，旧译“巴宝莉”）、帝亚吉欧和各个大型制药公司。2012 年 1 月，中国的一支主权财富基金，中国投资有限责任公司（CIC）收购了英国公用事业集团背后的泰晤士水务公司（Thames Water）8.6% 的股份，奥斯本因此收获了赞誉。2015 年，奥斯本还大胆决定加入新成立的亚洲基础设施投资银行（Asian Infrastructure Investment Bank，AIIB，简称“亚投行”），让英国成为创始股东。亚投行的初期资本达 500 亿美元，由中国主导。该银行专注于太平洋地区业务，一诞生就成为世界银行的竞争对手，而英国也是世界银行的大股东。不过，英国取悦中国的努力引起了远在美国华盛顿的奥巴马政府的愤怒。美国采取了非常手段，发表了一份声明，指出这是一项主权决定，并要求英国“利用其影响力确保高标准的治理得到维护”。[5]

与中国接触，争取在“一带一路”倡议或新丝绸之路中发挥作用，看起来是明智之举。该大型项目涉及亚洲、欧洲、非洲、美洲以及中东地区等 150 余个国家及国际组织的基础设施建设和投资。但与公投前的许多事件一样，与中国建立更紧密联系的热情，以及加入亚投行的充分理由都被国内政治争论所淹没。2019 年，美国向英国政府施压，要求英国避免使用中国通信公司华为技术有限公司（简称“华为”）推出的新一代 5G 移动电信网络。在美方的压力下，英国此前结交中国的明智之处再次显现出来。2020 年年初，约翰逊政府在移动运营商的压力下，无视美国，同意采用华为的技术。然而，在抗击新冠疫情期间，又有声音要求撤销这一决定，并对中国退避三舍。

无论是英国与中国接触的政治阻力，还是英国国内对英美加深贸易关系某些方面的反对，都说明了当今的挑战已经变得更加全球化。对于英国这个相对较小的国家，想要在中美两个大国之间开辟一条国际道路，注定不是一件易事。随着英国退出欧盟，贸易壁垒不降反增。在这样的局势下，英国绝不能低估进一步融入全球化的难度。

欧盟成员国这一身份，对于英国的公司高管、董事会和各大企业而言，曾经是他们在投资、销售和营销方面棋行险招的定心丸。这一身份也曾驱使英国的政府部门将大部分资源集中在欧盟，遵从欧盟为其成员国参与世界贸易而制定的规范。欧盟是英国逃避对其贸易关系进行根本性改变的借口，哪怕英国没有任何明确的计划，也可以靠着欧盟得过且过。就此而言，欧盟断绝了英国以独立贸易国家的身份立足于世界的可能。英国顶尖的一些研究型公司、创意产业和金融服务提供商，在欧盟之外更广阔的舞台取得了一定的成就。实际上，这些成就与英国的欧盟成员国这一身份毫无关系。英国在欧盟单一市场之外，向世界出售的许多服务都是因为英国的独创力，而不是因为英国加入了一个已经僵化的贸易集团。在这个集团当中，英国的利益必须与德国、法国等国家的利益进行协商。说到底，在欧盟当中，维护其他重要成员国的国家利益总是胜过维护英国自己的利益。

这一点在 2012 年得到了印证。当时，英国最大的国防和航空航天公司，英国宇航系统公司（BAE Systems）计划在欧洲航空防务航天公司（EADS）更名为“空客集团”（Airbus，原是 EADS 的首要分支）之后，与其开展合作。出于战略原因，这场交易困难重重，尤其前者与美国国防部关系特殊，被允许参与美国的军事合同竞争。但归根结底，导致这场交易失败的其实是德国总理安吉拉・默克尔（Angela Merkel）的反对。默克尔担心，在随后的洗牌和合理化过程中，英法两国会凭借其更强大的防务和航空航天专业知识与技术立于不败之地，从而导致德国工厂关闭、工作岗位流失。一次宏大的战略性合并，为了德国的国家利益，就此让步。

曾在美国总统手下任职的资深学者、哈佛大学教授约瑟夫·奈（Joseph S. Nye）曾写道："一个国家的战略利益与国家利益不是一回事；后者涵盖了大多数人民的更广泛利益。"[6]我认为，在英国，战略利益就是始终与我们在欧盟内的伙伴坦诚相待，为了迎合战略意义，国家利益往往会被忽视。脱离欧盟，或是与欧盟总部达成更宽松的贸易协议，让英国得到了一个千载难逢的机会来维护和提升其卓越性，并推动国家向前发展。关键在于，我们需要另一种更真实的国家叙事。在2020年1月最后一次脱欧公投到来前，政府必须克服一系列复杂挑战。这意味着要克服有损经济的破坏性党派关系，解决脱欧辩论中突出的代际问题，对受新冠疫情和封锁重创的年轻一代给予支持。正如英国财政研究所（Institute for Financial Studies）的保罗·约翰逊（Paul Johnson）在2020年5月对我所说，现在是时候"转移资源，支持和重视继续教育及技术教育，并确保重要产业的从业人员都能得到良好的教育、培训和应得的重视"。[7]

我坚信，只要我们敢想、够坚定、有决心，我们就能将现存的挑战转化为成功。政治对话开展不畅，是由于未能重视国家利益。我们必须杜绝一些批评家将"小英格兰人"（Little Englanders）狭隘、保守的观点与脱欧进程联系起来。我们需要意识到，拥抱国际舞台意味着英国在多个领域的相对优势将会充分发挥，从创意产业到生命科学、金融，再到技术领域，都是如此。我们也应叫停商界那些眼界狭隘的行为，"出价最高者得"的无脑抛售是不可取的。2016年，英国政府和白厅支持将英国最具价值的高科技微处理器设计和软件开发公司安谋国际科技（Arm Holdings，后文也简称"安谋"）出售给日本科技公司软件银行集团（SoftBank Group，简称“软银集团”）。这是对国家利益的错误判断，认为展现英国对外开放的姿态就是国家利益所在。但是，真正的国家利益是保持英国智能芯片技术的世界领先地位，使其能够在数字世界的国际竞争中发展成举足轻重的引领者，并确保英国的技能基础不受侵蚀。之后，软银集团以 7.752 亿美元的价格将该公司 51% 的股份出售给了一个由中国主导的投资者集团，这并不符合英国的利益。但由于交易符合英国收购的快速通道规则，彼时，软银集团对安谋国际科技的收购已经完成了必需的审查，以成功告终。尽管软银集团接管安谋国际科技时，承诺会保持工作岗位数量，加大研发预算，但谁也不会想到公司的核心敏感技术最终会归中国所有。

英国与欧盟的新关系并不意味着昨日重现，我们不希望再现殖民时代的景象，也不想把目光局限于英联邦。1960 年，当保守党首相哈罗德·麦克米伦（Harold Macmillan）意识到非洲已经刮起“变革之风”[①]时，英国就斩断了与往日的联系。再加上工党首相哈罗德·威尔逊（Harold Wilson）上台之后，于 1968 年表示英国将从苏伊士以东撤军。英国需要一个崭新的愿景，一个考虑到国家遗产的愿景，这一愿景的基础是英国所有的辉煌及英国逐梦全球的最佳途径。有人说，英国在某种程度上是一支过时的力量，其脱欧后的前景和知识能力注定要被摧毁。我们要推翻这种说法。没有哪一个国家总是能

① 1960 年 1 月 5 日至 2 月 15 日，哈罗德·麦克米伦访问非洲多个国家，认识到“要求国家独立、民族解放”的非洲民族主义将在整个非洲大陆迅速扩大。同年 2 月 3 日，他在南非议会演说，指出“变革之风已经吹遍这个大陆，不管我们喜欢不喜欢，民族意识的这种增长是个政治事实。我们大家都必须承认这个事实，并且在制定国家政策时把它考虑进去”。

顺风顺水。英国脱欧后，政治立即恢复正常，为解决遗留问题开辟了道路。这些问题包括食品银行形式的紧缩、无家可归者和南北分歧的余波。新冠疫情如同一段悲惨的插曲，所造成的经济后果转移了人们对英国的国际角色的关注。然而，无论是脱欧还是疫情，我们都不能让这些事件打断英国将要书写的更光明的故事，而悲观主义者往往看不到这一点。

正如我在后面几章要细说的，英国有四所世界排名领先的研究型大学。这些校园中涌现的科学、技术、专利和人力资本是 21 世纪经济成功的通行证，也是通往世界其他地区的桥梁。我们的顶尖大学聚集了来自中国、印度、韩国、美国及中东的最优秀、最睿智的学者、研究人员和学生，这绝非偶然。正是因为我们享誉全球，才能吸引到最杰出的思想家，使我们的大学保持一流地位。来到了英国，他们可以与条件更好的美国大学竞争，如哈佛大学（Harvard University）、斯坦福大学（Stanford University）和耶鲁大学（Yale University）。我们需要达成政治共识，承认人才对于英国未来的重要性，重视加大力度支持罗素大学集团（The Russell Group）能取得的收益。此外，更加值得我们尊重的是旧时理工学院所取得的技术卓越和创新。尽管经常有人批评这些学院在媒体和娱乐研究等领域提供的学位“越来越少”，但是他们没有认识到，这类学位的数量已经足以满足英国创意产业蓬勃发展的技能需求。

布莱尔 – 布朗政府有一项政策希望将英国接受过高等教育的年轻人比例提升到 50%，由于费用昂贵且毕业生不符合社会需要而受到了指责。然而，这项政策意味着英国的雇主现在能够雇佣世界上受教育程度最高的劳动群体之一。但这还远远不够，尤其是在技术教育方面，我们还需继续努力。我们应当投资新一代、朝气蓬勃的“私立”科技大学，以提升公民技术本领。公开上市的数字教育集团培生（Pearson）就是这一领域的开拓者。培生于2012年创办了培生伦敦学院（Pearson College London），提供一系列本科生和研究生课程，同时，培生商学院（Pearson Business School）还可提供肯特大学（University of Kent）授予的职业学位。

虽然作为欧洲和单一市场的一员，这对于英国后撒切尔时代的经济复兴做出了巨大贡献，但在同一时期，全球经济也发生了巨大变革。中国持续推进工业化，一跃成为仅次于美国的世界第二大经济体，从根本上改变了国际贸易局势。脱离欧盟后，英国没有理由不成功。目前，世界上约60%的财富是由新兴市场和新兴富裕国家创造的，而这些国家向来都是英国出口商品、服务和智力产品的目的地。考虑到世界的变化，英国与欧盟的决裂并不意味着放弃欧洲大陆，而是要将欧洲大陆置于充满活力的全球氛围当中。自金融危机以来，全球化受到了苛责。面对金融危机，许多人抨击全球化助长了狭隘的民族主义和民粹主义政治家的崛起，包括美国的唐纳德·特朗普。全球化也被视为英国政治不满的导火索，让奈杰尔·法拉奇的英国独立党（UK Independence Party）得以借题发挥，该党后来演变为脱欧党（Brexit Party）。但英国脱欧运动在英格兰北部和英国其他落后地区获得支持，更多的是由于去工业化、收入不平等和白人工人阶级被排斥在繁荣之外，这或许也是孤立主义的“小英格兰”心态得以蔓延的原因。有一个逻辑最优的选择：创建一个可以满足我们更多需求的经济体系。通过恰当的培训、再培训、学徒制和基础设施投资，英国的创意天才们一定可以为那些目前感到脱离社会的人创造机会。

伦敦金融城有很多评论员。令人痛心的是，当初造成金融危机灾难的人，有许多都逃脱了诉讼和司法制裁。他们已经飞黄腾达，而英国其他地区大部分还没能摆脱家庭收入和公共服务缩减。几乎没有证据可以证实，英国已经汲取了金融危机的教训，或者消除了过度膨胀的奖金文化。同样，各大公司及其内部交易员也从未直面性别歧视和差异性问题。然而，“一平方英里”① 对英国而言确实是一个巨大的资源库。伦敦金融城是世界领先的金融服务出口供应者，2019 年其金融服务出口总额为 619 亿英镑，而其最大竞争对手美国的出口总额为 473 亿英镑。[8] 伦敦金融城的存在，是英国在欧洲和世界金融领域扮演着重要角色的主要原因之一。之所以这样说，举个例子，英国与其最大的单一贸易伙伴美国之间存在巨额贸易顺差，背后的主要因素就是伦敦金融城。但是，如果认为英国的优势仅仅依赖金融服务，这样的观点就过于狭隘了。在英国诞生了哈利·波特、视频游戏产业、影视制作，以及国际知名的戏剧和音乐。英国的创意艺术家和创意公司，加上设计和建筑产业，一同贡献了本国总财富的 10%。英国的创造力，不仅在欧洲受到珍视、尊重和钦佩，在世界范围也是如此。英国也是医疗研究和制药、金融技术、人工智能、软件、网络安全和航空电子领域的领先者，英国在所有这些行业都具有巨大的竞争优势。只要我们敢想、有远见、保持乐观，这些优势就可以托起国家的未来。

从面向欧盟转为面向世界，意味着改变我们对盎格鲁－撒克逊

① 一平方英里（Square Mile），指伦敦金融城。该地聚集了大量银行、证券交易所等金融机构，面积只有一平方英里（约 2.6 平方千米），由此得名。

经济模式①的一贯看法。重视国家利益需要英国政府换一种思考和行动的方式。当撒切尔主义②和里根经济学③在20世纪80年代成为盎格鲁－撒克逊模式的指路明灯时，工业战略和对自由市场的干预显得不合时宜。但是现在，1957年出版的《阿特拉斯耸耸肩》(*Atlas Shrugged*)一书的作者、自由资本主义的倡导者安·兰德(Ayn Rand)的主张大势已去。2007—2009年的金融危机、随后的“经济大萧条”及2010年的欧元区危机，共同为人们提供了一个更新思维的机会。鼓励快速回报和结果不定的短期主义该退场了，取而代之的是商业和经济正在描绘的长期愿景。

数字化颠覆正在迅速改变传统服务的访问方式。线上交通应用程序优步(Uber)、酒店服务提供商爱彼迎(Airbnb)，以及英国的家食易(Just Eat)等食品配送公司，都在彻底改变商业运作方式。无论是商业街上的传统门店，还是银行或是房地产经纪人，都面临适者生存的处境。自动驾驶汽车和机器人技术的发展正在重塑人们的工作方式。英国在线零售商奥凯多(Ocado)的算法、创新型机器人仓库和物流正在征服世界。英国正在开发从法国到北美地区的物流系统，同时计划建造最先进的自主式仓库。

---

① 盎格鲁－撒克逊模式(Anglo-Saxon economic model)，又称“新美国模式”，是指20世纪80年代里根和撒切尔夫人发动新保守主义革命后发展起来的，以英美为代表的发达资本主义国家所实行的自由市场经济体制模式。其特点是：较低的市场监管、较低的税收标准和较少的政府权力。

② 撒切尔主义(Thatcherism)，指撒切尔夫人上台后在保守党内出现的一股占统治地位的“新右派”势力的意识形态。在撒切尔主义的主宰下，经济上的不平等现象越来越严重，进而导致了在社会地位和其他领域方面的不平等。

③ 里根经济学(Reaganomics)，指里根总统执政期间实行的经济政策。该经济学的财政政策观点主要是：主张平衡预算，反对赤字财政政策。

各大公司有必要重新思考自己的形象。股东利益至上的时代已经过去了，公司治理的范围需要扩大，应将各个利益相关者都囊括在内。劳动力、供应商、消费者、国民利益、研发、对气候和其他环保问题的敏感性，都是公司形象的一部分。曾经我们不管资金来源，不管出价者来自何方，只管将企业出售给出价最高者，这种经济体金融化也需要变革。最近，我们见证了（英国荷兰双总部）联合利华（Anglo-Dutch Unilever）和荷兰公司阿克苏诺贝尔（AzkoNobel）通过重塑股东对资产及其社会贡献的思维方式，对抗来自海外的收购者，并保住了公司。阿克苏诺贝尔的防线向我们展现了一个全国的商业、政府和投资都需要采取的视角转变。阿克苏诺贝尔，这家来自荷兰的跨国公司，于 2008 年收购了英国帝国化学工业集团。该公司丢弃了冗余的生产线，专注发展核心品牌多乐士（Dulux），通过吸引包括劳动力在内的其他利益相关者加入公司来巩固自身。阿克苏诺贝尔一直坚定地保持着对英国的投资，于 2019 年在英格兰东北开设了一个价值 1 亿英镑的研发和创新园区。而且，阿克苏诺贝尔公司的决策着眼于长远利益，不会受英国决定脱欧的影响。

那些支持捍卫国家利益的人被指责为保护主义者，但他们不是孤立地在战斗。不得不说，在列车运行的准时性方面，与海外铁路运营商相比，英国铁路特许运营商们表现不佳。有证据表明，在德国，德国联邦铁路物流公司（Deutsche Bahn）运营的线路，如奇尔特恩线（Chiltern）和跨国线（Cross Country），是德国最可靠的线路。反观英国电信集团公司（British Telecom，BT），作为英国国营电信运营商，在农村宽带和城市超高速宽带建设方面却奇慢无比。如果海外收购者只想要那些没有特殊战略意义或长期价值的公司，那我们就没必要为其设置障碍。不过，无论如何我们都应该扶持那些靠纳税人对教育、大学和研发的投资而成长起来的产业和公司。迄今为止，英国的经验表明，如果有海外资本想要收购英国的重要基础设施，英国必须谨慎行事。造成失望和失败的，与其说是所有权，不如说是监管。其实，如果各经济监管机构，无论是在空运、铁路、能源、电信还是水务方面，都能更坚定地执行最佳标准，更频繁地行使处罚和罚款权力，并且更有效地要求公司将盈利用于投资而非将收入分配给海外业主，那么海外所有权或许就不是个大问题。随着我们进入一个旨在通过优化基础设施来提高生产力、推动贫困地区发展的新时代，英国要让商业经营者们绝对服从国家监督和监管，是至关重要的一点。

适应全球竞争力意味着重新思考盎格鲁－撒克逊资本主义的一些基本原则。而且英国必须这样做，别无他法。作为一个独立参与全球贸易的经济体，我们必须尽全力把每一件事都做到最好。英国需要属于 21 世纪的基础设施和投资。出于软件问题可能影响国家安全的复杂原因，伦敦横贯铁路（Crossrail），也称“伊丽莎白线”（Elizabeth Line）的建造一推再推。连接伦敦、伯明翰、曼彻斯特和利兹的高速铁路 2 号线（High Speed 2，HS 2，后文简称“高铁 2 号线”）已展现出了极大的争议性，且价格昂贵。想要完成这些项目，要求我们意志坚定，优化成本控制并避免画蛇添足。摆脱欧盟的束缚，要求英国守住我们在科学、技术和创造力领域的主要优势，还要精益求精。正因如此，我们更不能把重要投资的决策权，交给那些与国家利益没有真正利害关系的外国人和外国公司。历届政府的演讲、报告和文件，以及下议院的听证会，都曾提到过许多重要的想法和一些重大问题。鉴于我在《待售的英国》一书中首次阐述的观点，我也算是 2017 年工业战略审查期间提供证据的目击者之一。[9]特蕾莎·梅（Theresa May）政府在2017年郑重发表了光彩夺目的工业战略报告，为英国的商业未来绘制蓝图。特蕾莎在报告的引言中说："待到我们脱离欧盟，为英国开辟一条新道路时，我们也将建设适合未来的英国……使英国成为一个为所有人服务的国家。"[10]但随后发生的事件都说明了，特蕾莎想做的事情中有很多都无缘面世。受英国议会脱欧辩论战的冲击，特蕾莎于2017年6月提前举行了大选，她所领导的保守党没能在下议院获得多数席位。由于议会混乱，加之特蕾莎需要频繁前往欧盟总部和其他欧洲国家首都，她的国内议程，包括工业战略，被迫中断了。无论如何，对于一个探索新道路的国家来说，英国还不够有雄心壮志。政治方面的后续行动太过瞻前顾后以致一事无成，而且，正如本书后续将要讨论的，政府总是懒散应对那些威胁英国竞争优势的交易。

令我非常失望的是，这种政治上的软弱和缺乏战略思维意味着，英国自脱欧公投以来几乎毫无长进。什么是符合更广泛的公共利益的？这一问题的答案至今仍未能在国民心理中充分扎根，也没能渗入那些千篇一律的辩论。然而，人们又对占据下议院多数席位的鲍里斯·约翰逊政府过于自信，坚信该政府一定能扭转局面。可是鲍里斯政府也同样面临着艰巨的政治问题，这些问题可能会分散政府的注意力，包括团结欧盟、商讨广泛的贸易协议以助英国重新掌握其国际前景，等等。鲍里斯政府还必须面对传统的财政保守主义呼声，这种呼声主导着财政部的思维，甚至影响到了整个白厅。不过，面对新冠疫情，赞成革命的财政大臣里希·苏纳克采取的一些财政政策，在和平时期看来是极具扩张性的，包括保证所有因新冠疫情而无法工作或休假的永久雇员（后来范围扩大到包括个体经营户）都能拿到 80% 的工资。苏纳克在 2020 年 3 月 11 日的第一次预算案中，预测 2020 年至 2021 年，英国公共借贷将占国内生产总值的 2.4%。这一预算案是在病毒刚开始席卷英国之际发布的，随着疫情多方影响逐步显现，该百分比提升至占国内生产总值的 15%。苏纳克的预算案表明，当面临一个前所未有的处境，所有关于预算赤字和国家债务的传统思维和忌讳都可以被一扫而光。英国还要付出许多来应对新冠疫情，建设国家新未来。旧政府的会计惯例、财政规则和货币政策，都需要进行全面反思。

英国要更加清晰地认识自己的价值、定位、基本优势及如何巩固和强化这些优势，以建立一个更快发展、更加平等的社会。脱欧使得这一要求变得更加重要了。我们的精英、主流经济学家和企业在向世界介绍英国方面的表现还不够好。对于英国脱欧后的前景，一直有人鼓吹怀疑主义，遮盖光明的一面。政府和舆论引导者必须释放对英国未来的热情，并把这种热情传递给普通民众。在封锁结束后，把这种热情洒遍全国各地重新开放的咖啡馆、酒吧和公共场所。我们要用更加乐观的态度去激励每一个国民，只要大家都能正确看待脱欧，保持积极乐观，未来就掌握在我们手中。

作为一名财经记者，我的经历还告诉我，英国在以新姿态拥抱世界之前，首先要唤醒自我。唤醒自我，并不是说让英国我行我素，而是要求英国自己做出政策决定，不要被欧盟的浪潮裹挟。英国势必要保持其作为开放贸易国家的角色，并在现有基础上巩固其优势。这需要政府重新思考：什么才是最符合公民利益的？对于英国培养出的科学家和工程师创造的顶尖技术，如果我们本可以自己发展，却任由它们流向海外，这明智吗？要提高经济自主性，优化经济结构，我们应该如何让劳动力学习新技能？长期存在的社会不平等和无家可归问题应当如何解决？在英国的管控下，比起把基础设施建设的决定权交给海外资本，激励本国人民投资新基础设施建设会更有利吗？我们需要什么监管机制和检验标准来确保政策执行？我们如何重建人民对政府治理及各企业员工对董事会治理的信心？最重要的是，要激励年轻一代重新思考什么符合国家利益并接纳新思潮，我们该做什么？

可惜，要回答这些问题，不像翻翻电脑、查查手机那样简单。随着国家重新制定发展方向，每一个公民，不仅仅是政客和精英，都会受其影响。我们不能再继续揪着消极面不放，我们必须认识到，英国所做的许多事情都是优秀的、创新的、令人振奋的。不过，英国的这份成绩单，要说优异有点勉强，还有很大的提升空间。提升之旅的第一步，就是更深入地了解全球经济快速变化的局势，并充分认识到新冠疫情对社会的近期影响和长远影响。伦敦金融创新研究中心（Centre for the Study of Financial Innovation）智囊团的安德鲁·希尔顿（Andrew Hilton）主张抛弃追求效率的“时间为准”经济模式，转而采取“有备无患”的方法。[11] 在这种规划中，经济体系具有更强的韧性，能够更好地抵御冲击。

当下，英国期待着脱离欧盟之后的未来，却仍把欧盟视作至关重要的贸易阵营。美国将进一步成为英国最大的单一贸易伙伴。然而，经济活动的中心正在急剧转移到中国、印度次大陆、泛太平洋地区、拉丁美洲和非洲。英国的全体公民、所有企业、政府和整个社会都必须迈向美丽新世界。我将在下一章中接着讨论这一点。

第二章
美丽新世界

我们无法延缓或阻挡全球化……经济中的全球化，就如同大自然中的飓风、洪水，是一种不可抗力。

——比尔·克林顿

1932年，一部反乌托邦小说预言了未来的英国：经济混乱引发了重大变化，一个国际科学帝国随之建立。阿道司·赫胥黎（Aldous Huxley）创作《美丽新世界》（*Brave New World*）一书时，第一次世界大战的炮火刚刚停止，第二次世界大战的噩梦还在酝酿。当时英国已经正式步入和平，但赫胥黎敏锐地捕捉到了国民情感的深刻变化，以及国民对传统社会责任和道德责任的质疑。简言之，赫胥黎设想了一次革命性的变革。

2016年6月英国针对是否退出欧盟举行了全民公投。影响公投结果的因素有许多，有人担心英国未来的几代人都将为这些因素争论不休。落败的留欧倡导者们进行自我安慰，认为脱欧阵营的胜利靠的是诓骗大众，认为大众赞成脱欧是因为没有预料到随后的政治、经济混乱程度。然而脱欧造成的混乱，比起新冠疫情带来的经济震荡而言微不足道。新冠疫情对生产造成的损失是前所未有的。从封锁前一个月到 2020 年 4 月，英国大部分经济活动停止，国民总产出下降了 25%，失业率直逼 21 世纪以来的峰值。伦敦金融城经济咨询机构凯投宏观（Capital Economics）的资深经济学家鲁斯·格雷戈里（Ruth Gregory）表示："我们预计脱欧将造成国内生产总值下跌 1%，其影响微乎其微。"[1] 留欧阵营的观点中，有一点是正确的，那就是脱欧阵营夸大了脱欧的好处。不过，"脱欧派"对资金分配的言论也合乎其理：一旦脱离欧盟，英国就能把之前需要支付给欧盟的资金另作他用，包括用于国家医疗服务体系。而且，事实就摆在眼前，就算是在新冠疫情来袭之前，欧盟和欧元区的 17 个成员国之间的结合也不完美，离一个圆满的经济共同体还差很远。新冠疫情只不过是加速了英国与欧盟关系的崩坏。加入欧元区给各国带来了什么？希腊陷入了经济混乱、社会困难和政治动荡，国民产出下降了三分之一，家庭收入大幅减少。意大利的经济一蹶不振。法国的表现也令人失望至极，2018—2019 年，法国的抗议者们以经济正义之名发起了"黄背心"运动①。只有德国和它的几个北欧邻国经济有所进步。但德国也不是一片太平，民粹主义党派"德国的选择"崛起之后，德国政治面临反对声音，主要是反对移民。脱欧，实际上是为应对世界秩序深层次变化而举行的一次投票。伴随着全球化的进程，中国成为与美国不相

① 法国巴黎"黄背心"运动，始于 2018 年 11 月 17 日，是法国巴黎 50 年来最大的骚乱，起因为抗议政府加征燃油税。首日逾28万人参与，持续多日，重创了法国经济。

上下的全球经济领先者。世界银行①估计，随着中国的贫困率从1981年的88%下降到2012年的6.5%，已有超过5亿中国人摆脱了极端贫困。[2]不过在2020年之后，西方政治对手对中国的抨击，产生了很大的影响。

国际经济形势变化也带来了社会民主和国家主权的失衡，让公民哀叹于日渐失控的个人认同感和国家认同感。在经济繁荣和收入增长的队伍中，无论是美国的“铁锈地带”②，还是英国制造业聚集的北部，这些传统工业社区的地位都已经大不如前。

欧洲南部较贫困人口向北迁移，再加上中东和北非地区局势动荡，导致大量移民涌入英国。许多人把这一现象视为对英国现有社会秩序的威胁。在脱欧公投期间，以英国独立党为代表的民粹主义政党也把这一现象作为理由，来说服那些经济遭受损失的人支持脱欧。受到影响的不仅仅是英国。2016年，许多同样的因素促使唐纳德·特朗普入主美国白宫，并导致了新右翼在东欧的崛起。2018年6月，意大利成立了一个民族主义、民粹主义的联合政府，由马泰奥·萨尔维尼（Matteo Salvini）所领导的传统保守党派“北方联盟”③和新成

---

① 世界银行（World Bank），是世界银行集团的简称，国际复兴开发银行的通称，是联合国的一个专门机构。宗旨是向成员国提供贷款和投资，推进国际贸易均衡发展。职责是通过提供融资、技术援助和知识分享，促进全球发展和减少贫困。目标是帮助发展中国家实现可持续的经济增长、社会发展和减贫，推动全球发展合作和可持续发展议程的实现。

② 铁锈地带（Rust Belt），最初指的是美国东北部－五大湖附近的传统工业衰退的地区，现可泛指工业衰退的地区。在19世纪后期到20世纪初期，美国东北部－五大湖附近因为水运便利、矿产丰富，因此成为重工业中心。自从美国步入第三产业为主导的经济体系之后，这些地区的重工业纷纷衰败。

③ 北方联盟（Northern League），是意大利国内的一个极右翼政党组织，成立于1989年12月。

立的党派“五星运动”共同执政。

作为一名支持英国脱欧的新闻作者，我非常乐于相信，是我发表在《每日邮报》上的专栏，从经济角度出发声援脱欧，极大地促成了国家决策。但我不得不承认，恐怕，英国脱欧的真正原因是国民忧虑于移民现象对日常生活的影响，是欧盟损害了英国的国家主权，削弱了英国治理的代表性和重要性。不过，我还是坚信，我和其他支持英国脱欧的人，我们所持的经济和金融论点是正确的。我也坚信，一个不断变化的美丽新世界需要一种全新的思维方式。

经济力量从老牌富裕的工业经济体向太平洋、拉丁美洲和其他新兴富裕国家转移，这意味着欧盟发展已然疲软，会阻碍英国自身发展。英国拥有自由开放的市场和发达的金融业，而欧盟是一个专注于内部的贸易集团，擅长于设置非关税贸易壁垒①。如果继续处在欧盟这个集团当中，英国将越来越束手束脚。欧盟竞争总司对美国数字巨头的回击就是一个很好的例子。2015 年，苹果公司因获得非法税收优惠而被处以 114 亿英镑的罚款。欧盟还于 2018 年 5 月通过了《通用数据保护条例》（General Data Protection Regulation，GDPR），以加强对在线网站用户的个人信息和隐私保护。欧盟的这一条例和其他政策或许合理，也很受欢迎，但实际上，这些政策都是非关税壁垒，旨在遏制硅谷（Silicon Valley）的巨头企业向全球扩张的野心。

全球化的政治、经济挑战是巨大的。作为欧盟的一员，英国一直受益于欧盟在布鲁塞尔构建的贸易协定，例如与 27 个欧盟成员国进

① 非关税壁垒，是指一国或地区在限制进口方面采取的除关税以外的所有措施，是相对于关税而言的。这种措施可以通过国家法律、法令以及各种行政措施的形式来实现。

行低关税贸易，并与加拿大、挪威等国家达成三方贸易协议。退出欧盟之后，英国将要自行制定贸易协议。也就是说，英国将要在美国和中国，这两个世界最大经济体之间开辟一条新路。2017 年至 2020 年，唐纳德·特朗普任美国总统期间，美国与中国展开了一场紧张的贸易冲突，大大减缓了国际贸易的增长。2019 年上半年是英国作为欧盟成员国的最后时期，国际货币基金组织估计，“全球贸易额仅比上一年高出 1%，这是自 2012 年以来每半年增长速度最慢的一次”。[3] 中美两国在贸易领域和技术转让方面的对峙，被哈佛大学政治学家格雷厄姆·艾利森（Graham Allison）[4] 精辟地评述为是两国争夺领导权的更广泛战略较量的一部分。

经济和金融的变化速度快得令人惊讶。2020 年，新冠疫情的快速蔓延及其对生产的破坏性影响，使全球经济的相互联系成为人们关注的焦点。国际经济增长受到的直接冲击，相比金融危机期间更快、更深、更具破坏性。2020 年 6 月，总部位于巴黎的经济合作与发展组织（OECD，后文简称“经合组织”）预测，鉴于 2020 年全球产出将骤降 6%，新冠疫情导致的经济衰退，应该是近百年来和平时期最大的衰退。如果出现第二波感染，后果将会更加严重，产出或将下降 7.8%。[5] 尽管英国、美国、日本和德国以及其他西方国家都采取了较为激进措施，以和平时期前所未有的规模稳定其金融体系和经济，但衰退已经避无可避。

2018—2019 年，尽管英国与欧盟的未来关系尚不明确，但当中国的货币（人民币）贸易额超过了以欧元计价的资产贸易额时，伦敦金融城还是担起了重要的桥梁作用。英国为吸引中国这个金融服务客户而做的努力取得了成效。2020 年年初，鲍里斯·约翰逊的新一届政府准许了中国的华为技术有限公司参与英国5G移动电信网络建设，这件事让我们看到，协调中英、美英贸易关系相当困难。当时，为了缓解美国的国家安全担忧，英国只允许华为承担非敏感性的网络建设，且华为在英国 5G 网络建设总合同中的份额不得超过 35%。面对美国的公开反对，英国电信部门的让步警示我们，英国建立更多全球贸易关系的过程中还会有许多战略障碍。

经济领域关于英国脱欧造成经济失调的辩论，大多关注的是商品产业，尤其是汽车行业和航空航天业。20 世纪 90 年代以来，英国汽车制造业的许多公司被海外资本收购，在归海外所有者管理之后，迎来了奇迹般的复苏。但到了 2020 年春季，一场新冠疫情将新车注册数量大幅削减至几乎为零。毫无疑问，新冠疫情暴发前，汽车行业的复苏是英国成为欧盟“桥头堡”的结果。作为一个小岛上的民族，日本投资者被吸引到英国，还带来了“准时制”生产[①]的概念——通过船只、集装箱和卡车直接运送组件，卸货后几乎可以立即投入生产线。2018—2019 年，商业投资有所下滑，日产（Nissan）、本田（Honda）等几家制造商于 2019 年 2 月透露，他们将把部分生产线转移回日本。有人认为，这些企业希望借此沉重打击脱欧，但实际上，它们这样做的关键原因是气候变化议程、技术进步和电动汽车的普及。高排放柴油车受到严厉限制及各国争取到 2035 年取消汽油车和混合动力车的目标，也推动了全球汽车行业重塑。无论如何，英国承担汽车制造，帮助了这个国家恢复它作为制造业经济体的信心，也为

① “准时制”（Just in Time）生产，指在所需要的时刻，按所需要的数量生产所需要的产品（或零部件）的生产模式，其目的是加速半成品的流转，将库存的积压减少到最低的限度，从而提高企业的生产效益。

以发展工业为主的北部再创了就业机会。显然，多元化经济对于脱欧后的英国至关重要。不出意外的话，英国可以凭借科技实力在电动汽车主导的绿色新世界中占据优势。英国经济在国内外所展现出的显著优势是其实力雄厚的服务业，在新冠疫情之前，服务业每年产生高达900亿英镑的贸易顺差。服务业一片光明的国际前景，在脱欧辩论中虽未得到重视，但摆脱欧盟陈腐规则的限制之后，多国家规则之下的服务贸易对于英国极为有利。“服务贸易自由化有助于解决外部失衡问题，”时任英格兰银行行长的马克·卡尼（Mark Carney）在2019年2月一次具有里程碑意义的演讲中如是说，“鉴于目前的服务贸易壁垒高达货物贸易壁垒的三倍，英格兰银行估计，消除这一差距可以减少超额亏损……减少英国一半的亏损。”[6]

欧盟凭借5亿人口坐稳了世界上最大贸易集团的宝座，加入欧盟对于英国来说显然是一大优势。但令人费解的是，欧盟的眼光始终局限于联盟内部，官僚化的欧盟总部所推行的某些法规和指令非但不能助长贸易和投资，反而还阻碍了二者。欧盟有的法规与英国的社会现实背道而驰。例如欧盟的《工作时间指引》（*Working Time Directive*），以《工作时间条例（1988）》[*Working Time Regulations*（1988）]这一名称被引入英国法律，一些企业认为这是继劳动力市场开展艰难的灵活化改革之后的一次退步。

尽管欧盟替英国大部分企业做出了轻松的商业选择，让这些企业只需越过北海[①]就能寻得商机，但是，从帝亚吉欧到劳斯莱斯，英国的跨国企业都已发现了一个新的现实。在举行脱欧公投时，与新兴市

① 此处“北海”（North Sea）是指大西洋东部的一个海湾，位于欧洲大陆的西北，即大不列颠岛、斯堪的纳维亚半岛、日德兰半岛和荷比低地之间。

场和新兴富裕国家之间的贸易占全球贸易的57%，超过了大多数欧洲发达国家。2016年脱欧公投结果公布后，英国面临着另一个美丽新世界，一个需要革命，尤其是思想革命的新世界。困扰英国及其政策制定的问题之一：无论是对全球形势的深远变化，还是对英国加入欧盟对普通公民的不利影响，英国领导人的思维几乎一成不变。我们向欧洲理想做出的承诺，限制了英国自身的关注眼界。

按照女王陛下内务文官队伍①的优良传统，英国果断地履行了其在欧盟条约下的义务，压制了其独立行动的能力。英国议会决定的大部分内容都是基于欧盟总部的判断，包括令人瞠目结舌的海外开发预算分配（占GDP的0.7%，每年约140亿英镑）。英国被欧盟法规“绑架”的这类例子还包括政府在签订项目合同时也要照顾欧盟范围内的竞争，例如铁路车辆项目，英国国内制造商往往抢不到主线合同。

英国的未来要求英国以面向全球的姿态，发挥人才优势，拥抱快速发展的技术和不断变化的市场。尚塔亚南·德瓦拉詹（Shantayanan Devarajan）是世界银行的一位经济学家，他的办公室就在华盛顿市中心，距白宫仅有一箭之遥。在那里，我和他进行了一次谈话，他概述了世界变化的规模：

> 深刻变化已经在许多领域发生：首先是低成本制成品的可用性及这类制品对其他国家的影响。其次是中国对商品的

① 女王陛下内务文官队伍（Her Majesty’s Home Civil Service，Her Majesty’s Civil Service or the Home Civil Service）是英国政府部门担任常任事务官的公务员的总称，是常在的官僚制建制，其职责是协助向英国君主及国会负责的内阁大臣，包括除外务官员以外的所有中央政府文官，以及苏格兰和威尔士两地政府的文官。

> 需求。随着中国经济规模的扩大，中国成为世界第二大经济体，我们进入了商品超级周期①，这并非偶然。之前的主角是美国、欧洲和日本。现在，美国和中国不相上下，而日、欧分别降到了第三名、第四名。[7]

要了解英国作为一个国家整体应当奔向何方，我们必须首先看看我们从何处来。英国近年来的处境，是由战后政治一手造成的。20 世纪，欧洲经历了两次灾难性的战争，直到欧洲大陆的领导人聚集在一起，商讨如何防止此类冲突再次发生。欧盟这条道路始于 1952 年，先是以欧洲煤钢共同体（European Coal and Steel Community）的形式进行经济安排，然后发展成为更广泛的欧洲共同市场，再到欧洲共同体（European Community）和欧盟，变得越发具有政治性。

一开始，英国对欧洲项目持保留态度，但在整个 20 世纪 60 年代试图加入欧盟时，次次努力都惨遭拒绝。这些尝试可以说是凄惨——尤其是 1963 年哈罗德·麦克米伦首相与法国总统戴高乐（Charles de Gaulle）的对话。当时法国总统就说了“不”，接着一再阻挠英国的申请。不过，到了 1973 年，英国最终得偿所愿。不近人情的戴高乐总统离任后，乔治·蓬皮杜（Georges Pompidou）接任，明确表示法国乐意就英国加入欧盟的条件进行谈判。随着气氛缓和，联盟首次决定扩大。谈判持续了两年之久。1972 年，特德·希思（Ted Heath）首相前往巴黎缔结了最终协议。对于希思的动机，前英

---

① 超级周期，是指在相当长的一段时间内，大宗商品价格一反常态，出现长期且大范围的上涨。

国外交官克里斯平·蒂克尔爵士（Sir Crispin Tickell）是这样认为的："自从英国在（20 世纪）60 年代数次遭拒，他（希思）一直觉得自己有责任把这件事做好，并将其视为自己的最高成就。"[8]

目前欧盟的批评者坚持认为，欧盟是个眼高手低的集团，曾在 1975 年吸引了 75% 的英国人投票加入的欧盟，现在已经面目全非。共同市场在走向政治同盟之前，还曾经历过从关税同盟到单一市场的过渡。其实，2018 年，英国在谈判脱欧条款时，法国总统埃马纽埃尔·马克龙（Emmanuel Macron）和德国总理安吉拉·默克尔在边境城市亚琛（Aachen）签署了一项新条约。亚琛也是查理大帝（Charlemagne，一位在中世纪早期统一了欧洲大部分地区的君王）曾经的住地所在。法德签订的这份长达 16 页的文件承诺，作为欧洲大陆最大的两个国家，法德将在防务和外交政策方面加强合作，同时加强经济合作。文件宣称："我们的共同目标必须是打造一个可以保护人民免受世界动荡影响的欧洲。因为我们深爱欧洲，所以我们决定以专注和决心继续建设欧洲。"[9] 该条约还突显了法国和德国以及整个欧盟的前进方向。尽管如此，德国还是有人批评新条约在巩固两国关系的道路上走得还不够远，且缺乏推进目标实现的具体细节。新条约也受到了质疑。鉴于法国发生的"黄背心"运动，以及德国党派"德国的选择"崛起，再加上默克尔承诺将在 2021 年卸任德国总理之后的跛脚鸭[①]形象，两位领导人的声誉受损，所以有人认为他们此次签订合约是为求重建声誉。

欧盟对新冠疫情的响应再次证明了其经济决策的浮躁和低效。在

① 跛脚鸭（lame duck），国外用以比喻政治上已经没有前途的政府或政客。

危机早期，每个国家都各谋其利，各自求购个人防护装备等基本用品。英国、美国、日本和德国推出大型财政刺激计划，以缓解经济遭受的长期损害。在欧盟，由前国际货币基金组织总裁克里斯蒂娜·拉加德（Christine Lagarde）所领导的欧洲中央银行①（简称“欧洲央行”）采取大胆的政策行动，于 2020 年 3 月 12 日启动了在欧元区内购买 7500 亿欧元债券的计划。由于拉加德表示，这是一次“前所未有的紧缩”，基于这样的担忧，2020 年 6 月 4 日，欧洲央行才在货币刺激计划中又追加了 6000 亿欧元。[10]

欧盟委员会很难达成一致的财政方案。2020 年 5 月 27 日，欧盟公布了近 7000 亿欧元的援助计划，旨在支持陷入困境的欧盟成员国。[11] 相关提议包括通过联合发行的欧盟债券来筹集部分资金，一部分人认为这是欧盟的突破之举。但这项援助计划也被视为是欧盟首次承担此类风险分担。计划刚提出，所谓的“节俭四国”——奥地利、丹麦、德国和荷兰就提出了反对意见，它们不愿向那些经过了几次危机还是不能控制好预算的国家提供援助。整个欧洲陷入了犹豫，于是，包括英国在内的其他国家纷纷各自采取财政补救措施。这场疫情并没有让我们看到欧盟内部的团结，反而暴露了欧盟决策的浮躁、勉强和滞后。

随着新冠疫情愈演愈烈，英国不得不走上了退出欧盟的道路。我在这里再帮各位回忆一下：在 2016 年 6 月的公投中，票数比为 52%

① 欧洲中央银行（European Central Bank，ECB），总部位于德国法兰克福，成立于 1998 年 6 月 1 日，负责欧盟欧元区的金融及货币政策，是为了适应欧元发行流通而设立的金融机构，同时也是欧洲经济一体化的产物。它不接受欧盟领导机构的指令，不受各国政府的监督，是唯一有资格允许在欧盟内部发行欧元的机构。

对 48%，多数英国公众投票离开欧盟。退出日期拟定于 2019 年 3 月 29 日，但经过了三年半的协商，直到 2020 年 1 月 31 日英国才正式离开欧盟。在新冠疫情这场灾难的动荡背景下，英国开启了一条崭新的道路，它将更新与欧盟国家之间的贸易关系，并与第三世界的国家缔结新的自由贸易协定。

英国向实现欧洲理想和维护区域和平而作的承诺，一直持续到了 21 世纪的第二十年，这是可以理解的。欧盟的支持者认为继续留在欧盟的原因有很多，别的都可以忽略，除了最首要的一条：为了避免主要的欧洲大国之间发生冲突。在陈述加入欧盟的战略原因时，欧盟的支持者很少会提及 1991—1992 年发生在欧洲大陆上那一场令人不齿的内战和大屠杀，南斯拉夫（Yugoslavia）由此分裂成了六个不同的国家。此外，欧盟的支持者倾向于粉饰欧盟总部在应对一些东欧成员国的民主、司法和新闻自由所带来的挑战时，表现出的敷衍和软弱。

长期以来，英国一直处在脱欧或是留欧的纠结当中。让英国忧心的主要是欧盟日益政治化的转变及它侵犯英国主权的方式。曾经深入参与欧盟决策制定的英国政策制定者们发现，英国式的心志不坚是一大憾事。“实在是令人伤心，”前英国高级外交官克里斯平・蒂克尔爵士说，“在后来的协商中，我们总是不能够做出果断决策。我们从未发挥应有的领导作用。我们的角色本应是‘领导者’，却花大把时间争论细节，不愿意承担起这份责任。”[12]

自加入欧盟后的四十余年里，围绕收益的激烈讨论从未停止。大多数经济学家认为英国获益良多。英格兰银行副行长、高盛集团（Goldman Sachs）前首席经济学家本・布罗德本特（Ben Broadbent）

也认为，根据贸易理论，最贴近的邻国是最合理的伙伴："简单来说，大幅削减与欧洲的贸易将迫使英国放弃生产相对擅长的产品，以前英国还可以向欧盟出口这些产品，但是以后英国需要自行生产目前依赖进口的、本国相对不太擅长的产品。"[13]

英国深化对全球市场的开放程度，于英国自身而言是件两全其美的事。这个国家曾经轻轻松松就从拥有5亿人口市场的欧盟获利。来自欧盟内部的全球展望，也为英国进一步注入了活力，还让英国在贸易、外商投资、竞争和创新方面有所收获。

回顾英国当初加入欧洲经济共同体，最初的动机显然是复杂的。1945年后，英国加快脚步抛掉曾经"帝国"的角色，并开始渴望在欧洲的核心扮演更现实的角色。当英国开始重新规划未来，它就必须首先直面过去，重整未经改革的行业、过于强大的工会，以及超出其实际承受能力的福利制度和国防承诺。英镑对美元和其他贸易货币贬值，英国在世界眼中成了一个卑躬屈膝的国家。于是，欧共体国家开始将英国视为陷入经济困境的"欧洲病夫"。人们自然而然地认为，英国之所以想要签署协议，是因为它想要借欧洲经济共同体（EEC）这个引擎振兴国家经济前景。到20世纪60年代末，法国、联邦德国和意大利这三个与英国规模最接近的欧盟创始成员国，人均产值都超过了英国，而且差距逐年扩大。[14]

许多评论员认为，英国在加入欧共体后，慢慢缩小了差距。他们表示，欧洲的单一市场加剧了竞争，迫使英国公司加快创新，以至于到2013年，有报道称英国自1965年以来繁荣程度首次超越其他三大欧洲经济体的平均水平。[15]有人表示反对，因为英国的增长率只能与其竞争对手在20世纪60年代的数据持平；此外，他们还表示，欧盟把本就微薄的资源大量投入农业和渔业，根本没有能力援助任何国家的经济，而且欧盟没有哪一项政策成功促进了经济增长。

1945 年之后，欧洲所有增长的根源，在于联邦德国自 1948 年起实行的货币改革和供给侧改革，以及 20 世纪 60 年代的法国。在我看来，20 世纪 80 年代及以后，英国经济复苏和增长的最大推力是玛格丽特·撒切尔对英国劳动法、资本市场、财政政策和工业的重大改革。1979 年至 1990 年，撒切尔担任首相期间，英国经济鉴证了自第二次世界大战以来最大的变革。但人们很容易忘记，当时的许多变化都与加入欧盟后的集权主义方法背道而驰。

英国外汇管制制度的结束，加上“大爆炸”① 时期对伦敦金融城的管制有所放松，让英国金融业迎来了复兴，也让“一平方英里”成为欧洲的金融之都，吸引了多家美国大型投资银行。金融服务成为英国经济卓越的中心地带，在服务业产生了数十亿的国际收支，就业机会和投资也随之而来。伦敦码头区（Docklands）这片荒地摇身一变，新城市金丝雀码头（Canary Wharf）诞生。

除了金融领域，撒切尔与煤矿工会的斗争算得上是决定英国工会权力的关键斗争。20 世纪 70 年代至 80 年代初，工会势力造成了通货膨胀率飙升。到撒切尔卸任时，英国已经制定了欧洲最灵活的劳动法，这些改革所带来的益处留存至今。正因如此，2009 年至 2010

① 金融大爆炸（Big Bang），是指英国在 1986 年由撒切尔政府领导的伦敦金融业政策变革。该变革旨在大幅度减少监管。改革后，外国财团被允许购买英国上市企业，金融城引入更国际化管理作风，使用电脑和电话等电子交易方式取代了过去传统的面对面谈价，使竞争激烈程度剧增。

年，大衰退[①]重挫英国的就业水平之后，英国的恢复速度比其大多数欧洲伙伴（德国除外）都要快。

2020年，金融危机爆发十多年后，英国失业率仅为劳动力的3.8%，是整个欧元区水平的一半。新冠疫情极大地改变了这一点。封锁迫使900万英国工人休假，领取国家的工资补贴。美国和其他发达经济体的失业率都呈现飙升，而英国的安排让休假的劳动力暂时可以免受这种影响。但是，英国自金融危机以来致力于减少失业率，特别是年轻人失业率方面的出色记录，还是因恐于疫情而停止了。

英国灵活的劳动力市场，即雇佣和解雇的高效，是使其成为欧洲最具吸引力的外商投资目的地的因素之一。在财政方面，20世纪80年代的历任财政大臣，包括杰弗里·豪（Geoffrey Howe）和奈杰尔·劳森（Nigel Lawson），努力降低了富人的最高税率，使得为少缴税而移居国外的富人们回归英国，一个投资和创业的新时代就此开启。

私有化使得公用事业摆脱了国家束缚，吸引了投资，加剧了竞争。欧洲在各个领域都落后了。在金融危机后的十年里，欧洲努力修复其金融体系，降低失业率，尤其是年轻人的失业率，但仍然高得离谱。这些将对未来产生长期影响。欧洲对其货币和财政正统观念的固守及其对变化的低适应性，对比英国更灵活的自由市场型资本主义，并无多大胜算。在我看来，尽管撒切尔的供给侧改革在分配方面存在

---

① 大衰退（Great Recession），是一场自2007年8月9日开始浮现的金融危机引发的经济衰退。自次级房屋信贷危机爆发后，投资者开始对按揭证券的价值失去信心，引发流动性危机。2008年9月，这场金融危机开始失控，并开始蔓延至其他经济领域。

缺陷，但它确确实实在英国开创了一个繁荣的新时代。

布鲁内尔大学（Brunel University）的诺罗·坎波斯（Nauro Campos）教授试图确定英国在欧洲经济共同体中的地位。[16] 他认为，与英国在 1973 年之前的表现最接近的是新西兰（New Zealand）和阿根廷（Argentina）的组合。在随后的 40 年里，英国经济表现比这两个国家高出 23%。繁荣度的飞升出现在两个时期——一是在我们加入欧共体后不久的 20 世纪 70 年代，二是在 1992 年欧盟单一商品市场开放后。但是，任何事件都不能孤立地看待。20 世纪 70 年代，1967 年和 1976 年的英镑贬值也曾让英国受益，让英国的商品和服务在海外更具竞争力。同样，单一市场建立的同期，撒切尔的灵活汇率制和灵活劳动法改革也在进行。一系列改革逐渐结束了大量的劳资纠纷，激励了企业专注于现代化和新投资。

同一时期，欧盟凭借其 28 个成员国，成长为一个拥有 5 亿人口的市场，一度成为世界上最大的贸易集团。2016 年，曾经的留欧派机构，新经济思维研究所①声称，自加入欧盟以来，英国的增长超过了美国，尽管 2008 年发生了一场国际经济危机，但英国的人均增长未受危机阻碍，仍旧保持了 2.1% 的强劲增长。随着英国经济的增长，贸易变得更加重要；自 1973 年以来，贸易与经济产出的比率从 48% 增至 67%。相比之下，脱欧派则声称，实际上英国从欧盟获得的收益微乎其微。曾在 2019 年欧洲议会（European Parliament）选举中担任记者的脱欧党候选人詹姆斯·巴塞洛缪（James Bartholomew）认为：

---

① 新经济思维研究所（Institute for New Economic Thinking），于 2009 年创立，致力于激发经济创新与辩论，支持具前瞻性的跨领域研究，重审教育以培育下一代经济学家、学者、企业管理人员及政府领导人。

> 在过去十年中，欧盟在金融服务业出台的法律数量增加了十倍。越来越多的活动受到多数投票的控制，金融业是我们所剩不多的成功行业之一，现在也岌岌可危。一场革命正在发生，欧盟的监管机构正在加速挖空英国对金融服务业的掌控角色……奇怪的是，公众大多没有意识到欧盟对英国造成的损害。[17]

事实上，欧盟的许多金融服务法规起源于伦敦，伦敦在这方面的知识储量要大得多。英国成功地主导了欧洲金融服务业，却也造成了与巴黎、法兰克福等金融中心关系紧张，其他金融中心都对英国的领导地位感到愤恨。2010 年的欧元区危机促使 17 个欧元区国家创建起自己的监管基础设施。作为非欧元区成员国，尽管拥有表现优异的伦敦金融城，英国并没有做出这样的尝试。2013 年，欧盟试图限制欧洲各大银行支付给高管的奖金，由此引发了利益冲突。新出台的规定将银行家的奖金上限划定为基本工资的 100% 以内，若需上调至 200% 以内，必须经过股东投票才可实施。

英国反对这一规定，因为它提高了银行业基本工资，进而提高银行的固定成本，扭曲了市场。这项规定也意味着，总部位于伦敦的各大银行可能无法与华尔街竞争，吸引到最优秀的智慧型人才。如此一来，伦敦金融城的竞争力将受到影响。随后，财政大臣乔治·奥斯本（留欧的坚定支持者）也将欧盟此举视为“多管闲事”。英国财政部在一份声明中指出：“欧盟这些关于奖金的新规，没有事先评估其影响就仓促通过，这些规定非但不削减银行家的固定薪酬，反而将其抬高，这将破坏全球银行业改革的成果，提高银行自身的风险系数。”[18]

欧洲法院①的一名顾问驳回了英国的反对理由。之后，英国政府向欧洲法院提交质询。又过了一年后，奥斯本撤回了英国的质询。欧盟拟收取金融交易税，并试图赋予欧盟监管机构取缔“做空”②的权力，对此，奥斯本和财政部也提起了法律诉讼。欧盟的种种行动都表现出对盎格鲁－撒克逊模式资本主义的偏见。实际上，欧盟当时正在抵制一系列具有超国家性质的金融监管规则。这些规则是由金融稳定委员会（Financial Stability Board）创立的，该委员会主席是时任英格兰银行行长的马克·卡尼。从围绕欧盟试图制定其独立金融规则的争论可以看出，即使在谈判桌上有了一个席位，当欧盟出台的法规有损英国经济最有价值的产业，英国也无法做主修改这些法规。

这些阻碍英国的规则，在一定程度上是由于欧盟不信任金融危机后的制度安排。金融危机让新崛起的强大经济体，包括中国、印度和巴西，在二十国集团（G20）中有了更大的话语权。[19] G20 峰会被授权作为全球经济和金融的主要政策制定小组，也就是说，从此以后的决策将不再由老牌西方国家主导。二十国集团的成立，是英国前首相戈登·布朗的提议，是对全球秩序深层次变化的制度回应。

一些对欧洲持怀疑主义的经济学家认为，英国并没有享受到所谓加入欧盟就能拥有的高速增长。他们指出，随着 2008 年全球金融

---

① 欧洲法院（European Court of Justice）是欧盟的最高法院，负责解释欧盟法律，以确保在所有欧盟成员国中的统一应用。欧洲法院的主要职责是解决欧洲联盟的法律问题，包括解决成员国之间的争端，以及处理欧洲公民和组织对欧盟机构的法律诉讼。

② 做空（Short sale），亦称“卖空”，一个投资术语，是金融资产（如股票、期货）的一种操作模式。做空是做多的反向操作，理论上是先借货卖出，再买进归还。做空的常见作用包括投机、融资和对冲。

危机的爆发，欧盟在世界贸易中的份额有所下降，这对欧洲的打击尤为严重。该阵营的分析人士认为，欧盟成员国的经济是疲软的、倦怠的，如果英国将目光放到欧盟之外，那么英国更有可能快速增长。

人们对于脱欧的经济后果，看法非常广泛。总部位于华盛顿的国际货币基金组织在其 2018 年对英国经济的评估中预测，英国若是恢复世界贸易组织（WTO）政策下的关税制度，将致其长期（定义为十年）产出损失 5%~8%；不过，较为乐观的是，国际货币基金组织认为，签署几乎没有贸易障碍的协议可能会“提振信心、活跃度和资产价格”。从长远来看，脱欧后与各国重新制定贸易安排，可以抵消与欧盟之间贸易的损失。[20]

自由贸易经济学家组织（Economists for Free Trade），原名为英国脱欧经济学家组织（Economists for Brexit），是由撒切尔最为青睐的卡迪夫商学院（Cardiff Business School）教授帕特里克·明福德（Patrick Minford）所领导的。该组织一直在反驳主流经济分析团体的负面观点，包括国际货币基金组织、世界银行和英国财政部等团体。从 2016 年公投开始至 2019 年 3 月 29 日期间，明福德及其团队的正确性逐渐显现：留欧派预测的经济衰退从未到来，英国失业率降至 40 年来的最低水平，创造就业机会的产业蓬勃发展。最令人失望的是商业投资，迎着不确定性艰难前行。明福德一再表示，如果英国不缔结贸易协议就脱离欧盟，而是单方面取消所有进口关税壁垒（他称之为“单方面贸易裁军”），那么英国的 GDP 可能会增长 4%。[21] 他是这样得出这个数字的：首先，他假设了一个“英国独行”的剧本，摆脱欧盟贸易保护主义后，英国消费者为工业产品和农产品支付的价格将下降 10%；其次，将贸易成本的下降纳入他的经济“利物浦模型”[①]当中，即可实现4%的GDP增长。在他的分析中，更自由的贸易和欧盟法规的离席将使英国受益数十亿英镑。自由贸易经济学家组织的数据受到了《金融时报》(*Financial Times*)克里斯·贾尔斯(Chris Giles)的挑战。[22]贾尔斯将他们的调查结果与白厅的一项分析进行了对比，结果表明国民收入下降了2%~8%。贾尔斯指出明福德等人的假设是荒谬的。贾尔斯还特别贬损了一种假设，即脱欧后，英国不对任何国家征收关税，不对任何国家设置非关税壁垒，那么边境贸易成本将为零。明福德也进行了反击，为他的假设辩护，并质疑行政部门对边境贸易成本的评估。[23]

对于英国的前景，人们众说纷纭，这反映了公投前后国民的痛苦和扭曲。经济学的准确与否取决于模型中的假设，因此这些假设的差异会导致产生截然不同的结果。在2020年1月31日英国正式退出欧盟之后，商界在政府改组期间的行动和行为变化，往往都产生了不同的结果。鉴于英国、欧洲和世界经济的前景都因新冠疫情而一片灰暗，此时脱欧派的自信预测可能有点过于理论化。不过，脱欧后的英国确实有优势实施自己的财政、货币和贸易战略，而无需诉诸欧盟或欧洲银行。

20世纪80年代，随着撒切尔经济改革的实施，明福德教授却旗帜鲜明地提出货币主义观点，因而显得特立独行，但他是少数正确预测到了经济恢复较快增长的人之一。历史可能不会重演，但在日益全

① 利物浦模型(Liverpool model)，是自1980年3月以来用于预测英国经济的一种理性预期模型。在该模型当中，所有市场都是清晰的；在劳动力市场，工会部门会签订为期一年的名义工资合同，非工会部门会消除过度需求。产出、就业、实际工资等的均衡值(或“自然利率”)由国家内部决定。

球化的世界中，设想消除明面上和隐藏的贸易壁垒，是一般经济学家不敢有的一种开创性思维。即使是在公投之前、期间和之后，一直对脱欧的影响持高度批评态度的国际货币基金组织，也仍能够设想一个以贸易为主导的乐观前景。

现实往往不会让程式化的预测如愿。特朗普政府强硬贸易政策的溢出效应就很难用模型来分析。2018—2020 年，汽车生产的绿色革命冲击了德国的汽车工业及其制造业，使得欧洲的机车经济受损。一场始料未及的全球新型冠状病毒（简称“新冠”）大流行瞬间摧毁了世界经济增长。然而，这些事件也展现出了国际经济相互交织、相互关联的性质，同时让英国看到了与挑战并存的机遇。

自 20 世纪 60 年代以来，欧洲一直左右着英国的政治。事实证明，这一现象让工党和保守党都产生了很大分歧。而且，这也是保守党制定领导决策的决定性问题，从根本上终结了玛格丽特·撒切尔 11 年的首相任期。保守党成员、活动家、议员和选民对欧盟热情高涨。保守党政府和首相一再努力想要平息对欧盟的异议。戴维·卡梅伦由于担心比保守党更加右翼的英国独立党崛起并参与大选，在 2015 年的大选宣言中提出了关于是否继续加入欧盟的全民公投。这只不过是卡梅伦应对反抗者的一种姿态，他从未打算真正兑现他的承诺。保守党在与自由民主党联合执政五年后，在选举中出人意料地获得了多数支持票，正这一意外结果迫使卡梅伦出手。五年预算紧缩和家庭收入下降的艰难时期，让公众渴望重返辉煌经济时代的耐心受到了考验。保守党在这样的情况下取胜，使得这场胜利更加引人注目。

公投的开始日期最初定在 2017 年 12 月，但卡梅伦决定提早进行，这是一次致命的误判。卡梅伦于 2016 年 2 月底宣布，公投开始日期定在当年的 6 月 23 日。卡梅伦在 2014 年苏格兰独立公投中成功掌控局势，再加上他领导的保守党在下议院拥有多数席位，这让卡梅伦自信自己是位说一不二的领导人。实际上，卡梅伦对赢得 2016 年的脱欧全民公投也相当有信心，因此他允许他的内阁成员自由选择把支持票投给哪一方。

尽管有着执政党这一靠山、媒体的协助和留欧派的大量资金支持，卡梅伦及其团队的这场仗打得并不漂亮——将永远被视作一次“恐惧项目”。他们散布的关键预测中，有一条是英国投票脱欧后，将产生可怕的经济后果。在为公投奔波的最后几天，时任财政大臣的乔治·奥斯本与前财政大臣、工党的阿利斯泰尔·达林（Alistair Darling）一同发出警告，认为英国有必要制定紧急预算，通过提高收入和财富税，增加 150 亿英镑的预算。

脱欧派惊人的胜利让卡梅伦立即辞职。特蕾莎·梅被选为保守党领袖，带领英国脱离欧盟的任务落到了她身上。议员们最终将脱欧日期定为 2019 年 3 月 29 日。预想中的经济动荡从未发生。所幸，英国脱欧投票的直接冲击得到了英格兰银行行长马克·卡尼的缓冲。在一份预演的电视声明中，卡尼公布了一项支持社会产出、恢复国民信心的计划。该计划主要有四点，包括：第一，额外投入 1500 亿英镑用以扩大量化宽松政策①——根据该计划，英格兰银行购买政府债券以换取现金，从而有效地将额外资金注入国民经济；第二，银行利率下调四分之一个百分点，即 0.25%，以降低消费者和企业的借贷

① 量化宽松，主要是指中央银行在实行零利率或近似零利率政策后，通过购买国债等中长期债券，增加基础货币供给，向市场注入大量流动性资金以鼓励开支和借贷的干预方式，也被简化地形容为“间接增印钞票”。

成本；第三，拿出一项新方案，将已购买的公司债券存量提高到 200 亿英镑，从而改善企业的财务环境；第四，开放特殊窗口，银行可以通过该窗口借入短期资金，以防金融危机前的市场冻结、信贷紧缩情况再现。

由于在公投期间对留欧派表现得过于友好，卡尼受到了抨击。脱欧派坚持认为，抛开别的不说，围绕投票脱欧的不确定性多半会有损商业投资。然而，英国央行①从中斡旋，缓解了公投结果给市场和企业带来的冲击。金融反应相对平静，卡尼功不可没。2017 年 2 月，卡尼向英国财政部特别委员会（Treasury select committee）证实，2016 年 6 月 24 日上午向金融市场注入大规模资产流动性，以及同年 7 月降低银行资本要求，都帮助了经济避免潜在的金融危机：

> 针对公投给金融稳定带来的风险，英格兰银行采取了一些重大措施。如果我们没有这样做，宏观经济就会受到影响。我们做到了，这很重要。但我们永远不会收到赞誉，我们只能接受这一点。[24]

根据英格兰银行的研究，该行所采取的行动保住了 25 万个工作岗位。公投结束后，许多人担心的经济崩溃从未到来。经济增长与国内生产总值一同缓慢攀升，于 2016 年增长 1.8%，2017 年增长 1.7%，2018 年增长 1.4%，2019 年增长 1.3%。[25] 不过增长速率明显呈下降趋势。商业投资和消费者信心确实受到了影响，但英国经济一直具有劳

---

① 英国央行，英国的中央银行，即英格兰银行。

动力市场灵活的显著特点，这是撒切尔时代的主要遗产之一，所以英国创造就业机会的产业还是健康的，失业率也保持在一个极低水平。2020 年 1 月，英国有 3260 万人在岗。就业率为 76.3%，是有记录以来最高的；劳动力失业率为 3.8%，是自 1974 年以来最低的。[26] 就业充分和工资上涨使得财政部的税务收入增加，公共财政得到支持。

脱离欧盟后，要说英国未来的新起点毫无希望，那是不可能的。在许多方面，英国取得的瞩目成就并不是因为加入欧盟，反而与欧盟无关——这在一定程度上是由于英国没有使用欧盟的单一货币。在一概而论的欧元区，通用的汇率和货币政策以及共同的财政目标正在拉低经济增长（如果有增长的话），并造成高失业率。全球经济相比于 1975 年英国加入共同市场时，已经发生了翻天覆地式的变化。现在，脱欧为英国提供了一个融入全球并从中获益的机会。

英国不是全球化的新手，这可以从它历史上开展的世界贸易看出。在大英帝国时代，从印度次大陆到亚洲、澳大拉西亚和美洲，英国在各大洲都创造了贸易机会。加入共同市场意味着英国放弃了一些贸易关系和英联邦的偏好，转而支持当时盛行的欧共体贸易规则。英国与澳大利亚之间的往来就是一个很好的例子。澳大利亚的矿产资源由力拓集团（Rio Tinto）等英国大公司开采，由此享受了 20 余年的持续增长。英国和澳大利亚之间的亲缘关系一如既往地牢固，但英国不敢放开手脚利用这个澳大利亚的庞大市场，因为欧盟担心从澳大利亚进口食品可能会妨害欧洲大陆的农业生产，因而实施了相关壁垒和法规。

经济高速增长的金砖国家（巴西、俄罗斯、印度、中国和南非）

得名于前高盛集团经济学家吉姆·奥尼尔（Jim O'Neill）在2001年首次提出的概念。它们的崛起彻底改变了全球贸易状况：中国已成为世界第二大经济体；巴西超过了法国、德国和意大利；巴西、印度和俄罗斯都排在加拿大之前。除金砖国家外，还有韩国、新加坡、土耳其、以色列等新兴富裕国家，以及越南和秘鲁等新兴市场国家。这些国家加入世界贸易体系，意味着更多的进口选择、更低的价格和更大的生产规模。

只需到超市里仔细看看水果、蔬菜的货架，就能认识到世界已经变了模样。有智利空运来的蓝莓，有秘鲁的鳄梨、肯尼亚的草莓、南非的覆盆子，还有来自巴勒斯坦的椰枣。在世界另一头，玛莎百货（Marks & Spencer）向其在中国香港地区的分店提供从英国空运过去的现做菜品和三明治。我此刻写作穿着的格纹羊毛运动夹克是埃及制造的。停在我家门外路边的汽车产地有韩国、德国、瑞典和捷克。我正在使用的惠普EliteBook系列笔记本电脑是直接从中国运到我的办公桌上的。这样的例子还有许多。如果消费者或企业需要商品和设备，他们不会在意供应商是否加入了某个贸易集团。当今世界，本质上是一个低关税的世界，影响人们购物的可能只是支付价格稍有不同。

全球化、空运、计算机化的集装箱运输体系和先进的物流，“缩小”了我们的世界。可以肯定的是，“准时制”生产让处在英国和欧洲的汽车制造商更易获得零部件，但包括决定驾驶体验的计算机芯片在内的许多电子产品都是在剑桥（Cambridge）或硅谷完成设计，并从太平洋运过来。全球化也带来了市场一体化，使得各国经济进一步互联互通，促进了贸易增长并增加劳动力和资本的流动性。

当今市场基本不存在国界的概念，而且范围比欧盟等经济集团要广阔得多。事实上，在 FAANG[①] 五个公司打造的数字世界中，移动网络和光纤电缆打破了国界，把服务送到我们所有人手中。依托于万事达卡（MasterCard）和维萨卡（Visa）的信用卡支付，以及全球付（Worldpay）等公司的新型数字支付处理程序，同样也不受国界限制。

过去三十年间，信息与通信技术、运输和交通的发展加快了全球化的步伐。互联网实现了快如闪电的全天候全球通信，集装箱化运输使大量货物和商品以极低的成本运往世界各地。在英国最大的集装箱港口费利克斯托港（Felixstowe），装载各种货物的集装箱都是由计算机化的吊舱操控的，这些吊舱看起来就像是我们在大型机场可以看到的控制塔。

而社交媒体的兴起意味着，随着生产者更新沟通方式和销售手段，国界在许多方面变得无关紧要。微营销就是一种新手段，通过收集个人数据收集来识别消费者群体或个人。智能手机的普及也使全球购物者能够轻松进入“虚拟”全球市场，享受各种服务：看电影、听音乐、结算在新英格兰度假期间的房租账单、为海多克公园（Haydock Park）赛马场上 3 点 45 分的赛事下注……新电子支付系统的出现，是金融（金融科技）革命的一部分，这场革命还包括电子钱包（预付费和移动支付）、电子发票和移动支付应用程序等，促进了全球贸易的增长。也就是说，随着亚马逊和苹果等全球品牌

① FAANG，是美国市场上五大最受欢迎和表现最佳的科技股的首字母缩写，即社交网络巨头脸书（Facebook）、苹果（Apple）、在线零售巨头亚马逊（Amazon）、流媒体视频服务巨头网飞（Netflix）和谷歌（Google）的母公司字母表（Alphabet）。

的迅速崛起，摆脱国界束缚的国际合资企业和跨国企业已经占领了舞台。

然而，全球化也有弊端。英国接受的移民越来越多，导致了社会紧张。可以说，这使英国更容易受到全球经济圈的影响。因为英国一直以来都对国际贸易和服务业保持开放，一旦欧盟或是美国等主要贸易伙伴发生严重衰退或金融危机，英国也将受到沉重打击。许多过时产业的消亡也造成了社会混乱。取而代之的是薪酬较低的工作，例如电话服务中心和电脑化仓库里的那些枯燥乏味的业务。来自海外的竞争使得僵尸企业[①]成片涌现，这些企业靠着低利率的廉价信贷维持运营。年轻一代普遍反对全球化，认为全球化加剧了不平等现象，社会因此陷入不安之中。许多年轻人进入劳动力市场时，还背负着学生贷款或者其他债务。年轻人的买房之路也变得越来越困难。在年轻一代眼中，之前的几代人都是幸运儿，受益于免费或低价的大学教育及早期购置房产的暴利。在他们看来，老一辈人还享受到了更优厚的企业退休金计划，而现在大多数雇主提供的福利中都找不到此类养老计划了。

就以上现象而论，全球化被看作是个恶魔，但这些社会待遇的差异，大多既有国内原因，又有国际原因。尽管如此，年轻人确实有深刻的落差感。在知识层面，这种落差感在法国经济学家托马斯·皮凯蒂（Thomas Piketty）的巨著《21世纪资本论》（*Capital in the Twenty First Century*）中得到了反映，该书讨论了财富和收入的不平等现象。

---

① 僵尸企业，是指已停产、半停产、连年亏损、资不抵债，主要靠政府补贴和银行续贷维持生存和经营的企业。僵尸企业的特点是“吸血”的长期性、依赖性，而放弃对僵尸企业的救助，社会局面可能更糟，因此具有绑架勒索性的特征。

尽管跨国公司和亿万富翁的避税行为尽人皆知，硅谷的巨头企业与各个领域的实体企业相比缴纳的税款最低，但其声称所有运营都符合经合组织制定的规则。人们虽然愤慨，却也无能为力。知名亿万富翁，如英国的吉姆·拉特克利夫（Jim Ratcliffe），作为工业巨头英力士（INEOS）的创始人，一边公开支持脱欧，一边盘算着前往低税国家摩纳哥。英国年轻一代向往的稳定工作环境，明显站在零工经济[①]的对立面。在零工经济中，工作的稳定性和福利都很脆弱，工资水平也一直处于低档。

围绕全球化，英国、美国和欧盟政治的断层线已经打开。社会影响被认为是不公平的，但同样重要的是，较大的西方经济体领导人未能调整国内政策以适应新时代。这就是为什么英国前工党领袖杰里米·科尔宾（Jeremy Corbyn）、美国的伯尼·桑德斯（Bernie Sanders）和伊丽莎白·沃伦（Elizabeth Warren）等具有社会主义思想的政治家的思想在年轻人中广受欢迎的原因。然而，正是全球市场提供的商品机会，以及越来越多的服务机会，将带来年轻人渴望的更高的生活水平和更安定的社会。

有一种观点认为，鉴于全球化造成的不平等现象和它所激起的愤恨，世界可能已经到达了全球化的顶峰。对此，伦敦卡斯商学院（Cass Business School）的安德鲁·琼斯（Andrew Jones）教授认为：

> 区分新自由主义经济的全球化和更广泛的全球化（社会一体化）很重要。对于前者，答案可能是肯定的。全球化

① 零工经济，一种现代经济模式，区别于传统“朝九晚五”，是一种时间短、灵活的工作形式，由工作量不多的自由职业者构成，利用互联网和移动技术快速匹配供需方。

> 导致了扩大化的不平等，这在民族主义和反全球化政治中表现得尤为明显，英国脱欧就是一个很好的例子。如果换一种全球化的定义，那么经济/社会一体化的好处还是有的。不过，超国家机构能否适应，目前还无法定论。从长远来看，我预计其他形式的更广泛全球化将继续下去，事实上，它们现在就在进行当中。[27]

由于民选政治家不愿意满足选民的愿望、公开发表粗俗言论，还让种族主义和反犹太主义势力冒头，英国旷日持久的脱欧辩论受到了广泛批评。但是，这场辩论本身，具有其独特的启发性。它暴露了英国人民对企业、经济和社会所选道路的不满。它还促成了一次更广泛深入的探索，探索国民希望英国成为什么样的国家，探索英国经济在强压下的持久性，以及少有谈及的英国在打造经济和商业优势当中的诸多机会。

金融服务对英国的重要性及其对繁荣的贡献，几乎无人不知；2008—2009年金融体系崩溃对生活水平造成的巨大冲击，几乎无人不晓。不管怎么说，英国还有很多其他方面可以发展壮大，无关是否加入欧盟。英格兰银行首席经济学家兼国家工业委员会主席安迪·霍尔丹，在工作中见识了各种各样的生活环境。身形瘦小的霍尔丹，从英国东北的工薪家庭走出来，足迹遍布各个地区，由此认识到了经济和社会的差异。他回忆道：

> 我记得有一次，我坐在索尔福德（Salford）一个由流浪者救助慈善机构、食品银行和当地宗教团体资助的社区

> 中心里……抬眼朝窗外望去，就可以看到媒体城①闪闪发光的高层建筑。往右看，是几座议会大厦，已经几十年没有翻新过。[28]

霍尔丹对未来持乐观态度，但他也认识到，英国还需要进行深入的变革，才能在新的世界秩序中脱颖而出。他告诉我：

> 我们英国有一些相当出色的产业。这里有一些真正引领世界、享誉全球、问鼎寰宇的一线公司，它们的业务围绕最先进的技术产品，在世界各地抢占市场份额……我们拥有世界顶尖的两所大学，世界排名前25的大学中我们占有5所。英国的一线公司比德国、法国甚至美国都多……但与之对应的是，我们有更多的公司，被困在了生产力低下的道路上。这就是我所说的长尾问题。[29]

之后，本书将介绍英国的一线公司、行业和产业，以及英国脱欧后如何才能在全球舞台上将这方面的优势发挥到极致。英国经济的这些部分快速增长，对英国从新冠疫情中恢复而言，是最大的希望来源。约翰逊政府认识到了这一点，于2020年3月英国推出总额5亿英镑的“未来基金”（Future Fund）计划。有了这一基金，科技、生

① 英国媒体城，位于曼彻斯特，是英国的创意和数字化中心、欧洲第二大创意及数字化媒体中心、欧洲首个以发展创意、媒体及科技行业为目的建设的中心。有英国广播公司（BBC）及独立电视台（ITV）等主流媒体机构入驻，已成为英国的文化新高地及曼彻斯特的商业中心、高端住区、休闲目的地。

命科学和创意产业领域的英国公司可以申请可转换贷款①，以帮助公司度过疫情防控期间及之后的难关。[30] 该基金使得政府入股一些初创企业成为可能，这是新冠疫情暴发之前，人们不敢想象的。

在接下来的章节中，我将详细谈谈创新、研发和技术这些英国的强势领域，它们是英国保持自信和斗志的筹码。英国人一直是伟大的创新者。在过去的一个世纪里，我们有无数的发明先例：摄影、电视、青霉素、喷气式发动机、计算机、雷达、微处理器、互联网等许多对现代生活至关重要的信息技术和数字机器。

从电影到时尚，从游戏到软件，从音乐到媒体，再从广告到建筑，英国人的创造力造就了英国价值 710 亿英镑的创意产业。创意产业是推动英国经济增长、支持就业最重要的产业之一。富有创造性的英国以其优质人才队伍和创造性团队启发着世界。已故的扎哈·哈迪德（Zaha Hadid）等建筑师、托马斯·赫斯维克（Thomas Heatherwick）等全能设计师、视觉效果前卫公司“画面商店”（Framestore）和品牌咨询公司“未来品牌”（FutureBrand）等，这些个人或公司都是英国凭借想象力、灵感和独创性赢得国际声誉的杰出代表。

然而，英国领军全球创新领域的美名面临着来自美国、欧盟、中国和其他新兴经济体的激烈竞争。英国成功故事的背后，是政府无数次的尝试，包括此前发布《英国创意产业国际战略报告书》（*UK Creative Industries International Strategy*）所做的努力。该战略的目标是，到 2020 年，进一步努力赢得更多高价值的出口业务。这样的雄心壮志需要公共部门和私营部门密切合作。而且，与通常的政府项目

---

① 可转换贷款，是债务融资的一种形式。公司的投资者成为债权人，可以在一定时期内转换为预定数量的股权股份。有时，可转换贷款也称“可转换债券”。

一样，成功与否取决于部长们是否意志坚定，资源供应是否充足，以及政府是否愿意像曾经给予汽车和航天等工业经济的投入一样，给予创新领域的一线企业同等投入。

这是伦敦大学学院（University College London）创新与公共目的研究所（Institute for Innovation and Public Purpose）所长，大奖傍身的经济学家马里亚娜·马祖卡托（Mariana Mazzucato）教授曾经公开发表的观点。她的研究关注了如何结合创新与金融市场以保证快速、可持续的增长。她的工作始终围绕着公共价值和公共目的，以及全球经济的“创造者”和“接受者”。她对寻求让私营部门和公共部门更好合作的新方法很感兴趣。马祖卡托曾写道，国家可以成为重大风险承担、技术创新和财富创造的强劲力量。[31] 在她看来，经济力量应服务于公共利益，统合公用事业和金融产业的力量，共同服务宏伟创新目标和实际价值创造。在英国努力走出疫情和封锁的阴霾并实现向往已久的脱欧时，这些想法赢得了强烈共鸣。

英国政府认识到了不懈努力的必要性，于 2018 年 7 月宣布增加资金投入以促进东北地区的增长和革新，作为履行前财政大臣乔治·奥斯本构想的“北方经济引擎”的一部分。这开启了政府努力的新阶段。2019 年 12 月，鲍里斯·约翰逊靠着英格兰北部的选票一举夺权，这场选举的结果突显了平衡的必要性，也就是约翰逊所说的“发展均衡化”①。新冠疫情使得加快这一进程的紧迫性更进一层。

由于境内大学实力雄厚及这些学校与商业的关联，英国被视为全

---

① 均衡化（leveling up），是约翰逊·鲍里斯的一条执政策略，意在达成“去中心化”，鼓励英国各地各自发展优势产业集群，打造不再继续依赖传统“金三角”（牛津、剑桥和伦敦）的经济。

球研发中心，许多卓越成就于此诞生。同时，英国政界已经达成了广泛共识，认为有必要增加研发领域的总投资。为了实现这一目标，英国的工业战略需要打造一个充满活力的环境，促进英国公共服务、高等学府和企业进行研究和创新，并通过鼓励英国公司开展研发工作来吸引全球投资。2016 年，英国研发投资从 2015 年的 318 亿英镑增加到 331 亿英镑。2017 年，政府承诺提高研发投入占国内生产总值的百分比，从 1.67% 提高到 2027 年的 2.4%，未来将达到 3%。但局势不容乐观。英国的研发主要依赖于三大产业——制药、航空航天和汽车，而这三个产业又依赖于英国与欧盟紧密的关系。阿斯利康、葛兰素史克、空客和捷豹路虎（Jaguar Land Rover）都曾因欧盟的资金支持大受裨益。因而，这些企业被认为很容易受到脱欧的影响。

英国的技术产业比欧盟其他国家的总和还要庞大，并且在过去十年中一直是英国经济增长最快的部分之一。英国的技术凭借供应链的稳定性满足全球需求，占英国创意产业出口总额的 46%。科技企业是英国经济的核心，在推动全国经济增长方面发挥着重要作用。英国的许多企业，曾经是杰出的初创企业，现在已成为全球品牌，积累起了数百年开发创新、优质技术的历史。英国的创业文化从国内各个科技集群和活跃的风险投资团体中汲取养分。可以说，英国可以为全球的科技公司提供一个优良环境。

英国的首次公开募股（IPO）数量最多，科技“独角兽”（指市值超 10 亿美元的初创公司）数量也超过了欧盟其他国家。英国的科技经济在电子系统、通信、数据管理和分析、数据中心、云服务、人工智能、网络空间、半导体设计和传感器方面表现强劲。

英国创造的技术服务于所有行业，从金融服务业、高价值制造业到零售业和农业，等等。正如前首相特蕾莎·梅多次强调的那样，我们是金融科技的强者，拥有优秀的计算机程序和其他支撑金融服务的技术。伦敦南岸（South Bank）聚集了约 1500 家金融科技初创企业，它们正在探索各个领域，是某种或新一种意义上的“颠覆者”。但是，正如我在《每日邮报》专栏中不断重申的，将全球付这样成熟的公司出售给其美国竞争对手万递福，这是一种陋习，我们必须摒弃，否则英国将失去在这场变革中的核心地位。

卡斯商学院的安德鲁·琼斯教授指出，大学与商业之间基于研究建立起来的联系是一股强劲力量。他认为：

> 英国已经大大加强了其高等教育体系与高校商业的联系……为此出台了许多激励政策，与前几十年相比，是一大成功。我们开展研究，但不进行商业化，这在很大程度上是由于“英国病”① 的观念作祟。许多大学已经非常成功地转变了思维，将学校的角色定位为经济增长和创业的区域引擎。从长远来看，英国不能局限于模仿美国或德国，而需要构建符合英国国情的创业生态系统。[32]

正如在创新、研发和科技方面展现出的独创性，英国在未来的贸易关系中也必须表现出创造性思维，不能受限于欧盟的思维。欧盟

---

① 英国病（British disease），是指 20 世纪 60 年代后英国经济停滞时期，它用来形容英国在那个时期经济衰退、工业冲突频繁、劳资关系紧张、生产率低下等一系列社会经济问题。同时也指有自我毁灭的民族怀疑悲观情绪，表现为：总喜欢轻视自己的国家，赞扬别的国家；贬低自己人民的成就，羡慕别人的成就；蔑视自己的国家制度，赞许别的民族的制度；嘲笑本国的每一个全国性人物。

作为一个关税同盟，对内促进自由贸易，对外却在向世界其他国家设置贸易壁垒。同时，单一市场带来了针对欧盟内部经济活动的一些监管体系，也被许多人看作是负担。欧盟法规繁多，涵盖工作时间的安排、电子服务增值税，还要求雇佣欧盟员工的企业在设备上以员工能看懂的语言附上健康和安全提醒。[33]

正如特蕾莎·梅在毫无胜算的情况下前往欧盟谈判时提出的“全球英国”（Global Britain）这一政府口号所设想的那样，脱欧将使英国在与世界其他国家往来时，有机会贯彻自己的自由贸易政策。这反映了英国持续创新和把商品和服务销往海外的决心。2018 年 8 月，时任首相宣布，英国已与非洲国家达成脱欧后的第一项贸易协议。尽管新兴市场和新兴富裕国家约占贸易总量的 57%，而且增长速度远快于老牌、已发展起来的发达国家，但新的国际贸易协议可能难以达成。2012 年，乔治·奥斯本提出了到 2020 年让英国出口额翻一番（达到 1 万亿英镑）的目标，但这一数字到 2017 年仅增长了 11%，为 6170 亿英镑。在一个瞬息万变的世界里，英国可能会发现完全摆脱其与欧盟的联系，比想象中更加困难。英国可能还会发现，挣脱欧盟规则制定和监督管理的枷锁的好处可能不如脱欧狂热支持者们所设想的那样大。

与此同时，包括硅谷巨头企业苹果、亚马逊、脸书①在内的科技和互联网公司，已成为一股无所谓国界或洲界的主导力量。各大洲正在使用相同的云服务。从自动驾驶汽车到基于计算机的股票交易和酒店预订，人工智能正在扰乱传统业务，对各种商业形式产生影响。唐纳德·特朗普于 2017 年 1 月入主白宫，他的“美国优先”（America

① 脸书公司现已由“Facebook”更名为“Meta”，中文译名“元宇宙”。

First）政策使得几十年不见的自由贸易与保护主义论战首次重返国际议程。全球贸易带来了经济增长，而世界也已经习惯了全球贸易的增长。特朗普的表态是来自孤立主义和保护主义的威胁，更过分的是，他还冒险重新设置贸易壁垒，并采取“以邻为壑”的贸易态度，这种态度自 20 世纪 30 年代以来原本已经销声匿迹了。安德鲁·琼斯教授指出：

英国从单一市场中受益匪浅，大部分贸易活动都是与欧盟开展的。脱欧显然带来了巨大的不确定性，贸易条件不会更好，只会更坏。一个广泛讨论的关键问题是，例如零部件等现代货物制造所遵循的“准时制”生产方式，对英国和欧盟之间的无摩擦边界具有依赖性。这种边界的重大中断将在众多行业（不仅仅是汽车业和飞机业）造成损失，并削减经济活动。这种状况可以通过双边协定来修正，但可能需要十年或更长时间英国才能重新从欧盟获利。

谈判达成有益的双边贸易协定，这一任务及其复杂性不可低估。欧盟禁止英国开展业务的市场或产品很少。脱欧之后，各项谈判还会受到美国、中国、欧盟和东盟自由贸易区（ASEAN Free Trade Area，AFTA）等大国或集团力量的影响。[34] 不过，它们之中有许多对扩大与英国之间的自由贸易关系表现出强烈兴趣。机会近在眼前。英国与遥远国家之间的贸易占其贸易总量的比例很小，因此有很大空间可以加强贸易关系。此外，还必须注意到，在英国退出欧盟时，美国已经成为英国最大的单一贸易伙伴。2019 年，英国对美国的贸易顺差为 450 亿英镑。

英国在21世纪前30年当中所必须面对的挑战是巨大的。在脱欧后的局势下，一个独立国家能否无拘无束地寻求自己的贸易协议？我向尚塔亚南·德瓦拉詹咨询了这一点连同其他问题。德瓦拉詹是世行发展经济学高级总监，也是世界银行的首席经济学家。当我问到，他认为国际贸易最大的进步是什么时，德瓦拉詹毫不犹豫地回答说：

> 是步入了基于规则的交易体系。世界贸易组织制定了规则，包括国家可以收取多高的关税。中国也加入了世贸组织。我认为，接受基于规则的体系，虽然它会束缚你的双手，但它符合每个人的利益。

随后，我们谈话转向了英国作为独立主权国家的立场。英国能否因为拥有比较优势而在某些市场取得成功呢？他回答说：

> 按照传统，要开展贸易，你会选择邻近的国家、与你有历史联系的国家，以及让你拥有比较优势的国家。随着科技和其他因素的发展，运输成本已经下降，距离也变得不那么重要了。而且，离你最近的国家往往会与你生产同样的产品，所以你与邻国相比没有优势。英国凭借所拥有的高技能人口和较好的基础设施，在几个领域具有比较优势。受过英国培训的会计师能否在俄罗斯或印度工作，将取决于基于规则的服务贸易体系如何发展。

德瓦拉詹认为，虽然贸易集团有助于加快自由贸易的步伐，但不加入贸易集团也有机会：

> 没有加入欧盟的那些国家，贸易状况都很好。贸易集团，或者关税同盟，确实有助于各国更好地进行贸易……如果你加入了关税同盟，就代表同意一致的对外关税。一旦这样做，你就会随着越来越长的时间而真正将关税降到零。这意味着你可以加快自由贸易的进程。欧盟与世界其他国家的贸易份额一直在缩小，而低收入国家的增长速度比富裕国家快。我们称这种现象为趋同。欧盟之外的国家是巨大的市场，而且还有可能变得更具吸引力。[35]

要与世界其他国家签订贸易协定，前提一直是英国退出欧盟，并随之退出单一市场和关税同盟。英国在 2020 年年初脱离欧盟时为自己制定的路线，让可能化为现实。事实上，鲍里斯·约翰逊政府的大臣们做得更加彻底，他们认为在与欧洲的各大前合作伙伴达成贸易协议时，可以完全放弃结盟。前财政大臣赛义德·贾维德（Sajid Javid）于 2020 年 1 月宣布："不会有结盟，我们不会成为规则制定者，我们不会加入单一市场，也不会加入关税同盟。我所说的将会在年底前实现。"[36] 贾维德还敦促英国公司进行"调整"以适应这一新现实。

前英国国际贸易大臣利亚姆·福克斯（Liam Fox）在脱欧投票后多次提出关于政府出口战略的构想。随着 2017 年英国商品和服务出口额增至创纪录的 6200 亿英镑，他希望出口占国内生产总值的比例能从 30% 提高至 35%。2018 年 2 月，他在彭博社（Bloomberg）告诉观众：

英国必须着眼于长远。我们的未来必须是全球性的，因为我们的贸易模式正在改变。目前，英国的出口目的地约有57%是欧盟以外的国家，而2006年仅为46%。此外，不同于我们向欧盟的出口仍以货物为主，我们向非欧盟国家出口的货物和服务是平均分配的。[37]

英国在世界各地举行了会谈，为脱欧做准备。到2018年年初，福克斯和他的团队已经进行了150多次访问。其中意义最重大的一次是在特朗普总统表示愿意尽早达成贸易协议后，与美国进行的会谈。2019年，鲍里斯·约翰逊当选为首相后，特朗普又重申了他的承诺。2018年至2019年，困扰英国发展的是其未来角色的不确定性。此外，特朗普的心情任性地摇摆于英美达成广泛贸易协议的可能性和他“美国优先”的本能之间，实在不容英国充分乐观。

吸引英国将目光投向欧盟以外的新市场的，不仅仅是欧盟以外的国家。葡萄牙前欧洲事务部部长布鲁诺·马萨埃斯（Bruno Maçáes）预测，中国和俄罗斯将很快在全球经济的“人才、商品、能源、金钱和知识”方面发挥关键作用。[38] 在马萨埃斯2018年的作品中，他表示，全球重心已经从曾经的大西洋中部转移到了欧盟的东部边缘，到2050年将位于他称为“亚欧大陆”的中国和印度之间。相反，彼得·弗兰科潘（Peter Frankopan）教授持不同观点。他认为，世界的未来在亚洲。在这样的世界背景下，英国势必要继续作为互联世界的一员，而不是孤军奋战。[39]

在看待贸易及其他问题时，难免要考虑到脱欧一事。在全民公投期间，许多经济学家坚持认为退出欧盟对英国只有坏处。而事实是，公投后，英国的外商投资水平持续创造着新纪录。2017 年，即脱欧公投过后的一年，英国的外商直接投资增加了 1490 亿英镑，达到 1.3 万亿英镑。[40] 2018 年，经济学人智库①公布了脱欧对金融服务、医疗保健和生命科学、汽车、消费品、能源和电信等六个关键经济部门的潜在影响报告。报告的结论是，混乱无法避免，不论脱欧的类型（"软脱欧"或"硬脱欧"）将如何决定具体情况。不过，报告认为经济的长期前景总体上依然乐观。[41]

在 2016 年的全民公投中，非法移民是一个关键且饱含争议的问题。在支持脱欧的地区，面对国家劳动力中海外工人的数量及医院和学校等公共服务所承受的压力，公众表现出了强烈的反对和些许懊恼。缓解公众对移民数量的不安，曾经是特蕾莎·梅政府工作的核心。2018 年 9 月，内阁同意采纳移民咨询委员会（Migration Advisory Committee）的报告。该报告指出，低技能的海外劳动力不能促成经济的增长。脱欧将解除欧盟的人员自由流动规则对英国的捆绑，让新的制度建立起来。

最受欢迎的方法是模仿澳大利亚式的积分制移民系统。2020 年 2 月，内政大臣普丽蒂·帕特尔（Priti Patel）公布了一项移民政策，其所依据的制度是：英国将优先考虑高技能人才，无论人才来自何方。在新制度下，政府承诺欧盟和非欧盟公民从此将得到平等对待，得到优先考虑只能是那些最高技能和最优秀的人才，无论他们是科学家、工程师、学者还是其他高技能工人。英国的积分制将吸引到技能

① 经济学人智库（The Economist Intelligence Unit），是经济学人集团（The Economist Group）旗下的商业分析机构。主要为全球商业与各国政府决策者提供针对国家、产业及管理领域内的经济预测分析与咨询服务。

型工人、学生和一系列其他领域的专业人才，包括全球性领先者和创新者。[42]

围绕该计划最大的争议是，低技能工人的进入将于2021年年初开始受限。不过，政府也为季节性移民工人做了安排，例如水果采摘工人。公民主要的担心是，这一蓝图限制性太强，经济的重要部分都是低收入行业，包括英国国家医疗服务体系、社会护理行业和酒店业在内，都将受到不利影响。政府决定实行这一计划背后的理论是，该计划可以促使英国的非经济活动人口①重返劳动力市场，并鼓励企业投资数字和自动化经济，从而提高生产力。

英国从金融危机中复苏，是基于就业的，也就是说，在很大程度上是基于可用的廉价劳动力。在英国决定脱欧后的充满不确定形势下，公司会选择招聘人员，而不是在建造新工厂和购置设备上花费巨资。一些组织预计，在英国脱欧后，连接英国和欧盟劳动力市场的大门就将关闭，所以要选择通过吸收符合要求的剩余劳动力来储存劳动力。然而，更严格的移民政策能带来企业对数字产品更高的投资，这是一个“说来容易做来难”的想法。在英国开始实施大型基础设施项目之际，边境管制更加严格，那么这些项目需要的大量建筑工人就无从得来。

我的父亲就是移民，就我个人而言，我认为只向精英技能群体敞开怀抱，而对其他人关闭国家边界，这种想法有悖英国对移民一贯的欢迎态度，同时有碍经济发展。英国在金融危机前长期保持高趋势增长，并在危机后很快恢复增长，靠的就是大规模接受移民。正是这些进入了劳动市场的移民及其后代，在为国家医疗服务体系买单，为老

① 非经济活动人口，指在劳动年龄内、有劳动能力、未参加或不要求参加社会经济活动的人口。

龄化人口积累养老金。

前财政大臣菲利普·哈蒙德（Philip Hammond）等人，就英国的建筑业、餐饮业和酒店业可能出现劳动力短缺而发出了警告。到2018年，服务业就已经占据了英国国内生产总值的80.4%，和英国83.5%劳动力。鲍里斯·约翰逊政府听取了一些批评建议，并深入处理相关问题。通过采用澳大利亚式移民政策，惠及熟练工人和专业工人，政府将基础收入门槛从每年35000英镑降至26500英镑，还将教育要求从学士学位放宽到了高中学历或其同等学力。

但是无论政府怎样做，批评家们永远不会满意。比如，他们指出一些护理人员的年收入只有16000英镑，少得可怜。与此相反的论点是，随着低工资的外国劳动力供应枯竭，通过更优质的培训和更好的奖励机制，未从事经济活动的英国本地工人被吸引，从而重返劳动力市场。英国开放的边界让人感觉这个拥挤的岛屿上移民“泛滥成灾”，成了英国脱欧后最敏感的问题之一。新的移民政策需要向显著改善私营部门和公共部门的培训投入资源、提升学徒制监测和开展技术教育革命，否则该政策可能难以取得理想效果。

英国作为欧盟成员近五十年的历史，造成了英国的依赖和短视。不过，历史上的英国并不总是依赖欧洲。我们在19世纪的主要贸易伙伴是美国、加拿大、西印度群岛、阿根廷、巴西和中国。当时，英国各个定居者殖民地希望将“更大的不列颠”[①]发展成为一个经济集

① 更大的不列颠（Greater Britain），是政治家查尔斯·迪尔克（Charles Dilke，1843—1911年）于1868年提出的概念，他将英帝国，尤其是白人殖民地描述为“将英国之声传向世界的扩音器”。1869年，迪尔克出版《更大的不列颠》（*Greater Britain*）一书，大力宣扬帝国的统一。

团，这一想法从未泯灭。尽管今天英联邦贸易的吸引力可能已经大大削弱了，但是依靠旧时殖民建立起来的联系一直都很重要。具备深厚历史渊源的英联邦，显然是英国全球贸易身份的有力补充。未来，最大的机遇在亚太地区，在那里，英国将奋力在美国和中国之间开辟一条新路，哪怕过程荆棘密布。

在英国寻求改变其全球经济方向的过程中，只需要回望过去和我们曾经独自耕耘的果实，就会打起精神。从金融业到创意产业，英国在服务业方面的实力是一大优势，因为大部分的这种“无形”贸易都还没被传统贸易协议束缚。如果英国通过巧妙谈判来消除服务业领域的非关税壁垒，那么可能会带来丰厚的回报。要知道，想要找到一条正确的道路，这绝非易事。

英国必须在 21 世纪上半叶的美丽新世界中站稳脚跟，而不是龟缩在欧盟这个集团当中。由于全球贸易的崩溃及 2020 年惊人的经济下滑和失业率上升，这项原本就艰巨的任务变得难上加难。

困难在所难免，但如果处理得当，经济在受到脱欧的冲击后应该能重新振作起来，无所谓人们大多认为英国是以无武装、无准备的姿态步入了新时代。事实上，英国有巨大的优势。尤其是英国的大学和高等教育体系处于研究和科技的前沿。在抗争疫情期间，牛津大学和伦敦帝国理工学院（Imperial College in London）率先、迅速地打响了生产新冠病毒疫苗的研发之战。这也是我们在下一章将要看到的，卓越科学和高超技能的结合，为发明和创新向产品、初创企业和财富的转变提供了绝佳的机会。

第三章
研发领域的大师

科学与日常生活不可分割。

——罗莎琳德·富兰克林，剑桥大学 DNA 研究先驱

在英国忙于应对新冠疫情感染人数和死亡人数激增的危急关头，英国各大世界领先的生命科学公司与大学科学家一起出手相助。在鲍里斯·约翰逊政府难以达到承诺的检测数量目标之际，私营公司纷纷贡献出实验室。还有英国两家领先的制药公司阿斯利康和葛兰素史克也令人印象深刻，为了加速这场疫情的退场，它们斗志昂扬地展开了新项目以生产疫苗和缓解肺炎的药物。

阿斯利康与牛津大学合作，希望能快速研发出疫苗并于 2020 年投入生产。为了缓和疾病对患者的影响，并在一定程度上增强患者免疫力，阿斯利康还加快了三种潜在药物的研究。在测试疫苗效力的同时，阿斯利康加大了生产力度，同时与美国和印度的生产商结盟，以

便能够快速生产多达20亿剂疫苗。“对我们自身而言，这确实是我们在过去几年里努力营造的企业文化，”[1]该集团的法国籍首席执行官帕斯卡尔·索里奥特解释道，“我们有7万人在岗，大家努力快速、更快速地行动。为了疫苗的生产，公司以惊人的速度运转，整个团队全天候工作。”

与此同时，英国另一家在疫苗研发方面拥有世界领先经验的大型制药集团葛兰素史克也宣布，与其法国的竞争对手赛诺菲（Sanofi）携手，启动了一项疫苗计划，预计到2021年可提供10亿剂疫苗。[2]葛兰素史克公司的疫苗将使用佐剂技术来减少每针剂所需的疫苗蛋白量，该技术可显著提高患者免疫力，帮助患者对抗疾病。葛兰素史克疫苗部门总裁罗杰·康纳（Roger Connor）表示：“我们认为，仅凭一种疫苗还不足以应对这场全球疫情，因而我们正与世界各地的伙伴携手合作。”作为许多开创性疫苗的研发商，曾研发过人类免疫缺陷病毒（HIV）感染导致的获得性免疫缺陷综合征（AIDS）、宫颈癌、带状疱疹等多种疾病的疫苗，葛兰素史克胸有成竹。

英国是一个依靠科学支撑的经济体，其科学先进性的最有力证明莫过于英国的大型制药企业在应对新冠疫情时发挥的作用。这些企业不仅满足了英国的需求，更重要的是满足了新兴市场和发展中国家的需求。

阿斯利康在剑桥新建了一栋宏伟的研究中心，这体现了它专注英国研究和生命科学的决心。2018年11月的某天，天气寒冷，为了解阿斯利康新研究中心的修建进展，我特地探访了剑桥生物医学园区（Cambridge Biomedical Campus）。那是一栋令人印象深刻的建筑，共三层楼，总面积54000平方米，其中20000平方米用于建造实验室。

从远看，建筑整体外观酷似知名的大型国际体育场——“鸟巢”，即2008年北京奥运会的主体育场。

负责构思该建筑规模、外观和用途的是阿斯利康首席执行官帕斯卡尔·索里奥特，一位目光锐利、体格精瘦的年轻人。2014年，这位年轻有为的法国籍老板在伦敦金融城取得了传奇地位。当时，阿斯利康的美国竞争对手辉瑞（Pfizer）企图以700亿英镑的价格收购阿斯利康。颇为讽刺的是，辉瑞的领导者伊恩·里德（Ian Read）出生在英国。好在，索里奥特背水一战，让辉瑞公司空手而归。近年来，许多英国的顶级的公司都落入海外资本之手，且英国政府还曾表示会支持辉瑞。尽管如此，索里奥特还是拒绝了收购，并表示阿斯利康将自立自强，在剑桥建立一个世界一流的研究中心。在2020年新冠疫情高峰期，阿斯利康超越了英国石油公司（BP）和壳牌公司（Shell）等大型石油公司，以1100亿英镑的市值跻身富时100指数顶级公司。他对阿斯利康的守护、对英国作为未来科学强国的投资，终于迎来了回报。

索里奥特说：“我告诉员工，好吧，我们一起来设计世界上最好的实验室。建造实验室是个奇妙的整合过程。我们不用纠结是为谁而努力，因为医学免疫[3]（阿斯利康旗下公司）和阿斯利康是一体的。我们的设计目标是打造顶尖的实验室，我们有很多设备将向学术机构开放使用。”[4]建筑正面和顶部大面积使用了玻璃，这样的设计有利于功能整合、员工协作和对外开放，也反映了阿斯利康的合作性研究理念。开放的实验室、透明的玻璃墙为跨学科合作和阿斯利康与外部伙伴之间的合作提供了新方式。建筑中央还有一个向公众开放的庭院，将充分展现公司的科学性。

在我参观阿斯利康的新研究中心期间，我与梅内拉斯·潘加洛斯（Menelas Pangalos）聊了聊。他是个充满活力、颇有远见的人，当时在担任阿斯利康创新药物和早期开发生物技术部门的执行副总裁。作为公司高级管理团队的一员，他于2010年就加入了阿斯利康，提高了公司的研发生产力。我们见面时，可以看出他已经担起了新研发中心建设项目的总责任。2015年，这座耗资3.3亿英镑的剑桥内最先进大楼获得了规划许可，随后取得了重大的施工进展，并于2017年4月举行竣工典礼。2016年5月，阿斯利康开始分阶段搬离英国西北部的迈克尔斯菲尔德（Macclesfield），但由于复杂的工程和设计问题，新研究中心要到2020年才能完全开放，届时将容纳2600名员工。[①]“开放创新”是潘加洛斯的关键词。他解释道：

> 剑桥是一个卓越的科学之地……我们公司的地址很妙，就在剑桥校园的中央。虽然我们是这里唯一的制药公司，仿佛一颗需要呵护的“掌上明珠”，但我们也在积极地融入周围，提高协作性，这非常重要。我们不想一味地索取，我们也渴望为剑桥做贡献、融入剑桥。除了向各大学和其他机构的同僚学习，我们也希望能展示我们正在发展的高质量科学，最好能将这两件事结合起来。

长期以来，英国一直享有学术卓越和经济进步的美名，阿斯利康对剑桥的投资是对英国的信任。根据斯高帕斯（Scopus）的研究人员

① 阿斯利康新的研究中心于2021年11月在剑桥生物医学园区正式揭幕，超过2000名员工在此共同开展药物研发工作。

对学术研究引文的核算，英国是世界上最有学术影响力的国家。尽管英国的出版物仅占全球 7%，但全球被引用作品中有 14% 来自英国。[5]

剑桥大学早在约 800 年前就获得了皇家特许状①。英国是 18 世纪第一个工业化国家，打造了一个幅员辽阔的帝国，在世界各地开展贸易。“生意跟着国旗走”② 这句老话说的就是 19 世纪中叶的英国，那时它占据了全球工业生产的 23%，劳动力储备是欧洲最多的。在 20 世纪的两次世界大战中，英国也都处于胜利的一方。但是，到了 20 世纪 70 年代，英国的军事成就、帝国历史、制造业实力和发达的经济基本不复以往。

1976 年，英国经济似乎陷入了泥沼，致使詹姆斯·卡拉汉（James Callaghan）领导的工党政府向国际货币基金组织寻求贷款。不过，在那之后的几十年，英国在玛格丽特·撒切尔的领导下实现转型。随着税收削减、工会权力受限和外汇管制废除，盎格鲁－撒克逊资本主义蓬勃发展，英国再次成为国际上重要的一员。英语成了国际商务语言，最重要的是，英语也是信息技术和互联网的通用语言。相应地，伦敦也处于全球科学、文化和金融的顶尖位置。英国人一直不乏发明能力和创新能力，且总会有创造型人才带着一种“我可以”的态度将这种能力应用于商业发展；这就是自古以来串联起英国所有成就的主线。

① 皇家特许状（Royal Charter），是一种由英国君主签发的正式文书，类似于皇室制诰，专门用于向个人或法人团体授予特定的权利或权力，不少城市（部分连同都会特许状）和大学等重要机构都是透过制定皇家特许状而设立。皇家特许状一般永久有效。

② “生意跟着国旗走”（Trade follows the flag），是源自大英帝国时期的说法，指一旦插旗获得殖民地，东印度公司就接踵而至。国旗即指国家政治影响力，国际贸易需要在国家强大保护下才可以持续进行。

这条主线，从围绕英国脱欧的政治辩论中，从某些辩论者粗暴的措辞当中，你可能永远不会看到。但是随着英国规划好一条进入21世纪的道路，这条主线变得空前真实。在围绕脱欧的全国辩论中，有人倾向于贬低国家成就，这令人沮丧。人们普遍在问：离开了在单一市场、关税同盟和欧洲大陆5亿人口市场的舒适区，英国如何生存和繁荣？这个问题忽略了一个事实，即：尽管英国存在诸多问题，但这个不大的岛屿国家仍是地球上第五大经济体。这并不是偶然，某种程度上，这印证了英国凭借其优秀大学积累起来的卓越创造力。

我们的大学仰仗着欧盟的赞助，包括高度自由流动的劳动力及其技能、来自欧盟的科研资金，以及与欧盟伙伴之间的合作。这样的说法对英国并不公正。英国本身就是一个科研强国，因为它的大学不仅对欧洲最优秀、最聪明的人才具有吸引力，对世界各地都是如此。比起与欧洲大学的关系，英国大学与美国大学的关系要紧密得多。正因如此，2018年12月，在英国议会为英国与欧洲未来关系而争论不休期间，剑桥大学的科学家还是完成了世界上医疗保健领域最大的基因组测序项目，为许多癌症患者带来了长寿的礼物。这项研究是在英国科学家的监督下于英国维康桑格研究所（Wellcome Sanger Institute）进行的，该研究院归属于加州生物技术公司因美纳（Illumina）。[6]

英国的大学能提供良好、充足的研究机会，所以来英国接受教育的亚洲大学生、研究生，毕业后往往会留在这里。然而，脱欧后，英国将失去欧洲的科学资源和奖学金资源。在这样的情况下，英国政府必须出手弥补资源的缺口，这至关重要，且刻不容缓。我们需要认可并支持我国的学术机构。我们要为纯粹的研究提供更多资源，优化资金配置，通过税收减免来促进研发，并提供必要的资金来把实验室里的伟大发明带到全国各地的工厂、工作室和办公室里，尝试将其应用于生产活动。

可是，在英国诞生的伟大思想、技能、软件、硬件和专利总是会变成其他国家和海外企业的囊中之物。要解决这个问题，不像是架起关卡就能拦住闯入者那样简单。如果英国想让精心培育的幼苗发挥最大作用，就需要全力支持在英国诞生的科学技术。新冠疫情期间，生命科学和科技公司不仅成功应对了挑战，还自证了它们可以发挥关键作用，缓解疫情和封锁对英国经济的恶劣影响。这让我们看到了全力支持英国的研究和技术发展的迫切性。

英国当下之所以还能继续在世界舞台上占据一席之地，很大程度上靠的就是其固有的研究天赋。英国的确可以自豪地吹嘘自己是个研究强国，而科学研究是英国的核心力量，必须得到足够的投资。正如英国政府在 2017 年发布的《工业战略白皮书》（*Industrial Strategy White Paper*）所指出的那样："我们是全球科学和研究的领先者——在研究成就评估中位居榜首，还拥有四所世界顶尖大学。"[7] 英国研究的高质量根源是世界一流的高等教育机构，即剑桥大学、牛津大学、帝国理工学院和伦敦大学学院这四个卓越研究中心。要论高水平学府的名单，欧洲没有任何竞争对手可以与我们匹敌。这四所顶级大学的地位之高、潜力之大，只需看看它们周围的技术中心及较之稍有逊色的罗素大学集团（the Russell Group）中的其他大学，就会明白。

2018 年，泰晤士高等教育世界大学排名[8] 评估了 79 个国家的 980 所大学的表现，牛津大学连续两年蝉联榜首。牛津大学的特别优势就在于创新研究，这一优势为机构收入带来了大幅增长。享有英语世界最古老大学的美誉，现代牛津大学在医学、科学和工程、人文和社会科学等各个学科领域都位于世界前列。知识转化和新技术开发是牛津大学的关键性优先事项。

牛津大学创新性的典范是其数字研究中心。该中心采用了多学科理念和数字化方法，有助于开展学院、国内和国际合作，促进计算机科学和信息技术的创新，并将创新成果应用于工业。该中心横跨科学、社会科学、人文、艺术和医学等学科，建立了广泛的合作关系。在其建成的第十年——2006 年，牛津大学数字研究中心共有 50 多名员工，其中有 40 多名研究人员。政府和欧盟向该中心资助了 1000 万英镑助其开展一系列研发项目，一些慈善基金会和行业伙伴也提供了资金支持。这支国际化团队的工作成效到处都可以看到，从帮助盲人和视力受损的游客参观博物馆的创新技术，到基因研究新成果，再到药物作用速度的提升和地震分析的发展……

在泰晤士高等教育世界大学排名中，排名第二的是剑桥大学。这样一来，目前英国同时拥有世界排名第一和第二的大学，这是自该排行榜创立 13 年以来第一次出现这种情况。2017 年，剑桥大学的总收入为 17.1 亿英镑，[9] 其中 4.58 亿英镑来自研究补助金和各项合同。剑桥大学与“硅沼”① 的发展密切相关。硅沼是一个高科技技能和创新的商业集群，是英国“金三角名校”② 的一部分。剑桥周围涌

① 硅沼（Silicon Fen），指剑桥周边的产业集群，因周边的湿地沼泽而得名。创新产业在这里生长的过程被称为“剑桥现象”，指的是在缺少大型制造部门的情况下形成集聚的初创企业集群。

② 金三角名校（Golden Triangle）是指位于英国剑桥、牛津及伦敦三个城市的英国英格兰地区六所顶尖研究型大学：剑桥大学、牛津大学、帝国理工学院、伦敦大学学院、伦敦国王学院和伦敦政治经济学院。由于此六所大学在自然科学和社会科学等各领域的领先地位，金三角名校又逐渐演化为此六所大学威望和声誉的代名词。

现出了许多市值数十亿英镑的世界级公司。其中最著名的是享誉世界的智能芯片发明者和制造商——安谋。在英国开始脱欧之旅后不久，安谋于 2016 年被以 240 亿英镑的价格出售给了日本软银集团。很可惜，当时政府将此次出售视为英国商业开放性的一个重要信号。尽管有人对这些关乎国家利益的宝贵技术和专利流失海外表示担忧，但政府却选择了置之不理。剑桥大学的研究部门和教学院系涵盖了大多数学科。在 20 世纪 90 年代，剑桥大学在城市周边的几个地区增设了大量专业研究实验室，而且没有迹象表明这种扩张有所放缓。该大学及其附属机构手握 107 个诺贝尔奖，其中包括 36 个物理奖，26 个生理学或医学奖，25 个化学奖。2018 年，格雷格·温特爵士（Sir Greg Winter）因其在抗体进化方面的工作而与另外两位科学家被共同授予诺贝尔化学奖，为剑桥大学的辉煌纪录再添一笔。温特的大部分工作都是在位于剑桥大学的英国医学研究理事会（Medical Research Council，MRC）分子生物学实验室（MRC Laboratory of Molecular Biology）和英国医学研究理事会蛋白质工程中心（MRC Centre for Protein Engineering）进行的。温特的工作之所以尤为引人注目，是由于有几家开创性的生物技术公司因此走向了分拆。其中包括剑桥抗体技术公司（Cambridge Antibody Technology），该公司曾发现了一种轰动一时的治疗性抗体“修美乐”[①]，本有机会书写英国生物技术领域最成功的故事，却在 2006 年作为阿斯利康 7.02 亿英镑的收购项目之一，成为阿斯利康的一部分。

① 修美乐（Humira），又名阿达木单抗注射液（Adalimumab），是一种可自我注射的生物治疗药物，可用于治疗多种自身免疫性疾病，如类风湿性关节炎、强直性脊柱炎等。

剑桥大学与美国波士顿的麻省理工学院（Massachusetts Institute of Technology，MIT）有一项研究合作，即剑桥－麻省理工研究院（The Cambridge－MIT Institute）。2018 年 8 月，随着剑桥－麻省理工研究院与牛津大学和开放大学（Open University）建立起合作伙伴关系，剑桥－麻省理工研究院成功申请到了资金，用于新开放近 400 个艺术和人文学科博士学位。剑桥大学的研究也延伸到了太空领域。剑桥大学的数据处理中心由其天文研究所的一个团队监管，收集了欧洲航天局盖亚任务[①]发布的大量信息，对近 10 亿颗恒星进行了高精度测量。牛津大学也与邻近的制药巨头阿斯利康和维康桑格研究所建立了牢固的研究联系。后者从 20 世纪 90 年代中期开始承担了基因组测序项目的大部分工作，在剑桥科技园区的互联网技术中心发挥了重要作用。

阿斯利康与美国基因领域的科学家和因美纳的分析师展开了合作，这种合作正在产生医疗红利。2018 年，通过一项旨在识别罕见疾病的研究，剑桥大学的科学家报告了十万人基因组计划[②]是怎样为四分之一的参与者提供诊断。对于家中孩子患有罕见病的父母，这是他们经历了“诊断的艰难之旅”后，首次了解到疾病的根源何在。该计划以癌症和罕见病为研究对象，因为二者都与基因的变化有关。剑桥大学在基因组生物技术方面取得了非凡进展。2003 年，首个“人

---

① 盖亚任务（Gaia），是欧洲航天局于 2013 年 10 月发射的空间望远镜，目的是绘制一个包含约 10 亿颗或银河系 1% 恒星的三维星图。

② 十万人基因组计划（UK 100k Genomes Project）于 2012 年 12 月启动，计划对英国国家医疗服务体系的 10 万名患者进行测序。该计划的目标包括将基因组测序纳入常规护理，让英国成为这一行业的领军者，以及加速对癌症和罕见病的了解，促进疾病的诊断和精准治疗。

类基因组计划”宣告完成，花费了13年的艰辛和20亿英镑的资金。现在，同样工作量的基因组测序可以在30分钟内完成，仅需花费600英镑。因美纳旗下的维康桑格研究所，其工作生动鲜明地展示了英国在这一科学领域取得的进步。“对10万个完整基因组进行测序，标志着英国取得了一项非凡成就，这一成就正在转变基因组学在国家医疗服务体系中的应用方式。”[10] 英国基因组学公司（Genomics England）首席科学家马克·考菲尔德（Mark Caulfield）教授如是说。

英国拥有众多领先的制药公司，像是阿斯利康和葛兰素史克，这两家公司在自家“后院”乃至全球范围内挑战美国竞争对手，并在新冠疫情危机最激烈的时期展示了它们的价值。阿斯利康已成为新免疫学药物届的强中手，有望完全治愈早期癌症。葛兰素史克走在呼吸药物和哮喘药物开发的前列，以开发世界一流的疫苗而闻名。宫颈癌是最恶性的女性疾病之一。为抵御宫颈癌，葛兰素史克开发了希瑞适（Cervarix）这一先锋性疫苗。葛兰素史克的欣安立适（Shingrix）疫苗也取得了巨大成功，该疫苗可以治疗带状疱疹引起的疼痛、身体虚弱和皮肤不适。

那些具有坚实的私营实验室基础的公司，正在越发得心应手地利用起英国顶尖大学的科学实力。阿斯利康如今的发展就是一个强有力的例子。阿斯利康的历史要从帝国化学工业集团说起。帝国化工是一家集化工、农业和制药为一体的企业，也是一家研究机构，发明了聚酯等塑料纤维和21世纪的肉类代用品阔恩素肉（Quorn）。20世纪90年代初，企业收购者汉森勋爵（Lord Hanson）对帝国化工收购不成，帝国化工随后决定剥离一部分业务，组建了一家独立的公司——捷利康（Zeneca）。1999年，捷利康与瑞典的阿斯特拉公司（Astra）

合并，阿斯利康由此诞生。之后几年，这家英瑞联合企业逐渐成为全球范围内的佼佼者，在英国拥有6500名员工，出口额达61亿英镑左右，估计为英国经济增加了25亿英镑的总价值。

然而，来到了21世纪初，阿斯利康面临着新的挑战，例如一些闻名全球的“重磅炸弹”式药物专利即将到期。之所以称之为“重磅炸弹”，是因为这些药物的年销售额超过了10亿美元。2011年，乳腺癌药物阿那托挫（Arimidex，亦译“瑞宁得”）、哮喘治疗药物普米克（Pulmicort）和心脏病药物美托洛尔（Toprol-XL）等药物在专利到期后，都面临仿制药的竞争。阿斯利康最畅销的呼吸系统药物布地奈德和福莫特罗组合粉状吸入剂（Symbicort Turbuhaler），其专利也分别于2014年和2016年在欧洲和美国过期。阿斯利康的这款吸入剂曾在2013年创造了34.8亿美元的全球收入；同年，年销售额达50亿美元的消化反流药物耐信（Nexium）也宣告专利到期。阿斯利康最畅销的双相情感障碍药物思瑞康（Seroquel）专利于2015年到期。2016年，阿斯利康突破性的胆固醇化合物可定（Crestor，亦译“冠脂妥”）专利也宣布到期。这让阿斯利康开始寻求打造新一代药物的途径。通过将理念转化为可交付的药物，让本就出色的研发基础进一步扩大，这样的能力在商界显然不可或缺。

阿斯利康原先的研究基地位于柴郡（Cheshire）麦克尔斯菲尔德的阿尔德利公园（Alderley Park）。2013年，阿斯利康宣布将基地迁往剑桥，从而将企业的研发工作和全球总部整合起来。该公司想要“一个更有活力的环境，有利于公司把科学研究和服务病人作为所有工作的核心”。到了2019年，阿斯利康寄希望于科学的做法显然大获成功。阿斯利康重视免疫学研究和一系列对抗癌细胞的新肿瘤药物，创造了医疗成就和商业收益。该公司的几种新疗法正在大显身手。英飞凡（Imfinzi，即德瓦鲁单抗）和泰瑞沙（Tagrisso，即奥希替尼）两种肺癌治疗药物被广泛采用。卵巢癌药物利普卓（Lynparza，即奥拉帕尼）也增长惊人，其销售额在 2018 财年增长了 61%，达到 14 亿英镑。首席执行官帕斯卡尔·索里奥特对公司的未来表现出了难掩的热情。

不仅如此，阿斯利康还在研究一种新的血液测试，希望能找到可以标记癌细胞的物质。越早发现致命的癌症，就能越早使用新的免疫复合物，完全治愈的概率就会显著增加。同时，阿斯利康意识到应抓住机会向中国市场供应先进的英国药物，这将为正在努力实现全球化新愿景的英国带来巨大的潜在利益。索里奥特表示，在习近平主席的领导下，中国“把创新放到了战略中心位置”。[11] 以前，以科学研究为基础的公司出于对专利保护问题的担心，一直纠结于是否要在中国开展业务：

> 不尊重专利，创新就无从谈起。中国现在也开始拥有自己的创新报告和知识产权体系。我们已经不那么担心专利问题了。我们担心的是生物制剂（在生命系统中开发的治疗方法）相关问题，因为在这一领域我们不仅拥有知识产权，还拥有产品的生产方法。[12]

除了让阿斯利康押下大注的剑桥大学外，英国还有许多科研实力强劲的大学。英国帝国理工学院位于伦敦的肯辛顿区（Kensington）的南部，也是一所在国际上举足轻重的大学。帝国理工学院专注于四大学科：科学、工程、医学和商学，且擅长于将这些学科技能应用于工业和企业。说起有望出版和走向实践的高影响力研究，纵观英国所有名校，帝国理工学院拥有的数量最多。[13] 学校培育出了 14 名诺贝尔奖得主和 3 名菲尔兹奖（Fields Medal）得主。菲尔兹奖被誉为“数学界的诺贝尔奖”，只授予 40 岁以下的数学家。

自帝国理工学院发布《2015—2020 年战略规划》以来，该校再创佳绩，并在气候变化、全球健康创新、能源未来、安全科学与技术、数据科学、分子科学与工程等研究领域取得了突破，其中医学和人工智能领域的突破最为显著。在帝国理工学院的研究工作当中，有一项希望能通过详细的数据分析来确定心力衰竭的病因。2017 年 1 月，一批临床医生与帝国理工学院计算系的工程师合作，证实了机器学习可以超越已有方法，更快、更准确地预测严重心脏病患者的死亡风险。这次合作数据来自帝国理工学院附属哈默史密斯医院（Hammersmith Hospital）的 250 名心脏病患者，通过分析每位患者心脏跳动的动态核磁共振扫描成像，得到了约 3 万个功能点，用于创建“虚拟三维心脏”。人工智能和临床技能的结合，创造出了可以预测心脏病患者心力衰竭或死亡的可靠方式。

在伦敦的布卢姆斯伯里（Bloomsbury）地区，伦敦大学学院成立了跨学科研究小组，旨在探寻当今世界主要问题的解决方式，涵盖老龄化、癌症、遗传学、纳米技术、设计、公共政策、社会治理、交通等 50 多个主题。伦敦大学学院的研究在多个领域取得了显著成就[14]，包括临床医学、计算机科学、犯罪科学、牙科学、地球科学、经济学、教育学、英语、地理学、法学、药学、哲学、政治科学、精神病学和神经科学、心理学、公共卫生、斯拉夫和东欧研究等领域。英国政府通过卓越研究框架（Research Excellence Framework）这一评价制度对大学研究能力进行排名。伦敦大学学院对全球的影响得到了2014年卓越研究框架的认可。伦敦大学还专门设立了创新研究所，由玛丽安娜·马祖卡托（Marianna Mazucato）教授领导，旨在通过创造公共价值的方式，利用技术创新、组织创新、社会和体制创新等多种创新。科学和创新能够推动整个经济领域的企业活动，在英国实现治理现代化的道路上发挥着重要作用。

英国大学毕业生的智力产出是决定英国未来的关键因素。毕业生们有必要进一步加强自己的学术能力和研究能力，以充实各个新研究中心，例如弗朗西斯·克里克研究所（Francis Crick Institute）。该研究所得名于弗朗西斯·克里克（Francis Crick），他有生物学家、物理学家和神经科学家的多重身份，是剑桥大学科学家团队的一员，曾因发现了基因双螺旋结构而荣获1962年的诺贝尔生理学或医学奖。人们普遍认为，弗朗西斯·克里克研究所是英国科学的王牌机构。它遵循的是多学科融合的生物医学研究模式，办公场所位于伦敦的圣潘克拉斯（St Pancras）地区。曾经，圣潘克拉斯只有不起眼的铁路站和仓库，经过重新开发后，成为设施最先进的区域。各大企业纷纷入驻，包括谷歌，该公司斥资10亿英镑打造其欧洲园区。谷歌的巨额投资表明，无论是不是欧盟成员国，英国总能凭借出色的计算和技术技能，让硅谷的巨头企业来拥抱伦敦，拥抱英国。弗朗西斯·克里克研究所由英国医学研究与创新中心（UK Centre for Medical Research and Innovation）创建，该中心与帝国理工学院、伦敦大学学院、伦敦国王学院、英国医学研究理事会、维康信托基金会（Wellcome Trust）和英国癌症研究协会（Cancer Research UK）都有合作关系。它是欧洲最大的从事单一生物医学研究的实验室，年预算超1亿英镑。其研究领域包括有机体、癌症、免疫系统、神经系统、微生物和病原体。2017年年初，该研究所正式成立并运行，共拥有科学家1250名和其他工作人员250名，在诺贝尔医学奖获得者保罗·纳斯爵士（Sir Paul Nurse）的带领下，各研究项目正在顺利进行。

帝国理工学院和伦敦大学学院都是罗素大学集团的一员。罗素大学集团汇集了英国的高水平院校，其中也包括在研究领域颇具声望的牛津大学和剑桥大学。2016年，英国一家咨询公司——伦敦经济（London Economics）的一项研究表明，罗素大学集团的24所高校提供的服务和技能，每年向国民经济注入近870亿英镑。[15] 其中有341亿英镑来自世界一流的研究和知识转让。据估计，每获得1英镑的公共研究经费，罗素大学集团就能为英国经济创造9英镑的平均回报。这突显了英国科学技术的巨大潜力，如果得到适当支持，将大大促进国家未来的增长和繁荣。与此同时，罗素大学集团的研究工作也创造了新的企业和工作岗位，并为提升公共服务效率和私营部门的生产率做出了贡献。该集团的报告[16] 阐述道："我们的分析表明，投资于优质基础研究是英国经济竞争力不可或缺的一面，也是英国未来增长的关键。"

我的母校南安普敦大学（University of Southampton）也是罗素大学集团的一员。在研究的商用化方面，它是一个绝佳例子。南安普敦大学以其强大的学科实力证明了它也可以成为卓越的中心。从20世纪60年代起，南安普敦大学就凭借工程和海洋学领域的成就而闻名。如今，它在航空航天、汽车、生命科学、信息经济、核电、石油和天然气、海上风力技术、建筑、大数据、卫星、机器人、再生医学、农业科学、先进材料、纳米技术和能源储存等多个领域的能力都得到了广泛认可，使其赢得了英国前 15 所研究型大学之一的地位。南安普敦不断发展其专业知识，成为全球的领军院校。1984 年，南安普敦决定在校园附近打造一个科学园区，到 2016 年，该园区已大幅发展，创造并吸引了高端企业。在园区内诞生的发明、专利和产品清单一次又一次让我惊喜。事实上，2016 年脱欧公投后，我曾应邀前往南安普敦的科学园，就英国脱欧对当地、对英国和对全球经济的影响发表过一场演讲，听众有当地的企业家和金融高管。我相信，他们离开的时候心中已经豁然开朗。该校首席执行官彼得·伯克特（Peter Birkett）告诉我，南安普敦大学科学园成立之时，正值英国将技术向产业的转移和高等教育机构的研究列为重要问题之际。伯克特的前任首席执行官约翰·拉格（John Large）认为，打造科学园是为了"更新学术文化，让英国学界看到商业化的需求"。[17]

正是为了成功地站在这一场变革的前列，南安普敦大学才会将其位于城市北部奇尔沃思（Chilworth）的土地改造成可以与牛津大学和剑桥大学竞争的科学园区。

最初是南安普敦大学自行投资，建造起了园区内第一批建筑。随后，学校与一些房地产开发商及海洋环境保护委员会（MEPC）建立起合作伙伴关系，从而实现了大规模扩建。20 世纪 90 年代末，南安普敦大学全权拥有了这一科学园区。

自此以后，科学园进一步增修实验室和会议厅。到 2018 年，这片 72 英亩①的土地，汇聚了 100 多家处于各个发展阶段的创新公司，

---

① 1 英亩 ≈ 4047 平方米。

从初创企业到跨国公司，应有尽有。整个园区风景优美，绿油油的草坪和景观，比起斯坦福大学帕洛阿托（Palo Alto）校区周围那些硅谷科技巨头们的办公区域，也丝毫不显逊色。

园区提供办公和实验室空间，并打造了高科技商业社区。得益于各种有利举措，初创企业和发展中企业获得了商业支持，这些企业还可以从南安普敦大学吸取一些英国领先的科学专业知识。园区凭借这种双向发展越来越繁荣。南安普敦大学的“催化剂计划”（Catalyst Programme）旨在孵化科技和数字初创企业，在识别创意和未来商业领袖方面有着成功纪录。这些创意和领袖型人物有可能会发展成为前景广阔的商业企业。南安普敦大学与巴斯大学（University of Bath）、布里斯托大学（University of Bristol）、埃克塞特大学（University of Exeter）、萨里大学（University of Surrey）等高校联合打造了一家企业孵化器——“定方”（SETsquared），为科技初创企业提供专家支持。“催化剂计划”就是南安普敦大学与定方携手创造的。

纤维核（Fibercore）是南安普敦大学的科技园区内一家发展成熟的企业，由南安普敦大学光纤光电子激光光学研究中心（Optoelectronics Research Centre）的成员于1982年创立。纤维核公司现在应该是世界上建立最久的专用型单模光纤制造商。通常，采用这种光纤的都是电信公司、有线电视电缆公司及高校，因为这种光纤具有长距离信号传输的可靠性。在宽带时代，这些光纤对于英国蓬勃发展的创意产业，是不可或缺的一部分。

南安普敦大学科技园已逐步扩展为一个为研究、开发和生产量身定制的场所，许多航空航天、电信组件、传感器和国防等领域的技术突破都是在这里完成的。纤维核公司在国际贸易、创新和可持续发展三个类别中均荣获了女王企业奖（Queen's Awards for Enterprise）。纤维核的邻居对称子公司（Symetrica），是南安普敦大学物理与天文学院的一个分支，成立于2002年，目的是将高性能的伽马（γ）射线光谱仪及成像硬件和软件商业化。2005年，对称子公司搬到了科学园区的创新中心，随后与史密斯检测公司［Smiths Detection，隶属于跨国技术（工业）企业史密斯集团］建立了合作关系，赢得了该公司的第一份大型合同，为美国国土安全部开发和供应下一代辐射探测器。这只是南安普敦科学园区内众多商业成功案例中的两个，彼得·伯克特解释说：

> 在过去的十年中，南安普敦科技园已发展成为一个屡获殊荣、应变自如的区域商业创新中心，凭借其优质环境、商业支持和它吸引到的创业团体得到了认可。我们的科技园与学术研究保持紧密联系，能够接触到顶尖的毕业生人才，对所在地区内的经济成功做出了令人印象深刻的贡献，已成为优秀创新型商业园区的杰出范例。[18]

对应用研究做出了巨大贡献的不仅是罗素大学集团的院校，一些由旧时理工学院改制而来的大学也投入其中。朴次茅斯大学（University of Portsmouth）和拉夫堡大学（Loughborough University）等研究中心在20世纪80年代才改制成为大学。它们提供了独特的学科，这些学科毫无顾忌地以职业化为驱动，非常适合现代工作世界。拉夫堡大学是世界体育技术的领头羊。朴次茅斯大学提供了动画和娱乐产业的课程，为进入英国创意产业提供了直接途径。我的儿子加布里埃尔（Gabriel）取得了娱乐技术学位，现就职于英国技术最为先进的广播公司——英国天空广播公司（British Sky Broadcasting，BskyB，亦译为“天空电视台”），在那里继续精进他的视频、数码和动画师技能。

值得注意的是，此类职业型的高等教育机构不能孤立发展。它们对最高质量研究、创新和研究生教育的巨大贡献必须得到英国中小学校的支持。这种支持最好能以教育系统的形式出现，从学生的幼年时期就开始促进科学、物理和信息技术教育的良性发展。玛格丽特·撒切尔在20世纪80年代首次提出要培养50%的大学毕业生，这是一个很好的想法，在1997年至2010年被布莱尔－布朗政府转化为一个发展目标，但这一目标所指的“大学毕业生”必须是对研究和经济有利的毕业生。

这不可避免地让我们思考以下问题：英国的教育体系是否适合这一目标，我们是否能从中获得最佳效果？我对罗素大学集团和新生代科技大学的贡献持肯定态度。批评者却认为，有太多的高等教育机构为太多的学生提供了太多的学位。回望20世纪80年代，只有不到15%的高中毕业生上了大学；然而到了20世纪90年代末，布莱尔的新工党政府通过改革，设定了50%的目标。

正如各党派议员都提过的，资金是一个关键问题。[19] 尤其是，各学校一直面临这削减开支这个严重问题。与学校的苦恼相反，英国教育部一直在指责教育系统中油水太多，计划在2016年至2017年节省11亿英镑的教育经费，到2019年至2020年节省30亿英镑。但比起经费，学校的总体政策才是教育系统的核心问题。自第二次世界大战以来，保守党和工党政府不断对政治意识形态进行着干预，这一直困扰着教育界，甚至在某些情况下破坏了已有的教育方法、政策和结构。随着政府更迭，一党的改革会被另一党一扫而尽，且总是遵循着惊人的规律性。战争年代，三类选择性学校制度崛起，并一直延续至今：在小学的最后一年，年满 11 岁的孩子要参加一次名为“11+考试”（11-plus）的测验，以确定他们的才能所在。根据这次考试结果，有学术倾向的学生进入文法中学，有技术天赋的学生进入技术中学，有其他天赋的学生则进入现代中学。当时的英国经济面对着阻碍进步的过时工业惯例，逐渐走出战争年代，摆脱战争带来的紧缩。因此尽管这一体制存在种种弊端，但它着实发挥了有益作用。学生流向与他们的技能和潜力相适应的中学，最终使“白领”更具商业价值，而“蓝领”则成为更符合国家需要的体力人才。

我个人也是这种教育体制的受益者。在我取得 O 水准考试证书①后，我到布莱顿 - 霍夫文法学校（Brighton & Hove Grammar School）读高中，现在它已成为一所蓬勃发展的第六学级②学校。而后我进入大学，最终就职于新闻行业。我是 1967 年从高中毕业的，文法学校在那时迎来了最为严峻的挑战。在哈罗德·威尔逊的工党政府治理下，原先的教育体制开始崩塌。当时的教育与科学大臣，修正

① O 水准（O-level）考试证书，全称为普通水准教育证书（General Certification of Education Ordinary Level，简称 GCE O-LEVEL），是全球教育学术权威“英国剑桥大学考试委员会”（UCLES）每年在英国和世界大约 100 个国家为中学生主办的毕业会考，是测试学生英文和学术课程的考试。

② 第六学级（sixth form），是英国中等教育的高级阶段，非义务教育。英国的中学教育大体包括 11—18 岁年龄段，其中 11—16 岁年龄段的教育分五个年级，即一般意义上的初中阶段；16—18 岁年龄段的教育通称为“第六学级”教育，相当于高中阶段。第六级教育原为文法中学为尖子学生提供大学预科教育而设，后扩大到综合中学，逐渐成为独立党教育机构。

主义社会主义者安东尼·克罗斯兰（Anthony Crosland）非常反对文法学校，他接受了公立学校教育，却为消灭“文法中学”而坚定奋斗。不仅如此，他还曾用粗俗的语言发誓要“摧毁英国所有该死的文法中学”。[20]

后来，综合中学登场。在过去50年左右的时间里，它一直是英国公立中学的主体。在这种制度下，不同天赋的学生以“一刀切”的方式被安置在同一屋檐下。在人人平等的“左倾”意识形态下诞生，综合中学在政治家和广大公众之间持续激起了意见分歧。不过比起文法中学引发的争议而言，程度已经有所削弱。在布莱尔政府时期，选拔制的文法中学被禁止进行任何扩张，围绕教育体制的意见分歧随之进一步减弱。选拔制体现了对底层人民根深蒂固的偏见，近几年来已经变得不合时宜。即便如此，文法中学仍旧安然存在于英国一些地区，受到立志跻身上流社会的中产阶层欢迎。正是由于意识到了这一点，特蕾莎·梅才会逆潮而动，在2016年接替戴维·卡梅伦担任首相时，提出要让沉睡了几十年的选拔制重回保守党议程。一时之间，围绕文法中学的讨论再次火热起来。不过，在2017年的大选中，特蕾莎失去了下议院的多数席位支持，败下阵来。而她希望扩张文法中学、增加公众选择的计划，也随之幻灭了。

政治评论员安德鲁·尼尔（Andrew Neil）曾就读于一所文法中学，我认为他对选拔制的意见概括最为恰当。他认为，当社会的流动性与文法中学的数量双双下降，那么英国战后宝贵的精英主义探索就开始走下坡路了。在他看来，这让私立学校可以轻而易举地拿到更多最高奖项：“工党、自由民主党和保守党之间达成了政治共识，公立学校不允许开展任何形式的能力选拔，只能眼看着私立学校千方百计地选拔最聪明、最优秀的学生”。[21]

文法中学的存亡问题一直是教育制度中的“烫手山芋”，与一些比较近期的政策改变和改革，一同组成了当代国家叙事的一部分。例如托尼·布莱尔在这方面的政治遗产是引入了“学院制中学”，那些渴望逃避地方当局监管、获得自主管理权的学校对此喜闻乐见。

再例如迈克尔·戈夫（Michael Gove），他在2010—2014年担任英国教育大臣的经历也值得深入探讨。戈夫的政治遗产是建立了自由化的中学。这类学校是他出于家长需要和地方需求而建立的，受到了公众和教学界的欢迎。戈夫建立的自由化学校扩大了学生的选择范围，且独立进行教职工招聘。戈夫是保守党领导层的常驻精英，人们对他的做法褒贬不一。有人认为，他是“保守党的重量级人物”，富有英国紧缺的创造性思维；也有人认为，他是个“魔鬼”，主宰着学校系统的解体。

有人指出戈夫浪费了创造力的经济价值，因为他重视基础科目的标准，而忽视艺术和音乐。纵然戈夫面对着不少批评，一位前工党高级顾问还是对他大加赞扬，视他为1945年以来最具影响力的四位教育大臣之一。据报道，戈夫曾表示，他一直把缩小贫富学生之间受教育程度差距作为他的“个人远征”。[22]他把包括教育组织和教师工会在内的教育集团戏称为“幽浮魔点”。对于旨在提高标准的重大划时代性变革，教育集团总是持反对态度。长期以来，教育集团的反对态度与其既得利益紧密捆绑，所以戈夫来不及整顿教育集团。考虑到此，戈夫革新了课程设置，采取更严格的评分制度，以此来更加准确地检验学生水平。

2019年年底，经合组织发布的一份报告让“戈夫效应”展现出来。据该组织对 79 个国家和地区的 15 岁学生的测试结果，英国在国际学校排名中取得了“积极”进展。经合组织开展的“比萨测试”① 显示，英国在阅读能力、数学能力和科学能力方面有所上升，但还是落后于中国、新加坡和爱沙尼亚（Estonia）等国家。与这些国家相比，英国青少年的“生活满意度”也是最低的。经合组织教育技能司司长安德烈亚斯·施莱歇尔（Andreas Schleicher）表示，从英国 2018 年的测试结果中可以看到“积极信号”，这说明英国教育正在改善。对比三年前的测试结果，英国学生的阅读能力从第 22 位上升到了第 14 位；科学能力从第 15 位上升到了第 14 位；数学能力从第 27 位上升到了第 18 位。[23]

英国国家教育研究基金会（National Foundation for Educational Research）的分析显示，英国的数学成绩相比三年前有了明显进步。要是戈夫真正的政治遗产停留在这一光辉时刻，那就皆大欢喜了。然而，2018 年 8 月公布的 A 水准课程 ② 考试成绩并不理想，迫使戈夫放弃了他为提高标准而进行的考试改革。随后，更加轻松的评分制度取而代之。[24] 有证据表明，在必要情况下，即使是罗素大学集团内的顶尖学府也降低了入学分数要求，以填补生源空缺，保持收入。

英国正在沿着高技能经济的道路前进。为了满足发展需求，国家

---

① 比萨测试（Pisatest），全称“国际留学生评价项目”（Programme for International Student Assessment，简称 PISA），是迄今世界上规模最大的中等教育比较测验，由经济合作与发展组织举办，研究对象是即将完成义务教育的平均年龄在 15 岁的学生，主要评测学生的阅读能力、数学能力和科学能力，也关注教育整体环境及教育公平等方面的问题。

② A 水准课程（General Certificate of Education Advanced Level，简称 GCE A- level），是英国的普通中等教育证书考试高级水平课程，也是英国学生的大学入学考试课程。

亟须提高教育标准，让我们的学校培养出更多受教育程度和技能水平更高的学生，培养出脑外科医生、水管工等各行各业的技能型人才。并不是每个学生都适合学术研究，在未来，我们最需要的是更加多样化的大学，包括更加职业化的大学。英国脱欧后，由于有意来英国工作的欧盟国家年轻人不能再像以前一样自由流动，提高本国教育标准的需求会更为迫切。要求学校、高等教育机构、政府和雇主都更加密切地关注劳动力的实际培训和技能提升，这肯定是利大于弊的。

高技能经济这一新发展方向还有一个关键要素，那就是职业化学习和发展“学徒制”。传统的学徒制会把学徒送到职业专科学校，作为他们学习过程的一部分，现在这种观念已经不能满足经济发展的需求了。我们需要的学徒制是：不需要走出公司或工厂，许多绝佳的知识培训都可以在内部找到，并且与日常工作案例相结合。越来越多的岗位，尤其是报酬更高的岗位，明确要求只招收大学毕业生。劳动力市场表现出供需失衡问题。因此，在各个行业发展学徒制有助于英国经济达到迫切所需的平衡。

学徒制是必需的，我们需要学术之外的其他途径来提供继续教育和就业培训，帮助劳动力进入职场。新冠疫情过后，英国青年失业率居高不下，鲍里斯·约翰逊首相承诺将促进学徒制发展，以防英国像欧元危机后希腊、西班牙和意大利一样，国内青年纷纷沦为“失落一代”。而且，中学应得到继续教育和高等教育院校的支持，成为促进学徒制发展的桥梁。

英国政府的工业战略提出了一系列措施来弥补技术教育的不足。因受到综合中学发展潮流的冲击，技术教育体系濒临摧毁。因此，工业战略中打算投入更多资金（预计为 4.06 亿英镑）用于资助科学、技术、工程和数学四门学科的教育，以及支持再教育事业和学徒制，希望能重建技术教育体系。政府意识到了英国教育的不足，令人欣慰；但是计划用于应对技能短缺的资金数额却令人悲哀。如果英国想要凭借科学技术和技能在全球市场大放异彩，那么这点资金数额还远远不够。

值得称赞的是，政府还承诺自 2020 年开始新增 300 万个学徒名额。英国一些人才需求最大的雇主，如飞机发动机制造商罗尔斯·罗伊斯公司（Rolls-Royce）① 和国防承包商英国宇航系统公司，都在学徒制与学位制并重的招聘当中取得了长足进步。罗尔斯·罗伊斯公司首席执行官沃伦·伊斯特（Warren East）表示，满足市场对技术型学徒制激增的需求，是一个令人鼓舞的迹象。

新冠疫情致使航空业萎缩，让罗尔斯·罗伊斯公司措手不及，即使它是航空发动机领域的“专家”，也不得不面临痛苦的裁员。但学徒制的发展不能因经济局势不利而止步，这是强化英国工程技能基础的关键。放眼望去，许多雇主都在努力改革学徒制，让新生代年轻人适应现有的培训和工作结构。简单来说，雇主们之所以这样做是因为他们意识到了仅关心学徒人数，而不在乎学徒的质量和学徒是否学有所用，那就是在浪费时间和资源。

德国为英国提供了路线图。学徒制在德国是一条通往工作的康庄大道，可是在英国却并非如此。我们已经明确了，市场真正需要的是雇主信任、考评严格的职业学历。[25] 但历届政府都未能对症下药，

---

① “Rolls-Royce”有两种音译。在汽车领域，通常译为“劳斯莱斯”，是汽车业中的超豪华品牌；在航空发动机领域，通常译为“罗尔斯·罗伊斯”，是目前世界上可以生产最先进航空发动机的三个制造商之一。二者是一家公司。

反而不断挤压16—18岁年龄段教育的支出。戴维·卡梅伦政府于2015年宣布，将通过向一定规模以上的公司征收“学徒税”来创造300万个学徒名额，该目标现已纳入工业战略。然而，议员们给出的另一份报告[26]却呼吁要提高学徒质量而非数量。报告指出现有学徒制还不完善，只有三分之二的年轻人完成了学徒学业。

英国要追赶上其主要竞争对手的生产率，就必须加强职业培训，提供高技能劳动力。有人认为，政府希望至少有半数的年轻人能接受高等教育，这个目标太过于重视大学教育和学术培训。英国有的企业早早地就意识到了只招聘大学毕业生的价值所在，与手机零售商卡丰货仓（Carphone Warehouse）合并的英国大型零售商狄克逊卡丰（Dixons Carphone）就是其中最早的一批。正因如此，学历浪费的问题也随之而来，有些毕业生的学历被认为超过了工作岗位所需。

发展职业教育的同时，我们也不能低估以学术为主的大学对于英国的作用。尽管一些小型机构和剑桥、牛津及伦敦这个“金三角地区”内的大型研究型大学之间的差距还很大，但是国家对继续教育、高等学位和开放更多博士学位的重视，确实有助于增强国家实力。为什么从制药到信息技术和设计等数十个行业的伟大创新，许多都出自英国？就是因为英国学术教育的出色质量。这就是为什么硅谷巨头们开出高薪，排着队从阿伯丁大学（University of Aberdeen）等院校招聘信息技术和计算机专业的毕业生。这也是英国大学不仅能吸引欧洲的学生，还能吸引到中国、印度、韩国等世界各地留学生的原因。

理所当然地，英国为自己的学术质量而感到自豪，就好比平民百姓的家族中出现了第一个大学生一样骄傲，因而，英国也更加深刻地意识到了教育投资的价值。似乎总有人在批判大学的高收费、顶尖学者的高薪、学生们天马行空的观点等，其他类似的社会趋势也很常见。其实，任何一个领域都一样，总会有人投机倒把，譬如那些生活奢侈、花钱如流水的校长。不过也无需过度担心，因为随着英国脱欧，治理缺陷的处理变得更加重要。当然，最好的是消除治理缺陷。此外，充分认识完善价值链能给英国带来的好处也同等重要。尽管传统的制造业经济可能仍对英国很重要，但是现在是时候把目光投向以科学为基础的经济了。比起车辆组装，更具经济价值的是为电动汽车或控制生产线的人工智能设备设计驱动装置。

真空吸尘器和吹风机设计师、戴森公司的创始人詹姆斯·戴森（James Dyson）就充分认识到了这一点。戴森公司（Dyson）的总部位于英国萨默塞特郡（Somerset）。2019 年年初，詹姆斯·戴森宣布了一则惊人的消息：为研制电动汽车，公司总部将迁往新加坡，这是“经得起未来考验”的公司运营过程之一。值得注意的是，戴森公司在其位于萨默塞特郡马姆斯伯里镇（Malmesbury）的工厂保留了 3500 名员工，其中一半是工程师和科学家。此前，为帮助克服英国工程师短缺的问题，戴森公司向英国高等教育投资了 3100 万英镑，一部分用于建设戴森工程与技术学院（Dyson Institute of Engineering and Technology），该学院于 2017 年 9 月在马姆斯伯里正式开放。戴森公司还收购了占地 517 英亩的原英国皇家空军赫拉文顿机场（RAF Hullavington Airfield），作为其 400 名汽车研发团队成员的基地。

同样是在 2019 年，戴森公司放弃了研发电动汽车的梦想。公司无意间透露，其工程师开发了一款“绝妙的电动汽车”，但由于不具“商业可行性”，所以不会量产。[27] 创始人詹姆斯·戴森基于他对全球变化的认识，在 2016 年的公投中一直支持脱欧，而且这位发明家早就意识到有必要将生产地转移到快速壮大的太平洋市场附近。一面支持英国脱欧，一面将总部迁往新加坡，这些决策和行动让公司背负了“不爱国”的罪名。然而，詹姆斯·戴森坚称，公司成为国产设备和全球设备创新引领者所依靠的设计、工程和科学技能都将留在英国。“我认为，专利和专利申请是衡量未来财富的一个指标。”詹姆森·戴森说的没错，可是正如我们对英国过去的了解，英国在这方面已经落后了。“我们需要很多、更多的工程师，但我们无处可寻。如果我们可以明天就翻倍，那就明天翻倍。”这位发明家在 2014 年如是说。[28] 他随后创建了自己的工程中心，向伦敦帝国理工学院捐赠了 600 万英镑用于机器人研究，同时还向剑桥的一个研究生工程中心也捐赠了 600 万英镑。

尽管英国对研究和工程投入的关注和资金有待加强，但它确实仍是这方面的领军国家。剑桥的研究产业集群为 1.55 万名专业工作人员提供了支持，每年产生超过 29 亿的总附加值，为国家经济做出了贡献。英国各地的研究中心表现都可圈可点，以伦敦和曼彻斯特的最为显著。2017 年的一项分析似乎是为了强调英国的实力，结果显示，伦敦在全球初创企业中心排名当中上升至第三，仅次于硅谷和纽约。

在过去的十年里，工党和保守党政府渐渐提升了政府对研究和工程的参与度。到 2011 年，卡梅伦政府制定了 46 亿英镑的科研预算，其中 1.5 亿英镑用于支持大学与企业之间的互动。[29] 政府还资助打造了多个推进中心（Catapult facility），这些中心旨在将英国的创新和研究成功商业化，提高英国企业在世界舞台上的竞争力。政府顶着 2008—2009 年金融危机后的紧缩政策做出了以上决策。这只是一个开始，但是通过加强大学和企业之间的联系来帮助英国脱欧后的经济发展，这种方式将变得空前重要。

2017年，以特蕾莎·梅为首的保守党政府在其工业战略中提出了一项最新提案。这份文件充满了美好的期许。该战略计划到2027年将研发投资总额提高到国内生产总值的2.4%。战略还提议将研发活动的税收抵免率提高到1.25亿英镑，并向工业战略挑战基金（Industrial Strategy Challenge Fund）内的新项目再投资7.25亿英镑，以充分利用创新的价值。该战略大力宣扬，“我们（英国政府）致力于实现公共和私人研发投资的最大增长”。战略还向生命科学、人工智能、电动汽车、无人驾驶汽车、机器人和海上能源等研究领域投入了特别关注。此外，有2.5亿英镑计划用于学生和科学家的奖学金，其中三分之一用于资助1000名博士生。

为吸引海外人才，英国政府还设立了总额1亿英镑的欧内斯特·卢瑟福基金（The Ernest Rutherford Fund）。它以核物理学家欧内斯特·卢瑟福（Ernest Rutherford）的名字命名，被视为公共研究基金五十多年来的最大变革之一。[30] 该基金只是一场更大范围改革的一部分。伴随这场大改革，英国研究与创新署（UK Research and Innovation，UKRI）应运而生。该机构于2018年开始运行，承担所有公共研究支出的战略责任。到2020年，英国研究与创新署的年预算达80亿英镑，目标是到2027年将研发支出提高到国内生产总值的2.4%。时任交通部部长的乔·约翰逊（Jo Johnson）坚称：“随着时间的推移，英国研究与创新署定将获得世界最佳科学、研究和创新资助者的美誉。”[31]

英国研究与创新署负责决定研发资金的分配，由前政府首席科学家、免疫学专家马克·沃尔波特爵士（Sir Mark Walport）领导。沃尔波特肯定了英国在研究方面的卓越性，并指出了积极的一面："我们在许多研究领域都是世界领先者，是高效的创新者，受到广泛尊重。"[32] 在他看来，英国科学家的工作环境和他们实践伟大想法的能力有待提升，"我们处在一个高度竞争的环境中，其特点是人人都背负着在核心期刊上发表文章的压力，行业内的奖励评判标准是个人成功而非团队合作。"[33]

政府授予沃尔波特分配资金的权力，这一举动极具争议。因为这是第一次，一个机构被赋予如此大的权力来确定优先事项和直接投资。这似乎与 20 世纪 70 年代以来一直主导英国科研活动的"霍尔丹原则"[34] 背道而驰。该原则指的是，资助研究项目的决定权最好由研究者掌握。此前，根据该原则，为排除政治对科学资助的干扰，政府拨款由七个研究委员会共同决定。然而，从 2018 年 4 月起，英国研究与创新署内各研究委员会的负责人可以直接向沃尔波特一人汇报。

英国研究与创新署之所以存在，最根本原因是英国需要一个促进多学科研究的机构。研究和创新要能应对、把控快速变化的全球局势，这就是这个机构的必要性所在。沃尔波特承诺，英国的研究和创新系统，将继续以可产生经济利益的知识支柱为基础。但是，当时人们对该机构的反对只增不减。数据显示[35]，政府给予研发的支出仅为国内生产总值的 4%，世界上 8% 的研究论文都是在英国诞生，每年约有 14 万篇。伴随这些论文而来的，是前沿技术和创新产品。

有评论员表示，英国大学和研究的基金分配方式走错了方向。"金三角大学"从中获得了优待，而代价是更广泛地区的利益，尤其是乔治·奥斯本代表保守党提出的"北方经济引擎"计划因此寸步难行。他们还说，利兹、谢菲尔德（Sheffield）和利物浦（Liverpool）

等城市都很有实力，但没有得到重视。[36] 围绕研究资源分配的争论一直存在，赢得世界领先的研究声誉也是这样，可能需要几十年甚至几个世纪的时间。

所以，我们才更加不能从牛津大学、剑桥大学、伦敦大学学院和伦敦帝国理工学院撤资，否则会削弱英国实现社会经济目标的优势。政府在给予资金支持时，要关注研究的质量和所涉科学技术的前景，而不是仅仅为满足政治目标四处挥洒。罗素大学集团内的院校和一些前理工学院都有许多高质量研究，如果这些研究工作可以保持高质量和经济效益，那么研究价值应成为是否给予资金支持的唯一参考。

2017 年 11 月，多家外国制药公司透露了在英国投资超 10 亿英镑的计划，这体现了它们对英国这个世界研究中心的信心。[37] 这些投资计划的目标是创造 1000 个高技能型工作岗位。总部位于德国的凯杰（Qiagen）计划在曼彻斯特新建园区，而美国制药巨头默克（Merck）旗下的默沙东（MSD）宣布将在伦敦新建工厂。这些新的投资突显出，巩固研究基础对于英国来说何等重要，尤其是在药品等具有竞争优势的领域。

英国的研究和与研究有关的创新，在国际上享有广泛声誉。我们的知识库，包括著名的大学和研究机构，在八国集团①中生产力最高。我们一直是世界科学的领先者，从艾萨克·牛顿（Isaac Newton）到艾伦·图灵（Alan Turing）、史蒂芬·霍金（Stephen Hawking），以及我之前提到的抗体和免疫学专家格雷格·温特爵士……英国人对世界科学做出了不可磨灭的贡献。在工程领域，我们有伊桑巴德·金

① 八国集团（Group of Eight，Group 8，G8），是指八大工业国，包括美国、英国、法国、德国、日本、意大利、加拿大和俄罗斯组成的联盟。

德姆·布鲁内尔（Isambard Kingdom Brunel）和喷气发动机先驱弗兰克·惠特尔爵士（Sir Frank Whittle），而詹姆斯·戴森日后可能会被冠以发扬前人优秀传统的美誉。

英国有经验，有高质量的研究和技术基础，还有创新能力，不仅能服务欧盟，也能服务更广阔的世界。英国具备了成为全球科学、技术和教育研究中心的资本。人工智能、机器人和基因工程等领域的进步，从根本上改变了人类生活，而英国在其中发挥了关键作用。如果非要给英国挑刺，那么英国的不足在于它倾向于忽视成就，只关注失败而忽视成功。无论是前文提到的弗朗西斯·克里克研究所，还是坐落于牛津郡哈威尔科学与创新园区（Harwell Science and Innovation Campus）的钻石光源（Diamond Light Source）粒子加速器研究所，都开展了一些意义重大的项目，但这些项目在科学界之外几乎无人知晓。在瑞士，有欧洲的大型强子对撞机[①]；在英国，我们有值得自豪的哈威尔园区。

英国那些促进科研的机制，应该会大有可为。例如“创新英国”（Innovate UK），该机构致力于帮助企业的新想法和新产品走出实验室，走向市场。还有合作研发基金（Collaborative Research and Development）、知识转移伙伴计划（Knowledge Transfer Partnerships）等，都有助企业找到可改进工作方式的知识和技能。“未来基金”是英国在疫情防控期间公布的经济支持机制之一，有助于创业活动。

① 大型强子对撞机（Large Hadron Collider，LHC）是粒子物理科学家为探索新的粒子，和微观量化粒子的“新物理”机制设备，是一种将质子加速对撞的高能物理设备。欧洲大型强子对撞机是现在世界上最大、能量最高的粒子加速器，坐落于日内瓦附近瑞士和法国的交界侏罗山地下。

如果要说这些机制的缺点，那就是专注度、重视度和意志力不足。很多时候，项目交付成了短期反对和日常政治祭坛上的牺牲品。所有希望帮助企业成长的推进中心，都应该确保有大量的商业投资，才能巩固英国在研究界的地位。像是著名的世界一级方程式锦标赛参赛公司迈凯轮（McLaren），不仅在谢菲尔德有一个制造研究基地，现在还在基地旁开设了一个复合材料技术中心。此外，赛默飞世尔科技公司（Thermo Fisher Scientific），已经将它在赫特福德郡（Hertfordshire）斯蒂夫尼奇市（Stevenage）的业务拓展至细胞和基因治疗维度。

尽管这些现象都相当积极，但资金缺口仍然存在，如果英国要继续在国际舞台上大放异彩，弥补资金缺口并取得关键性进展至关重要。2017 年，英国对科学的投入为国内生产总值的 0.5%，相比之下，整个欧元区为 0.7%，八国集团为 0.77%。英国脱欧后就失去了经济集团的缓冲作用，只能靠自己拼搏。在控制预算方面，英国或许是个高手，但它万万不能冒着落后于竞争对手的风险削减科研预算。

在鲍里斯·约翰逊政府 2020 年 3 月的第一份预算中，财政大臣里希·苏纳克特别强调了要加强科技投资。政府承诺会“尝试新的资助模式，并建立专注于高风险、高回报研究的新资助机构”。[38] 苏纳克大致介绍了几个方案，将投资 8 亿英镑用于扶持科研界的“奇思妙想”（blue-skies thinking）。新的资助机构将参照美国高级研究计划局（Advanced Research Projects Agency，ARPA）的模式，该研究机构是美国国防部的一个分支，在美国太空计划中起主导作用。英国政府曾承诺要扩大科研规模，而后又承诺建立新机构，后者体现了政府兑现前者的决心。

英美的大学在科学研究和研发领域发挥着领导角色，对它们而言，最大的挑战来自中国。中国在海外归来学子的助力下，正展现出难以抑制的凌云壮志。2018 年，中国的研发支出为 2540 亿美元，增长了 12.3%。中国还定下目标，到 2020 年将科学和研发投入提高到国内生产总值的 2.5%。[39] 不过，一般认为，中国科研论文的同行评审存在一定的问题。但英国若是掉以轻心，无视中国对其主要研究型大学（如牛津大学和剑桥大学）学术卓越性的挑战，那就只能后果自负了。也有人担心，鲍里斯·约翰逊的积分制移民制度，以及因新冠疫情而产生的一系列问题，可能会影响英国大学吸收海外留学生的人数，危及学费收入。

英国的大学需要持续的国际人才供应，包括顶尖的学生、科学家和企业家，因此，我们绝不能让脱欧切断这些人才供应。2018 年《移民白皮书》（*Immigration White Paper*）[40] 承诺不再限制欧盟和其他国家在英国的医生、工程师等高技能从业人员数量，为脱欧后的移民政策开了个好头。2020 年 2 月，鲍里斯·约翰逊政府内阁批准引入澳大利亚式的积分制移民制度，该制度就是以高技能人才为重点。

吸引人才对于英国来说至关重要，因为人才既能促成知识的进步和商业应用，又是初创公司背后的推动力量。无论在过去还是未来，为世界一流的研究人员、工程师、技术专家和计算机科学家进入英国顶级教育机构提供便利，一直都是英国继往开来，再创辉煌的关键。

如果要实现前首相特蕾莎·梅 2016 年的号召，把英国打造成“科学和创新的领导者”，那么我们还有很长一段路要走。无疑，机会是存在的。但是，在脱欧的政治道路上，在党派间的争执中，在政府的精力偏离英国长期目标的过程中，特蕾莎号召的宗旨已经丢失了。

英国是一个得天独厚的国家。这里有优秀的大学，有杰出的工程师和优秀的企业家，他们能够从小小的写字板上汲取创意，并将这些创意其转化为可以拯救生命、改善生活的宝贵产品和企业。英国绝不能安于现状。脱欧后，欧盟不会再向英国提供资金，我们必须用国内预算来弥补，甚至要扩大预算来支持科研。

新冠疫情重创了就业市场，当务之急是英国必须认识到研究、科学培训和技术技能的价值，才能摆脱疫情导致的悲观和沮丧。同时，英国的大学，面对实力雄厚的美国同行和雄心勃勃的中国教育机构，一定要奋勇争先。如果英国真的想走向国际，实现其雄心壮志，就必须进一步滋养、鼓励和促进英国的研究。

此外，如果英国脱离欧盟，另寻他路，要从疫情的创伤中恢复过来，还有一点至关重要：让单纯的研究走向商业应用，并将其转化为新一代的技术。的确，英国已经在国际技术研发进程中拔得头筹，但是我们还得确保这种优势地位不被削弱，这些将在下一章节详细论述这一点。

第四章
白热化的技术

事物的进步总是缓慢且艰难的。

——玛丽·居里（Marie Curie），物理学家

2016年年底，英国首款无人驾驶汽车接受了道路测试。在米尔顿·凯恩斯镇（Milton Keynes）的行人专用道上，一辆双座的卢茨探路者（Lutz Pathfinder）以最高15迈（约24千米/小时）的速度行驶了2千米。测试车辆绕小镇的火车站和商业区环行，出于应急考虑，车上有一名司机，但司机并未像之前的一些试验那样手动操作车辆。这是英国无人驾驶车辆试验的一次巨大进步。测试车辆利用虚拟地图导航并以计算机感知周围环境，由英国交通系统创新推进中心（Transport Systems Catapult，TSC）开发。这是一家背靠公共资金和私营部门投资的非营利性研究机构，本次测试宣告了该公司长达18个月的开发正式结束。

英国的重启

许多人认为，无人驾驶汽车，或称自动驾驶汽车，是未来的主流交通工具，也是未来汽车工业的基础。显然，英国政府也持同样观点。截至 2018 年年初，英国政府已拨款 2.5 亿英镑用于无人驾驶车辆的开发和测试。[1] 在米尔顿凯恩斯开展的测试表明，政府决意要走在无人驾驶技术发展的前沿，使英国成为世界无人车界的领先者。随着英国树立起这样一个宏伟目标——让无人驾驶汽车在 21 世纪 20 年代初畅行在英国道路上，蓬勃发展的无人驾驶汽车市场有望在 2025 年达到 9000 亿英镑的市场规模。[2]

很多英国的初创企业都与大学建立起了合作关系，它们研究是国家的希望所在。在上文提到的测试中，操控车辆的软件“硒”（Selenium），就是由牛津机器人研究所（Oxford Robotics Institute）的科学家、数学家和工程师团队，和一家名为“沃克斯博塔”（Oxbotica）的公司一同开发的。英国的监管制度相对宽松，因而工作环境更具吸引力。当美国的国会仍对无人驾驶汽车相关的联邦新法规纠结不已；英国已出台新规，放弃指定测试区域，允许车辆在各种公共道路上进行测试。2018 年 3 月，无人驾驶技术开发是佼佼者英国捷豹路虎集团，感受到了来自美国谷歌子公司威摩（Waymo）和中国百度公司的威胁。威摩为了早日向公众推出无人驾驶“机器人出租车”服务，一直在美国亚利桑那州（Arizona）、加利福尼亚州（California）和密歇根州（Michigan）测试汽车产品。同年晚些时候，捷豹宣布[3] 将向威摩供应 2 万辆新款 I-Pace 车型的电动汽车，这笔交易价值高达 13 亿英镑。

放眼汽车行业，在迈向新一代汽车的征途上，我们已经见证了混合动力、双燃料和电动汽车等先进技术。自 20 世纪 80 年代和 90 年代以来，汽车行业发展迅速，但电动汽车的发展在当时由于电池尺寸、充电桩和续航里程等问题一度停滞不前。英国各大汽车制造商都经受住了挑战，产量和销售额每年都在增长。全球电动汽车行业的竞争主要围绕提升续航里程和开发表现更佳的燃料电池。这是我们这个时代的主要挑战之一，拥有深厚创新经验的英国誓要走在前列。

在英国以技术领先而著称的戴森公司也加入了这场竞赛。2018 年 8 月，戴森公布了在新加坡的电动汽车测试，但戴森的试验只是昙花一现。在前文我提到过，这家由发明家詹姆斯·戴森爵士领导的公司曾表示，其工程师已经开发出了一款“绝妙的电动汽车”，但由于不具“商业可行性”，所以不会量产。[4] 戴森是英国研发预算最多的企业之一，尽管戴森的退出令人失望，但电动汽车行业的角逐仍在继续。

世界一级方程式锦标赛（F1）的发源地——赛车谷（Motorsport Valley）位于牛津郡和英国中部地区的交界，这里分布着各大赛车公司的实验室，是现代驾驶中许多技术、工程和电子技术的摇篮。2018 年 9 月，F1 车队威廉姆斯（Williams Racing）的母公司威廉姆斯大奖赛控股公司（Williams Grand Prix Holdings）公布了与零部件集团尤尼派特（Unipart）之间的合作协议，二者将共同建造一座工厂，为阿斯顿·马丁公司（Aston Martin）的第一辆电动超级跑车“速 E”（Rapide E）生产电池。二者的合作带来了一家新的合资企业，名为“超电”（Hyperbat），工厂位于考文垂（Coventry），计划每年生产 10000 件电池和动力系统。

无人驾驶电动汽车是现代技术革命的一部分，它指明了前进的方向，为英国工业的发展指引道路，也为英国未来的强盛提供了关键支柱。由此可见，掌握前沿技术是根本需要。在过去，英国政府的经济思维始终围绕着技术，已经持续了50年乃至更久。如今，汽车行业涌现了一大批后起之秀，如美国的行业领军者特斯拉（Tesla）、谷歌的母公司字母表（Alphabet）、日本的丰田（Toyota）和德国各大汽车制造商。考虑到这些新秀对汽车技术投入的资源，花落谁家还很难说。不管怎么说，鉴于英国F1赛车谷在汽车工业中积累的丰富经验，英国有机会在汽车领域拔得头筹。

几十年来，技术持续推动着生产力和经济的增长，但要问英国政府是否目标一致，答案恐怕令人失望。在基础设施方面，从20世纪40年代末到20世纪60年代，英国修建了一批核电站，经由英国国家电网公司（National Grid）向民众供电，这在当时被视为一场开创性活动。但到了21世纪头十几年，英国想要提升发电量时，却发现专业技术不足。回首2006年，英国核燃料公司（British Nuclear Fuels）以54亿美元的价格将旗下的核电站设计商兼承包商西屋电气公司（Westinghouse Electric Corporation）出售给了日本东芝（Toshiba）[5]。所以现在，英国不得不从其他国家引进新一代技术，即法国电力集团（Electricite De France）和日本。

20世纪下半叶的技术进步在日常生活用品中随处可见。那时候，电视机销量增加，食品搅拌机、双桶洗衣机和冰箱等各种解放双手的设备登场，晶体管收音机和录音机横空出世。对我们消费者来说，另一个重大技术突破是聚合物科学的诞生，轻便的尼龙服装随之而来。

到了20世纪60年代，英国工业逐渐走出战争年代的阴影，但仍旧依赖于老式生产流程和过时的劳动实践，处境不佳。英国因此曾被视为“欧洲病夫”，此后许久都未能摆脱这种形象。当时的英国迫切需要一场变革。1963 年 10 月 1 日，国家新展望的第一个迹象出现了。在英国工党于斯卡伯勒市（Scarborough）举行的年度党代会上，刚刚被任命为工党领袖的哈罗德·威尔逊发表了演讲。人们称之为威尔逊的“技术白热化”演讲。

威尔逊宣称，为了国家繁荣，有必要在科学革命的“白热化”中打造一个“新英国”。他还承诺将建设一个现代化的英国，拥抱科技世界。这场演讲一呼百应，人民因他的承诺而激动不已。建立开放大学是威尔逊最伟大的成就之一。早在世界步入在线学习的时代之前，英国的开放大学就赋予了各行各业人员接受高等教育、获取学位的机会。威尔逊希望借电视和无线电传输找到潜在的学生，找到以前可能没有机会而现在想要接受高等教育的人。他梦想让英国走向现代化，并靠技术改善人民生活。可惜，这是一个从未实现的梦想。威尔逊的梦想最终因货币市场上的英镑保卫战及工党与工会之间日益脆弱的关系而蒙尘，就好比近期的英国政府因声势浩大的脱欧辩论和 2020 年的新冠疫情而偏离了原定路线。尽管如此，在威尔逊执政时期，通过英国技术部①和国有企业等机构播下的种子，有的确实取得了成果。在我看来，威尔逊的天赋在于他能用扣人心弦、振奋人心的语言描绘出一幅广阔远景。在他之后的历任领袖，包括脱欧事件中的政治家们，在这方面都不及威尔逊。

“白热化”演讲标志着威尔逊掀起了一场持久性的辩论，辩题是科学在公众生活中的地位。几年前，小说家查尔斯·珀西·斯诺（C.P. Snow）曾在他的一场著名演讲中表示[6]：技术的地位日渐提升，

① 英国技术部（Ministry of Technology），于 1970 年 10 月与英国贸易委员会（the Board of Trade）合并，现称英国贸工部（Department of Trade and Industry）。

而英国的社科精英和政治精英仿佛是“天生的卢德分子”①，他们对科学和工程学的蔑视，使得他们不能驾驭如今的世界。威尔逊后来坦言，他发展科学技术也是为了“用白色实验服取代布帽作为英国劳动力的标志”。

1964年，威尔逊赢得大选后，为实现伟业，他大刀阔斧地进行政府改组。他依照承诺，成立了专门的教育和科学部。然而，一支未经改革且高度结构化的英国劳动力队伍使得重大突破毫无可能。这不是威尔逊的个人原因，因此没有人可以指责他意志不坚或不够努力。在他很久以前的演讲中，威尔逊提到的许多主题，如促进创新驱动的经济增长、转变科学政策的焦点，至今仍与英国息息相关。英国正在从产品消费者向服务消费者转变，努力应对经济剧变的挑战。老式的重工业和工厂制造业基本退出了历史舞台。现在，支撑国民活动的是“知识经济”，引领发展的是尖端技术。

2017年6月至2018年6月，外国对英国科技公司的投资翻了一番。伦敦稳坐世界第二大科技城市的宝座，仅次于美国旧金山圣何塞。英国的科技公司获得了78亿美元的资金，而科技产业的发展又推动了英国外商直接投资的增长。因此，英国一直是此类投资的首选目的地。[7] 正如英国上议院特别委员会所言，英国创造了良好环境，因而对科技投资者很有吸引力。英国有能力创造伟大的技术，因为我们拥有灵活的劳动力市场、熟练的劳动力（尽管劳动力培训任重而道

① 卢德分子（Luddite），又称“勒德分子”，源于19世纪英国工业革命时期因机器代替人力而失业的技术工人。相传，莱斯特郡一个名叫卢德（Ludd）的工人，为抗议工厂主的压迫，第一个捣毁织袜机，掀起了卢德运动。现在该词引申为持有反机械化及反自动化观点的人。

远）及出色的研发工作。从高效洗衣粉到人工智能和免疫疗法等，都证明了英国人擅长于发明产品。所有这些科研工作都理应得到支持。总之，要奔向更美好的未来，英国的科技领导力仍然至关重要。

在 2017 年以前的五年里，无论是美国还是中国，整个全球市场都想要得到英国在人工智能方面的专业知识，用于开发出能够代替人力劳动的机器。英国的这些科技专利，大多已经被外国公司收购。例如，许多家庭都购置了语音识别数字助手“亚莉克莎”（Alexa）。总部位于剑桥的初创企业一维科技（Evi Technologies），在亚历克莎的研发中发挥了关键作用，它于 2012 年被亚马逊收购。无独有偶，美国企业推特（Twitter）以 1.5 亿美元收购了由帝国理工学院毕业生创办的视频处理公司魔法小马（Magic Pony）——英国高等教育孕育出的优秀初创企业之一。英国还有许多人工智能的杰出案例都落入了别国手中，如音之智商（VocalIQ）、速键（Swiftkey）和深脑。我将在第五章对深脑作详细介绍。科学评论员马特·里德利（Matt Ridley）在 2018 年总结道：“英国的科技初创企业和一流大学的数量超过了欧洲其他地区的总和，它们的重要性足以与伦敦东部肖尔迪奇区（Shoreditch）的医生和律师们比肩。”[8]

一些资深人士笃信人工智能是经济的引擎。2018 年 5 月，英国央行副行长本·布罗德本特表示，他认为英国经济正在经历生产率减速期，也可以说是一个标志着技术进步断层的时代，而英国下一次重大经济突破取决于人工智能。2018 年，韩国科技巨头三星宣布将在剑桥开设人工智能中心，突显了英国的吸引力。三星的团队由人工智能先驱安德鲁·布莱克（Andrew Blake）教授带领 150 名科学家组成。安德鲁教授曾主持过微软公司在剑桥的研究实验室。

机器人和人工智能形式的自动化，被称为机器学习，代表着技术“迷人”之极，几乎每天都在快速发展，振奋人心。人工智能的中心是消费者。人工智能为我们提供了手机内容和卫星导航等，随着计算机逐渐能自行做出智能决策，未来还有无限可能。如我们所见，无人驾驶汽车、机器人手术和工厂系统化已经渗入了我们的生活。

提到机器人技术，就不得不提奥凯多公司，它是英国工业中机器人应用的最佳例子之一。英国数百万家庭在奥凯多订购食品、日用品，等待送货上门。它集合了多家大型零售商的服务，包括约翰·路易斯集团（John Lewis）旗下的高端超市维特罗斯（Waitrose），以及源自布拉德福德市（Bradford）的威廉莫里森超市连锁公司（Wm Morrison Supermarkets）。2019 年，奥凯多还与玛莎百货建立了价值 7.5 亿英镑的送货上门服务联盟。奥凯多科技（Ocado Technology）团队表示，通过云软件、机器人技术、人工智能和信息技术，他们正在帮助各国零售商进入线上世界。这一切离不开物流，要合理安排并融合好仓库和运输工作，才能将货物运送给客户。为了完善物流，奥凯多设计了机器人来打造它眼中世界上最先进的仓库，可以高效挑拣且毫不损伤货品。

此外，奥凯多还创建了一个云端分析和通信系统来监测机器人运行。赫特福德郡的哈特菲尔德（Hatfield）和汉普郡（Hampshire）的安多佛（Andover）都有奥凯多的客户配送中心。2017 年 2 月，英国广播公司探访了奥凯多庞大的配送中心，而后报道说：仓库的机器人通过大量算法和人工智能进行操作，相当于创建了一个交通管理系统，可同时处理 8000 个移动包装箱。奥凯多和其他制造商（如大型汽车制造商）在生产过程中都使用了“超级机器人”。2020 年新冠疫情期间，对高效在线服务的需求激增，奥凯多的技术价值进一步突显。奥凯多在伦敦证券交易所的价值攀升至近150亿英镑。[9]这样一个价值水平意味着奥凯多的价值超过了英国老牌超市和零售商森宝利（J Sainsbury）、威廉莫里森及玛莎百货的总和，进步之快令人咋舌。

还有一些规模较小的机器人，现已被用于执行高度精细的任务，例如做手术。2018年9月，英国剑桥医用机器人公司（CMR Surgical）推出了“维休斯”（Versius）机器人手术系统，预计将在发布后一年内开始应用于临床手术。维休斯机器人是在剑桥设计和制造的，比先前的手术机器人体型更小、更灵活，因此制造商认为它能够开展的手术范围更广。2018年早些时候，在美国，一位已经失声两年的广播记者，在人工智能的帮助下重获新声。这位记者名叫杰米·杜普里（Jamie Dupree），在他54岁那年，因一种罕见的神经疾病而失声。英国科技公司大脑加工（CereProc）为他创造了新的声音。大脑加工参照杜普里以前的录音，构建了一个神经网络来预测杜普里的发言。同样是在健康领域，还有大量资金被用于研究新的患者筛查技术。在此我有必要指出，许多现代技术都起源于英国，如核磁共振扫描就是由诺丁汉大学（Nottingham University）的彼得·曼斯菲尔德爵士（Sir Peter Mansfield）开创的。这一革命性的成像系统促进了现代医学的发展。

三维（3D）打印技术，又称增材制造，是另一巨大科技突破，还处在快速发展和创新当中。这种技术通过计算机控制材料结合或固化，从而得到三维物体。为了得到最终的成品，无论是液体分子还是粉末颗粒，各种材料都被添加在一起进行加工。增材制造技术的文件格式包含三维模型或是一些电子数据源，其中有一些是开放性的，几乎任何尺寸或形状的物体都可以参照已有文件格式制作出来。三维打印的物品让人眼花缭乱：比萨、动物肢体、无人机、汽车、房屋、仿生手臂、人耳和人体组织……鉴于牛津大学和格拉斯哥大学（University of Glasgow）的科学家们在这一领域辛勤耕耘，以及一大批推动该行业发展的初创企业，英国在三维打印的发展中功不可没。

总部位于英国中部地区的吉凯恩传动系统公司（GKN Driveline）成功地驾驭了三维打印技术。全球十家顶级汽车制造商中，有九家的动力系统都由吉凯恩设计并制造，例如发动机、变速器、驱动轴和差速器。[10] 吉凯恩的客户名单中不乏菲亚特（Fiat）、法拉利（Ferrari）这样的顶级品牌。这些企业依靠吉凯恩保持其生产线的最优化，以便能够从准时制生产中获益，保持公司运营竞争力。在准时制生产当中，任何延误都可能造成严重的连锁反应。通过把投资目光从传统生产技术转向三维打印机，各大企业也从塑料部件和金属部件的购置转向了自行生产。这样一来，订单交付时间最多可缩短 70%，还可降低企业对外部供应商的依赖性。如遇某个机器人的某个小部件丢失，三维打印技术就能大展身手了。吉凯恩可以现场生产一台新的机器人，比起等待机器人制造商供货并邮寄替代品，能节省一周或更长的时间。

吉凯恩的四大事业部门之一——传动系统部门在技术运用方面也大有成就，其生产的高能传动轴（Power Driveshaft）畅销全球，在 22 个国家的 56 个地区雇用了约 22000 名员工，有三个厂址位于英国中部地区。该事业部门相当于一家专研传动系统技术的汽车零部件制造商，是世界上最大的等速万向节①生产商。部门的其他产品包括侧轴、传动轴、动力传递装置、差速器、全轮驱动联轴器、断开装置、电动后桥和电动驱动变速器。吉凯恩的高能传动轴专为越野车驾驶员及建筑、采矿和大型农业作业机械而设计。

吉凯恩向中国出口了大量尖端传动系统技术。2017 年 4 月，吉凯恩宣布为市场上的许多客户打造了更轻、更小的等速万向节。新型万向节将由上海市的一家合资企业制造，并将在大众、奥迪、福特、标致雪铁龙、捷豹路虎和长城等品牌的汽车上亮相。吉凯恩研发工作的核心之一是电动传动系统，该系统可为新一代电动汽车提供动力。在汽车技术领域，英国有机会在电动传动方面领先世界。

2018 年，梅尔罗斯工业集团（Melrose Industries，简称“梅尔罗斯”）以 80 亿英镑收购了吉凯恩。作为一名城市栏目的编辑，我强烈反对这次收购，原因之一是我担心英国的研发和创新会受损。梅尔罗斯是英国的一家上市公司，像是一台只受金钱驱动的无情机器，以“购买、改进和出售”为座右铭。我的顾虑在于，梅尔罗斯恶意收购了吉凯恩，会使得英国的宝贵技术落入私人股本或海外企业手中，随之而来的就是研发损失。在这场拉锯战中，梅尔罗斯在交易日期截止前的最后一天以微弱的优势赢得了收购。为了确保收购成功，梅尔罗斯按照政府要求做出了多项承诺，涵盖就业问题、工厂关闭问题和研究预算问题。

2018 年 3 月，英国创新性的价值因德国西门子公司（Siemens）

---

① 等速万向节（constant velocity joints，CVJs）是汽车传动系统中实现转轴之间变角度传递动力的部件，连接轴间有夹角或相互位置有变化的两轴，使两轴以相同的角速度传递动力。

的决策又一次突显出来。西门子投资了2700万英镑为其位于伍斯特郡（Worcester）的子公司材料解决方案（Materials Solutions）建造了一座最先进的制造工厂，计划于2018年9月开放。材料解决方案公司的三维打印机数量从15台增加到了50台。新工厂将完全由西门子数字化企业技术解决方案提供支持。

材料解决方案公司成立于2006年，是将选择性激光熔化（Selective Laser Melting，SLM）技术应用于高性能金属零件制造的先锋。公司为航空、汽车、能源及竞速赛车等行业的零部件制造提供全方位的工程设计和三维打印服务。2016年，西门子收购了材料解决方案86%的股份。英国前商大臣格雷格·克拉克（Greg Clark）对西门子的这笔投资评价说："创新是英国未来制造业的核心，（西门子为材料解决方案建造的）新工厂将会带来颠覆性的技术，有望转变英国的工业基础。"[11] 在特蕾莎·梅执政期间（2016—2019年），尽管英国还深陷于欧洲问题的泥沼中，但对于决心展现英国对外商投资保持开放态度的保守党政府，这笔交易的时机具有重要政治意义。然而，这笔交易也再次印证了政府的目光短浅，尽管英国有丰硕的科学和发明成果，却傻傻地把钥匙交给海外企业。克拉克眼中符合国家利益的做法，换一个角度则是英国的失败，英国未能坚定地发展壮大科技产业。

人工智能、机器人技术、三维打印等新科技拥有巨大潜力，包括有可能将相关生产活动带回英国，即所谓的"回流"。利百得集团（Liberty House）在英国中部地区建造高科技工厂，使得汽车行业铝铸件的制造"回流"，从而迅速发展，成了新型工业领域的领军者之一。利百得集团是一家面向全球的金属与工程公司，由实业家桑杰夫·古普塔（Sanjeev Gupta）于1992年创立，致力于黑色金属和有色金属贸易、金属回收、钢铁和铝加工、工程产品及工程服务。2017年2月，利百得以1亿英镑的价格收购了印度塔塔钢铁公司（Tata Steel）欧洲分公司的特钢部门。

利百得集团旗下的利百得车辆技术公司（Liberty Vehicle Technologies）随后宣布，为加快利百得在汽车行业的发展，计划投资1000万英镑在利明顿温泉镇（Leamington Spa）建造一座高端工厂。作为利百得的旗舰建筑，该工厂占地四千多平方米，于2018年开始运营，旨在推动集团的技术发展，并将其制造能力延伸到先进汽车零部件市场。利百得是几家大型汽车制造商的主要供应商，后来又收购了英国顶级铸铝发动机和汽车部件制造商阿美特克（Amtek），包括阿美特克在西米德兰兹郡（West Midlands）和艾塞克斯郡（Essex）的工厂。利百得还把目光投向了自行车制造业（英国中部地区的另一传统产业），并开展了类似的收购项目。利百得这样做是希望能在英国中部地区的生产回流中发挥重要作用，从而推动就业和技能回流。这有助于重振英国的炼钢、工程和制造业，并通过打造覆盖更多生产过程的集成性供应链，为英国制造业注入活力。

尖端科技也是联合利华保持成功地位的诀窍。作为英国历史最悠久的公司之一，联合利华旗下的一些消费品品牌闻名世界。位于默西赛德郡的利华兄弟（Lever Brothers）香皂公司，与荷兰的人造黄油联盟（Margarine Unie）合并后，成就了如今生产400多种产品、销往190多个国家的联合利华。这些产品广受消费者的青睐，有宝莹（Persil）和多芬（Dove）等清洁和个人护理品牌，以及好乐门（Hellman's）、马麦酱（Marmite）和梦龙（Magnum）等食品品牌。

2017年，联合利华以约500亿英镑的营业额，成为伦敦证券交易所第三大上市公司，也是欧洲市值第七的公司。它自豪地宣称：创新推动了公司对可持续性的追求；旗下品牌能让客户的生活更加美好，同时不损害环境，这都是因为公司将科学、技术和产品开发视为维护伟大品牌的核心理念。

联合利华与世界领先的科学家、学术机构、供应商和专业企业建立了广泛的合作伙伴关系，参与到多项涉及突破性技术的研究当中。联合利华共有6000名员工，每年的研发经费近10亿英镑。公司表示自己在取得突破性创新方面成就显著，只有创新带来的颠覆性技术才能更好地满足消费者的需求，别无他法。新技术的开发和测试会一直持续到符合产品描述为止。多芬的香皂系列就是一个很好的例子。多芬第一块香皂于1957年推出，与同类竞品相比，它不仅可以去除角质、脂肪和污垢，在联合利华的技术加持下，还可以帮助保持皮肤水分。这就是为何产品会被视为后续创新的技术平台，以及区分品牌的一种方式。联合利华在技术方面的另一个例子是香水。尽管产品众多，但促使消费者偏好联合利华的主要驱动因素是香水。联合利华还有一个战略科学小组，他们工作很简单，就是找到可以发明的东西。2017年5月，该公司攻破了塑料回收的技术难关，开始解决废弃塑料袋这一全球性问题。

2017年，面对背靠美国私募股权的卡夫亨氏（Kraft Heinz）对联合利华提出的收购，联合利华首席执行官保罗·波尔曼坚决反对。一年过后，当波尔曼希望将联合利华在伦敦的股票市场报价转移至荷兰鹿特丹（Rotterdam），面对重重阻挠，最终还是被迫做出了屈辱的让步。

关于未来技术有许多热词，但没有一个能像物联网（Internet of Things，IoT）那样热门。它关系到智能手机等消费和工业设备，在日益互联的世界中，凭借内部的芯片收集数据、互通数据的能力。这种能力越来越复杂，它不再只是连接到互联网那样简单。它还涉及设备间的相互交流，为设备运作产生可分析、可参考的信息。然后物联网便可以将这些设备的网络连接在一起。例如，在气象方面，每半小时上传至云端的数据提供了温度观测的信息，让我们可以更准确地预测天气。

英国在物联网领域非常活跃。英国政府向物联网领域投资了3200 万英镑，其中一部分用于启动英国物联网计划（IoTUK），该计划由数字技术推进中心（Digital Catapult）和未来城市推进中心（Future Cities Catapult）两家公司提供支持，[12] 旨在提升英国在物联网领域的全球领导地位，并提升英国企业和公共部门的高质量技术和服务采用率。英国在物联网领域居于前沿，很大程度上得益于安谋公司的技术。安谋的总部位于英国剑桥，于 2016 年在政府的支持下出售给了日本软银公司。我一直担心，这笔交易将造成资深工程师、相关专利和创新能力流失的毁灭性后果。

虚拟现实（VR）和增强现实（AR）是先进技术的又一板块。普华永道（PwC）、沉浸式英国（Immerse UK）与数字技术推进中心三家公司开展的一项研究调查了 VR/AR 机构的位置分布、所获资金数额，以及哪些大学参与了此类研究。不出所料，463 家上市公司中大多都位于伦敦。其中约 65% 的公司专注于内容创作，25% 的公司开发了可构建和增强未来 VR 体验的技术。剩下 10% 的公司活跃于服务业，例如建设专用的 VR 影院，并提供 VR/AR 营销服务。

总部位于英国的各家律师事务所，对与它们为 VR/AR 公司量身定制的服务，印象相当深刻。而 VR/AR 技术一直保持着强劲的发展速度。国际数据公司（International Data Corporation）的研究显示，无论是 VR/AR 小微企业还是初创公司，超过半数仍处于早期阶段，鉴于此，VR 和 AR 收入将从 2016 年的 42 亿英镑飙升至 2020 年的超 1300 亿英镑。[13] 显然，该行业涌现出的许多新公司，都盼着能从这场繁荣中获利。英国炙手可热的初创企业，有许多都建立在与大学之间的友谊和合作之上，例如数码桥（Digital Bridge）、波动光学（WaveOptics）、MVR 全球（MVR Global）、沉浸式英国、威图（VRTU）和英礴（Improbable）。如果这些初创企业最终落入海外资本手中，英国的前景将会一片黯淡。

让我们把目光转向能源领域。核能仍处于政府政策的核心。20 世纪 90 年代末，核电站贡献了英国年总发电量的约 25%。但随着老旧电厂的老化和关闭，可用电厂的数量减少，这一比例也逐渐下降。根据《欧盟可再生能源指令》，到 2020 年，英国 30% 的电力将来自可再生能源。因此，2015 年 11 月，为应对发电厂老化和煤炭依赖严重的问题，政府制定了新的能源优先事项，包括到 2025 年逐步淘汰燃煤发电，建造新的燃气发电厂，并提高核能和海上风力发电的比例。

目前，英国有 15 座反应堆，承担着英国基本负载电力的 21%，但预计到 2025 年，它们当中近一半将停止运行。所幸，在萨默塞特郡欣克利镇（Hinkley），法国电力集团负责建设的超级核电站（在第 9 章中详细讨论）将填补一部分空缺。但如果我们想要安全可靠的能源供应，仅凭欣克利的核电站还不够。解决方案之一是建造全燃料循环①设施，包括大型的后处理厂。英国将新建约 19 座发电厂，其中第一座计划在 2025 年前投产。因此，如果资金充足，提高核发电能力将是能源问题的一个良方。可再生能源也被寄予厚望。英国也向绿色技术投入了大量时间、精力和资金，预计到 2016 年，英国将成为可再生能源领域的领先者之一。[14] 但是英国的努力，从 2019 年环保组织“反抗灭绝”（Extinction Rebellion）领导的示威游行或工党 2019 年 12 月选举宣言中，你可能不会看到。事实上，英国拥有世界上最大的海上风力发电场，以及欧洲最大的浮动太阳能园区——位于阿宾登镇（Abingdon）附近的拉明顿园区（Lamington）。

从 2011 年起，凭借超 100 亿英镑的补贴，英国在绿色能源领域稳步向前。2015 年，风力发电场、太阳能电池板和其他可再生能源发电量占总发电量的 25%，刷新了纪录。可再生能源的发电量首次超过了煤炭。这让英国没有过分落后于德国这个“能源转型”绿色能源革命的发源地。2014 年，德国 27% 的电力来自可再生能源，这一数字在 2015 年提升到了约 33%。英国可再生能源的成长速度导致政府开始削减部分补贴，这些补贴主要来自向消费者能源账单征收的税款。

鉴于挪威存在电力过剩，英国与挪威展开了一项具有“绿色”意义的创新技术合作。挪威水力发电能力巨大，国内能源供过于求，因此，挪威很乐意出口过剩能源。英国和挪威已达成协议，自 2015 年开始修建连接两国的北海链路（North Sea Link），燃料互联装置计划于2021年开始运行②。北海链路项目由英国国家电网公司的全资子公

---

① 燃料循环，是指因核燃料循环的存在由裂变能源的特点决定，不能一次耗尽，必须定期从堆内卸出，经后处理、再富集和再制造，构成一个循环过程。

② 此管道于 2021 年 10 月正式投入运营。

司国家电网北海链路（National Grid North Sea Link）和挪威的电网建造商兼运营商挪威国家电网公司（Statnett）共同负责。英挪协议的前景为两国提供了更环保、更安全的电力，两国得以进行能源贸易，并大大促进双方可再生能源的发电量。[15]这也将拓展两国电力供应的版图，以供不时之需。当英国的风能和太阳能供应量减少，我们可以利用挪威的水力发电；当挪威的电力供应量减少，他们也可以从英国进口电力。北海链路包括近720千米的海底电缆，这被视为是世界上同类电缆中最长的一条，还有大量陆上电缆和两端的换流站。英国的换流站已在诺森伯兰郡（Northumberland）布莱斯港（Blyth）附近建成，将与英国国家电网相连。该项目预计耗资20亿欧元，部分资金来自欧盟。由于议会最终决定退出欧盟，这笔资金的命运和替代资金陷入了未知当中。

英国与法国、荷兰和爱尔兰之间都有电力互联装置。2016年，这些国家的电力需求占英国电力需求的6%以上。第五套互联装置，即英国与比利时之间跨英吉利海峡的尼莫链路（Nemo Link），将穿过福克斯通市（Folkestone）为肯特郡（Kent）供电。同时，此类互联装置获许也会帮助英国实现2025年关闭所有燃煤发电站的目标。尽管英国已经拓宽了电力来源，随着越来越多的公众转而选择电动汽车，电力需求预计将进一步攀升。劳斯莱斯公司设计的小型模块化核反应堆是英国又一技术方案。此外，燃料电池和储电技术，以及波浪发电机，也可以发挥作用，但这些都需要政府的大力支持。电力技术需要的支持力度，对于我们这个畏惧参与自由市场的国家，是从未有过的。

从高超声速飞行到无人机等，英国航空航天技术的发展是另一个令人欣喜、潜力巨大的领域。2003年，英国航空公司（British

Airways）和法国航空公司（Air France）终止了协和式飞机（Concorde）的服务，意味着超声速飞行的结束。近 20 年来，超高速航空旅行方案已经转向了高超声速飞行，即飞机时速高于 5 马赫（约 6125 千米 / 小时）。仅需不到 60 分钟，你就可以从伦敦抵达纽约，这完胜协和式飞机 2.04 马赫的最大时速（约 2499 千米 / 小时）。[16]

2018 年 4 月，波音公司的风险投资部门 X 地平线（HorizonX Ventures）投资了位于牛津郡的反应引擎公司（Reaction Engines）。反应引擎是先进推进系统的一流企业，其技术将助力下一代高超声速飞行和太空旅行飞行器。该公司于 1989 年由三名推进器工程师创立，生产协同进气式火箭发动机（Synergetic Air Breathing Rocket Engine，SABRE）。这是一种混合型发动机，融合了喷气发动机和火箭发动机技术，在空气吸入模式下时速达 5 马赫，在用于太空飞行的火箭模式下高达 25 马赫（约 30627 千米 / 小时）。在该发动机计划当中，反应引擎公司负责开发了一种超轻型热交换器，可防止发动机部件在高速时过热，从而加快超声速飞行和太空探索目标的实现。波音公司欧洲总裁兼波音英国和爱尔兰董事总经理迈克尔·阿瑟爵士（Sir Michael Arthur）指出：

> 与英国新锐创新者合作，是一个激动人心的时刻，也是当今英国航空航天行业优秀技术的反映。投资反应引擎等代表未来技术的公司，既是在支持英国的繁荣，也可以确保我们满足客户的未来需求。[17]

就在波音投资反应引擎过后的第二个月，为了满足全球对小型商业卫星只增不减的需求，英国政府宣布将苏格兰北部高地地区（Highland）海岸的一个半岛确定为英国第一个太空港的选址。电信卫星在未来几年中需求巨大，商业需求预计价值数万亿英镑。垂直火箭和卫星发射计划在萨瑟兰郡（Sutherland）的阿姆霍因半岛（A'Mhòine）进行，该半岛位于汤恩（Tongue）和德内斯（Durness）之间。英国航天局表示，此举可为该地成为太空飞行的起点奠定基础。苏格兰高地和岛屿委员会（Highlands & Islands Enterprise）将从英国政府获得250万英镑，用于建设太空港，预计21世纪20年代初太空港即可投入运营。

前商务大臣格雷格·克拉克解释说，现存卫星有四分之一是在朴次茅斯（Portsmouth）和斯蒂夫尼奇制造的，但在英国却无处发射。他还说："航空航天是英国最赚钱、最高产的产业之一。"比英国没有火箭发射地点更令人遗憾的是，在克拉克及其继任者安德烈娅·利德索姆（Andrea Leadsom）的带领下，英国航空航天的两个先驱——卫星集团国际海事卫星组织（Inmarsat）及飞行加油与航天集团科巴姆，都落入了海外买家手中。这两项交易都违背了公共利益，但是似乎没有任何人反对。

在克拉克发言支持航空航天业之后，特蕾莎·梅也承诺向航空航天业注入额外投资。她在范堡罗航展（Farnborough Air Show）上的一次演讲中，[18] 承诺为几个项目提供超3亿英镑的资金。资金将用于研究更环保的飞机，为萨瑟兰郡太空港与康沃尔郡（Cornwall）太空港提供额外资金，以及兑现人们期待已久的打造新型高科技飞机以取代"台风"（Typhoon）战斗机的承诺。另据透露，康沃尔郡贡希利（Goonhilly）的地面卫星信号接收器，作为英国自20世纪60年代以来丰厚的通信遗产之一，将负责跟进探索月球和火星的太空计划。一项耗资 840 万英镑的翻新工程即将启动，以升级其卫星天线。上议院表示，公布这些资金分配是为了减轻国民对脱欧的担忧[19]，即脱欧可能会损害英国领导太空任务的能力。而航空航天从业人员们也担心，离开欧洲航天局可能会危及英国在空间科学研发方面的领先地位。

说到飞机技术，无人机技术是增长最快的领域之一。在过去十年中，无人机的面世无疑具有革命性意义。在中东地区，美国对无人机的军事应用掀起了严重的战略问题。尤其是在 2020 年 1 月，美国总统特朗普下令暗杀伊朗高级将领、伊斯兰革命卫队圣城旅旅长卡西姆・苏莱曼尼（Qasem Soleimani）。[20] 此举引发了伊朗的报复行动，并导致一架飞往乌克兰的民用飞机遭到导弹袭击，176 人在这场悲剧当中丧生。抛开军事，在更加安全、积极的层面上，小型民用无人机已经融入了我们的日常生活，被用于比萨和包裹递送、航空摄影和搜救任务等。无人机有很大的发展空间，可以满足城市、公共和应急服务等的监控需求，或者服务于安全部门、武装部队，以及商业目的（如影片拍摄等多种形式的服务）。尽管仍存在隐私和安全问题，但英国航空航天业在这方面的潜力毋庸置疑。2018 年的一项研究[21]表明，到 2030 年，无人机技术将帮助英国提高生产力，从而节约高达 160 亿英镑的生产成本，同时在未来 12 年内推动经济增长 420 亿英镑。该研究预测，到 2030 年，将有 7.6 万架无人机（或无人驾驶载具）投入使用，或将在各个行业取代诸多服务性职业，包括安全监测和检查性职业。例如在石油钻井平台、工厂和农田中，无人机开展结构和位置的检查、分析，比直升机或人工检查更快速、更便宜、更安全。

随着无人机的广泛应用和生产，新的就业机会应运而生。无人机行业工作人员多达 62.8 万人，其中很大一部分属于新型高技能岗位。英国慷慨的研发税收减免，也惠及了在英国开展无人机技术研究的企业。中小型研发企业有资格获得 230% 的合格成本费减免，如遇损失，可申请 14.5% 的税收抵免。同时，大型研发企业可申请占其合格研发支出 12% 的税收抵免。如果英国想在无人机领域取得更多举世瞩目的创新成就，那么重中之重是通过减免研发税收和给予配套资金来支持英国航空航天技术的发展。

2019 年年底，借与劳斯莱斯合作的机会，我与该公司管理层进行了一次对话。他们告诉我，劳斯莱斯正在为下一代窄体飞机研发适用于混合动力和电动飞机的发动机技术。凭借与直升机制造商和小型机身公司的合作，以及政府给予的研发支持，仅需几年，该公司就能够对适用于岛屿低空飞行的飞机进行短距离测试。

2017 年年底，一级方程式车队威廉姆斯旗下的技术公司和空客公司宣布，二者合作开展空客这家航空巨头的“西风”（Zephyr）高空无人机项目。空客公司和威廉姆斯高级工程公司（Williams Advanced Engineering）的联合项目将探索如何将电池和电池科技在“西风”项目中的应用。“西风”是一款前所未有的太阳能无人机，具有独特的通信和监控能力，作为商用交通工具，能够在超 1900 米的高空连续飞行数月。在范堡罗航展上，英国国防部首次披露了“西风”无人机的研发。

英国要借助科技努力化解日益严峻的挑战，军事安全和网络安全是另一个关键点。几代技术更迭造就了一流的监控技术，让英国占据了欧洲和全球安全的心脏地位，并在五眼联盟①的情报收集中发挥着核心作用。

2003 年，英国加入了伽利略计划（Galileo Project），这是一个由欧盟通过欧洲全球导航卫星系统局建立的导航卫星系统。但是，在 2016 年的英国脱欧公投后，针对英国未来是否继续参与伽利略计划产生了意见分歧，蔓延到了英国脱欧的谈判桌上。欧盟暗示，脱欧后的英国将无权接触系统安全信息，只能以“第三方”身份获取信号。面对这一威胁，2018 年 5 月，英国国防部公布，英国正在自行筹备一套耗资 30 亿英镑的卫星导航系统。2018 年 8 月，财政部已批准划拨 9200 万英镑的资金，用于研究英国自建卫星导航系统计划的可行性。截至 2018 年夏天，英国已经在伽利略计划上花费了 12 亿英镑。英国航天局表示，鉴于英国参与了伽利略导航系统的建设，并且手握大部分专业知识，英国的导航系统计划将会有一个良好的开端。2020 年 7 月，为加强英国的卫星导航能力，英国政府决定向濒临破产的航天公司一网（OneWeb）投资 4 亿英镑。

此外，在网络世界，看似虚拟的网络战争的也给英国带来了实质性的威胁。这些威胁来自试图收集数据并传播虚假信息的敌对势力，或是试图控制商业从而索要赎金的数字勒索者。例如在 2020 年年初，当时英国最大的外币兑换公司通济隆（Travelex）就遭遇了网络黑客勒索，而后被迫恢复纸笔交易。[22] 这仿佛是斯蒂格·拉森（Stieg

① 五眼联盟（Five Eyes Alliance，FVEY），是由五个英语国家所组成的情报共享联盟，成员国包括美国、英国、加拿大、澳大利亚和新西兰。前身是英美战后多项秘密协议催生的多国监听组织 UKUSA（即 United Kingdom-United States of America Agreement）。

Larsson）某部金融惊悚小说的情景再现。由数字构建的、由互联网维系的世界，正遭受着企图削弱公共和商业信息技术体系的国家和不法黑客们源源不断的挑战。这是我们日益依赖信息技术最大的软肋。2018年，据国际互联网协会（Internet Society，ISOC）的在线信任联盟（Online Trust Alliance，OTA）报告，网络犯罪对全球经济造成的损失估计为450亿美元。

英国动用了庞大的资源来应对网络威胁。网络安全是一个快速发展的行业，政府、地方当局、公共机构和企业都对其进行了大量投资。英国国家网络安全中心（National Cyber Security Centre，NCSC）成立于2016年，是英国政府通讯总部（Government Communications Headquarters）的一个分支机构，负责防范外部国家的恶意行动，保护英国的切身利益。网络安全中心是英国政府《国家网络安全战略》（*National Cyber Security Strategy*）的一部分，该战略还明确了保护英国经济和英国公民隐私所需采取的行动，同时鼓励行业加快发展以阻止破坏性的网络攻击。2018年10月，英国国家网络安全中心报告称，中心每周应对约十次袭击。最令人担忧的是，连国家医疗服务体系和各大银行也曾遭到攻击。

《国家网络安全战略》旨在加强政府自身的防御，并确保工业界可采取恰当措施，保护能源和运输等领域的“关键性国家基础设施”。战略将通过与自动防御技术行业建立合作伙伴关系来实施，以减少黑客网络攻击的不利影响，并阻止病毒和垃圾邮件进入目标受害者的电子设备。

为打击那些在网络空间威胁英国的人，英国已承诺投入大量资金，同时英国国家打击犯罪局也将招聘更多的网络犯罪专家和技术专家。此外，英国还成立了一个网络创新中心——伦敦快速网络安全促进办公室（London Office for Rapid Cybersecurity Advancement，LORCA），其第一份报告指明，在2016年和2017年，英国一半以上的大型企业遭受了网络安全攻击，四分之一的企业表示其网络安全状况不达标。尽管当时情况不容乐观，政府还是预测英国将成为世界上最安全的经商地点之一。因其新计划获得了19亿英镑的投资，英国拥有了世界一流的网络安全产业和劳动力。前财政大臣菲利普·哈蒙德在2016年11月总结了英国的处境：[23]

> 英国在网络安全方面已经是公认的全球领先者，这要归功于我们上届议会在这方面倾注了超8.6亿英镑的资金……但我们所面临的威胁并未停止，我们必须跟上它规模和速度。我们的新战略在过去五年得到了19亿英镑的资金，以及与业界和学术界的优秀合作伙伴的支持，这将使我们能够迈开步子，在网络空间保护自己，并在受到攻击时进行反击。

对于专门从事网络保护的数字公司，网络攻击的威胁则是丰厚收入的来源。英国在这方面主要的初创企业之一，暗痕（Darktrace），[24]引领着基于人工智能的自动化网络安全领域。其开创性的网络安全威胁检测和机器学习功能，都是完全基于能够检测威胁的数学模型。暗痕被视为英国最成功的安全类初创企业之一。暗痕的创始人中有的来自军情五处（Military Intelligence，Section 5，MI5）和英国政府通讯总部，公司与剑桥大学的数学系也关系匪浅。

随着21世纪持续向前，人和机器将变得更加密不可分。英国已经向人工智能和机器人技术敞开怀抱，同样还有迅猛发展的基于5G通信的增强现实和虚拟现实技术。无论是我们的沟通方式还是做生意的方式，技术重新定义了一切。这就是当今世界，一个让一家公司可以在几年内从3名员工发展到300名员工的世界。

英国科技发展势头强劲，2019年吸引到的投资总额达86亿英镑，是其他欧洲国家的两倍多。[25] 总部位于英国的科技公司从硅谷吸引的风险投资资金比欧洲任何其他国家都多。2019年年初，《福布斯》（*Forbes*）杂志统计，英国有13家科技“独角兽”初创企业，每家估值均在10亿美元及以上。此外，包括风险资本家、律师、初创企业孵化器和加速器在内的英国的科技支持结构也在不断壮大、日益成功。正如英国前交通部部长克里斯·格雷林（Chris Grayling）表述的那样，前景看起来一片光明。他表示，英国未来的趋势是超越自我，“我们往往忽略了这样一个事实，即这个国家非常擅长于技术”，但是哪怕潜力巨大，仍需不懈奋斗。2018年对机器人的一项研究[26]认为，尽管英国表现良好，但还需要制定教育和培训政策，使我们在与韩国、德国和新加坡等领先全球的国家竞争中表现更好。

英国制造商也把新技术应用到了生产当中，但2016年公投后商业投资的下降表明，英国没有充分利用数字化的潜力。只有我们的公司能够大胆接受投资时，生产力才有可能复苏。很多时候，比起考虑长远问题，英国公司倾向于支付高昂的股息并回购股票，以此来提高股价和高管奖金。2020年，轻视谨慎和投资而重视股息支付和回报，这种模式的危险随着新冠疫情的到来而暴露出来，许多企业被迫收回、推迟或取消股息。也许这段经历所标志的，正是一个更需深思熟虑、更缺乏把握的资本主义时代。

英国所面临挑战的关键在于保持公共支出的需要，以培养当代人才，并鼓励和激励未来人才。科技国家（Tech Nation）公司首席执行官杰拉德·格里奇（Gerard Grech），[27] 呼吁政府向劳动力、教育系统和各公司给予支持。他认为，面对传统工作岗位数量下降的问题，必须对创新型新企业的劳动力进行再培训。《英国数字化战略》（*UK Digital Strategy*）承诺，英国所有缺乏核心数字技能的成年人都可获得免费的基础培训，部分解决了这一问题。其次，格里奇还呼吁，技术教育应从小开始，一直延续到大学，以确保下一代具有创造力、善于批判性思维和解决问题的能力。相应地，大学也必须加大力度将研究生的想法商业化，从而创造一个新学生和新企业相互促进的良性循环。深脑、英国亚马逊和英国微软等公司都将牛津大学、剑桥大学和伦敦大学学院等院校视为创新人才的生产线。

最后，随着初创企业以前所未见的高速度扩大规模，我们必须确保它们拥有必要的技能和支持，以实现增长，特别是在伦敦已有科技集群之外的企业。根据科技国家的数据，伦敦科技行业的就业人数从 2015 年估算的 20 万人 [28] 飙升至 2018 年的 31.848 万人。在即将到来的 2020 年，鲍里斯·约翰逊在议会任期内面临的挑战之一是，让英国技术的闪光点传播到北方和全国其他地区。曼彻斯特，作为快时尚品牌不负（Boohoo）和电商集团胡特集团（the Hut Group）等快速发展的公司总部所在地，已经开始崭露头角，而英国广播公司（BBC）旗下的英国媒体城（MediaCityUK）也成功在握。爱丁堡是独角兽公司天巡（Skyscanner，2016 年以 14 亿英镑的价格出售给了中国携程）和体育游戏公司泛斗（FanDuel）的故乡。估计有 2.5 万人在爱丁堡技术中心工作，但是高价值数字化岗位的分布非常不均。

工业转型塑造了现代经济，而英国一直是工业转型的中心。英国是蒸汽机车、电话和万维网的诞生地，也是创造它们的科学巨人的家园。所以，英国完全有能力塑造技术的未来，但是必须更好地应用技术、发展技术，并抓住千载难逢的机会，使英国成为世界上科技水平领先的国家。

潜力就在眼前，创新就在我们身边。国家需要做的第一件事是认识到英国所拥有的科技辉煌，并将已有成就提升到一个新的水平。如果英国放任智能芯片制造商安谋和旅游网站天巡等开拓者被割让给海外买家，而这些买家获取英国技术只是为了自己的商业利益，那么科技复兴就只是妄想。那样鼠目寸光的做法无异于把自己的优势转赠给全球范围内的竞争对手。

新冠疫情的创伤让英国更有理由为技术中心赋能。数字世界从未像现在这样重要。员工都被封锁在家，美国硅谷的巨头企业规模却呈指数增长。极速会议室（Zoom）等数字世界新秀，以及剑桥大学毕业的数字企业家斯图尔特·巴特菲尔德（Stuart Butterfield）创建的聊天应用——散聊（Slack），纷纷一鸣惊人。

从视频游戏到高清电视和视频流媒体，英国辉煌的创意产业都离不开技术。下一章将探讨各种形式的设计和创意对英国的价值。

第五章
创意天才：从游戏到奥斯卡

创造力用之不竭。你用得越多，你拥有的就越多。

——美国诗人玛雅·安吉罗（Maya Angelou）

全球各大报纸、各个传媒网站、互联网上的音乐专辑，还有声破天（Spotify）以及其他音乐网站，无一不在诉说着英国的创造力。这种创造力有目共睹：它渗透进了托特纳姆[①]的街头音乐，映射在奥斯卡金像奖（Oscars）的魅力当中，并且始终伴随着詹姆斯·邦德（James Bond）系列电影。这些闪闪发光的成功不仅是英国创意经济的骄傲，更象征着富有创意和新意的英国文化。它们打破了寻常的贸易关系定律，对英国的国内生产总值做出了巨大贡献，如果得到恰当支持，将为英国的复兴带来巨大希望。

---

① 托特纳姆（Tottenham），是伦敦北郊的一个多种族聚居区，虽然距离首都伦敦只有几千米，但却是全英国最为贫困和复杂的地区之一。

由于新冠疫情防控带来的封锁和社交距离措施，现场表演和博物馆展览形式的创意破碎了。不仅如此，剧场行业的未来有时看起来也岌岌可危。难道真如《观察家报》（*Observer*）2020 年 6 月的一则头条所说的，到了“英国戏剧最后的谢幕？”[1] 汤姆·斯托帕德（Tom Stoppard）的剧作《利奥波德城》（*Leopoldstadt*）围绕犹太人大屠杀展开，其制作人索尼娅·弗里德曼（Sonia Friedman）女士反映，如此一票难求的热剧，是突然间被迫停止上映的。回顾 2018 年，剧场行业蓬勃发展，门票销售额高达 12.8 亿英镑。新冠疫情给该行业带来的经济打击无疑是毁灭性的。

伦敦的剧院是否面临存亡危机？弗里德曼和斯托帕德都持质疑态度。顽强的艺术机构表现出了坚定的决心，誓要将表演继续下去。英国国家剧院（National Theatre）等机构在 60 寸显示器成为潮流之前，曾将莎士比亚作品的现场表演搬到了“小屏幕”上。维多利亚和阿尔伯特博物馆（Victoria and Albert Museum）推出了线上展览，英国皇家芭蕾舞团（Royal Ballet）的舞者很长一段时间都在参加线上培训课程，为现场表演的回归做好准备。英国天空电视台暂时将部分制作转移到了奥地利（Austria），一些英国的电影摄制组也转移到了新西兰。英国创造力的辉煌之处在于其韧性。著名演员博迪·卡维尔（Bertie Carvel）随机应变，于 2020 年夏天在英国广播公司第三台组织了一场封锁戏剧节。英国广播公司第四台的乡村日常故事《阿彻家族》（*The Archers*）是播出时间最长的连续剧，通过关键人物在家中录制独白的巧妙方式，保持了观众兴趣和故事情节的完整性。即使社交距离的要求使剧院重新开放成了一个漫长而复杂的过程，制片人、导演和演员总会找到妙招来弥补线上演出与现场演出的差距，静候现场演出安全回归。

人们倾向于透过表演、美术馆、电影和歌手的棱镜来看待创造力。这些领域确实举足轻重，但是创意行业的范围远不止于此。创意产业还有许多不为人知的成就。拥抱人工智能的游戏产业，就是一个典型代表。例如谷歌公司的机器人“阿尔法狗”（AlphaGo），在其与世界顶尖围棋手较量时，挤在韩国首尔四季酒店六楼观看比赛的观众，无一不为阿尔法狗的一步棋倒吸一口凉气。那是 2016 年 3 月围棋系列比赛的第二场。这一步棋对于阿尔法狗来说意义非凡，但除了它自己，在场的观众都看得一头雾水。[2]

如此高超的行棋策略，将对伦敦学生群体提出的科技理念产生深远影响。阿尔法狗其实是一个人工智能计算系统，其对手李世石（Lee Sedol）是一位韩国籍的世界顶级围棋玩家。在围棋中，玩家交替在 19×19 的棋盘上落子，争夺在棋盘上占据的面积。阿尔法狗对战李世石，与其说是棋艺比拼，不如说是对电脑的考验。前文提到，阿尔法狗下了一步令人百思不得其解的棋，这步棋迫使李世石暂离比赛室，花了近 15 分钟来思考如何应对，但最终还是无济于事。代表电脑的阿尔法狗赢得了第二场比赛，随后又在第三场比赛中取胜，获得了 100 万美元的奖金。

阿尔法狗由谷歌旗下的深脑公司开发，依赖于包括软件和硬件的深度网络，可模拟人脑神经元网络。因而，阿尔法狗可以通过分析大量的数字数据来进行学习，称为“强化学习”。围棋比赛的胜利具有里程碑意义，将人工智能的力量展现在了公众眼前。深脑公司的知名度也随之提升，在国际上获得了认可。

深脑是英国的一家初创企业，起源于伦敦一所研究型大学。大学的力量不可小觑。从制药到金融科技，英国在各个先进科学和数字技术领域都占据了一席之地，背后就有英国四大研究强校（牛津大学、剑桥大学、帝国理工学院和伦敦大学学院）及罗素大学集团[3]内其他大学的贡献。戴密斯·哈萨比斯和谢恩·莱格（Shane Legg）相识于伦敦大学学院的盖茨比计算神经科学中心（Gatsby Computational Neuroscience Unit），2010年，二人一同创立了深脑。后来，联合创始人穆斯塔法·苏莱曼（Mustafa Suleyman）加入了他们的行列。在本就狭窄的科技领域，何况已经有了广为人知的硅谷，英国能分到的目光微乎其微。但是英国的研究型大学是人工智能发展的卓越中心，这一点不可否认。而人工智能是下一次数字进步的关键基石。正如俄罗斯总统普京所言："掌握人工智能，就掌握了世界。"

人工智能不仅是游戏领域的新锐，而且在各种实际应用当中充当风向标。譬如新一代物联网芯片开发、医药研发、金融技术等，都是英国的强势领域。现在最重要的是确保有充足的资金来强化英国的人工智能优势，并改革教育系统以助力这一目标的实现。我们要在各行各业培养思想先进、有知识产权意识的人才，让他们的技能和干劲成为英国未来繁荣的基石。

其他初创企业势头强劲的国家，尤其是以色列（Israel），一直在努力打造数字产业的巨头。以色列非常擅长开发新技术，初创企业众多，例如2018年出售给英特尔公司（Intel）的自动驾驶公司无比视（Mobileye）[4]。但以色列的发展受到多方限制：国内市场小、与邻国关系不和，以及国内资本市场有限。英国的处境与以色列截然不同。英国国内市场庞大且复杂，贸易伙伴遍布全球，还拥有世界上历史最久、流动性最强的国际化金融市场。

深脑汇集了一群令人惊叹的主要投资方，包括总部位于中国香港的维港投资（Horizons Ventures）、社交媒体网站脸书的早期赞助人、音乐流媒体网站声破天，以及总部位于旧金山的创始人基金（Founders Fund）。此外，贝宝公司（PayPal）的早期顾问兼企业家斯科特·班尼斯特（Scott Banister）、特斯拉公司创始人埃隆·马斯克（Elon Musk）及讯佳普（Skype）的背后的物理学家兼投资者——爱沙尼亚籍科技大师贾恩·塔林（Jaan Tallinn）等人，都为深脑提供了支持。

不难发现，深脑的出资人都是全球技术领域的精英，他们洞悉了深脑的重要性，知道深脑将如何改变数字世界。可悲的是，在这个群英荟萃的出资人团队中，没有英国的身影。对于源自英国大学的技术，英国没有给予足够的资金支持。英国的风险投资家没有预料到深脑是一家能持续吸引投资、创造财富和就业机会的公司，他们本应该成为深脑的后盾，却错失良机。因为海外风险投资家看到了其技术的价值，深脑最终落入了他们的手中。转眼间，深脑的未来就飞向了大西洋彼岸，从此不再与伦敦布卢姆斯伯里区的大学实验室有关联。未来控制权的争夺战已经拉开帷幕，为此，硅谷的巨头们无一不对新技术虎视眈眈。最先提出要收购深脑的其实是脸书公司，早在 2013 年脸书就有此打算，但最终收购成功的是谷歌公司[5]。2014 年 1 月，谷歌宣布以 5 亿美元的价格成功收购深脑，包括深脑的开创性技术。

在英国，游戏产业是一个鲜有人知的财富来源。英国国家统计局的数据显示，综合来看，创意产业每年为经济贡献 920 亿英镑的总增加值（GVA）[6]。2008—2009 年金融危机后的十年里，创意产出是英国增长最快的行业。英国创意产业联合会（Creative Industries

Federation）首任首席执行官约翰·坎普纳（John Kampfner）指出，就总增加值而言，创意行业为经济带来的产出超过了生命科学、石油和天然气、航空及汽车等行业的总和。[7]

互联网为创意的呈现开辟了一个不断变化的新型智能平台。谷歌购入深脑，意味着它已经认识到了获取大量智能技术的价值所在。硅谷巨头 FAANG（脸书、苹果、亚马逊、网飞和谷歌公司的合称）的财力和技术实力正在迅速改变创意格局。在寻求"一家独大"的过程中，有的公司起初只专注于某一方面的服务（如谷歌始于搜索服务、亚马逊始于网上购物），现在都已经拓宽了视野，试图凭借自己的力量站上创意领域的顶峰。它们成为公众眼中的"颠覆者"，拥有的资金似乎无穷无尽，不断夺取新奇的创意。这些公司还拥有强大的计算能力和庞大的用户/会员群体，可以肆意借助地位优势，扩大影响力。

普遍认为，深脑公司正在颠覆娱乐产业，是新兴技术的成功典范。事实上，在其诞生之后的十余年间，游戏产业的价值已经超过了拥有百余年历史的电影业。尽管美国凭借富有创意的影视工业闻名于世，但英国还是在世界电子游戏开发业更胜一筹，这一点值得英国骄傲。据统计，全球游戏受众有 22 亿至 26 亿。全球软件市场的总价值预计将从 2017 年的 1379 亿美元增长到 2020 年年底的 1801 亿美元。[8]

英国从事游戏产业的创意人才数量惊人。最新数据显示，2017 年，英国有 2000 多家游戏公司活跃于市，为手机、平板电脑、个人电脑和游戏机等各种设备开发游戏。随着能够在数字世界中再现三维世界的虚拟现实游戏（VR 游戏）面世，游戏技术持续突飞猛进。相应的还有增强现实游戏（AR 游戏），用户可以在移动设备或便携式设备上直接访问，通过在现实世界中添加虚拟信息，感受虚实结合的沉浸感。英国也是 AR 游戏领域的领先者。在各种技术中，最先进的是利用人工智能来设计游戏，主要应用于设计可以“以假乱真”的非玩家角色（NPC），使其做出响应真人玩家、自我调整或是智能化的行为。

游戏开发公司 R 星（Rockstar Games）出品的《侠盗猎车手》（*Grand Theft Auto*，*GTA*）是英国创意人才开发的、世界上最受广泛好评的范例之一。“R 星”的前身 DMA 游戏设计公司（DMA Design）从苏格兰邓迪市（Dundee）起家，是《侠盗猎车手》系列的开山鼻祖。说起邓迪市，我想它的传统美食蛋糕和漫画杂志《比诺》（*The Beano*）更出名。自 1997 年推出以来，《侠盗猎车手》已成为有史以来利润最高的媒体产品。[9] 它的财务表现甚至超过了一众爆款电影，包括《星球大战》（*Star Wars*）、《乱世佳人》（*Gone with the Wind*）和电影史上票房最高的《阿凡达》（*Avatar*，票房收入达 28 亿美元）。截至 2018 年，《侠盗猎车手》系列在全球的销量超 1.35 亿份，净收入超 60 亿美元。它是全球娱乐史上销量增长最快的产品，在三天内创下了 10 亿美元的销量，成为英国有史以来最畅销的游戏。仅实体版游戏就售出了 600 多万份，为英国带来了超 2.4 亿英镑的收入，换句话说，每分钟创造约 3.5 英镑的销售额。深脑公司和《侠盗猎车手》的故事，足以让我们洞见英国人的创造性才能。

2014 年，总部位于伦敦的英瑞手游公司国王（King）宣布在纽约证券交易所上市，初始市值为 70 亿美元。备受世界各地上班族喜爱的手机游戏《糖果传奇》（*Candy Crush Saga*）就是国王公司开发的。一年后，国王公司的股价未能达到其早期预估值，美国游戏巨头动视暴雪（Activision Blizzard）借机以 59 亿美元的价格将其收购。

这是英国在互动娱乐领域的又一大憾事，英国的创意公司就这样被一家总部位于美国加利福尼亚州的竞争对手抢走了。

显然，海外收购者已经并将继续危害英国孕育的知识产权，但它们并不是英国创意经济的唯一威胁。英国希望在未来能继续领先世界创意经济。对此，英国创意产业联合会前首席执行官约翰·坎普纳有两大担忧，即英国对校园艺术教育不重视、不作为的态度，他担心英国终将自食恶果。坎普纳还坚信，很多时候，创意是世界各地优秀年轻人共同努力的结果,《糖果传奇》就是个很好的例子。

脱欧后的英国如果想要保住创意光环，就必须保持开放，吸引世界各地富有原创思维的年轻人和内容提供商①。“其他国家都已经优化了教育方法。当务之急是技能和教育，二者是创意行业的撒手锏。否则英国只能看着别国超过自己。”坎普纳如是警告说。[10] 对英国构成巨大威胁的还有脸书、苹果、亚马逊、网飞和谷歌等公司。

硅谷的巨头企业最初基本都是硬件制造商（以苹果公司为例）或传输系统供应商，但随着它们的规模和影响力增长，这些颠覆者急需创意内容来发展新一代技术。苹果是大家眼中主导智能手机市场的一家设计和制造公司，但是其应用程序、音乐、游戏的销售，以及苹果硬件保修（AppleCare）、苹果支付（Apple Pay）和其他类似的服务费，在公司收入中的占比越来越高。仅 2018 年第三季度，苹果附加服务的收入就达到了 95.48 亿美元，同比增长 31%，比苹果平板电脑（iPad）或苹果电脑（Mac）的利润还高。而且这种情况已经成了常

① 内容提供商（Content Provider），是指依法或依约定拥有版权、邻接权及与版权作品有关的其他权利，并依法或依约定有权代表版权人、邻接权人进行许可授权、收取版权使用费用的公司实体或机构。

态。2018 年 7 月，服务业市值呈指数增长，推动苹果在纽约证券交易所的市值首次突破 1 万亿美元，成为全球史上最有价值的企业。

英国拥有庞大的创意产业，按理说，作为历史上流行音乐、金融科技、小说创作、电影和电视制作领域的先锋，完全可以向世界提供创意服务。但是，任何事情都不能想当然。1994 年，企业家杰夫·贝索斯（Jeff Bezos）在西雅图市（Seattle）创办了一家网上书店——亚马逊。公司经营多年后才开始盈利。亚马逊没有故步自封，而是选择投资更多的服务，成为世界上最大的互联网零售商。亚马逊的成长见证了贝索斯投资视频和游戏下载，以及适合亚马逊旗下电子设备[（如电子阅读器“金读”（Kindle）] 的有声读物，最终将亚马逊打造成全球最大的云服务提供商。

雄心勃勃的亚马逊还在不断拓宽自我。2017 年，亚马逊踏足食品零售行业，收购了美国高端连锁超市全食超市（Whole Foods）。尽管亚马逊挑拣货物、包装、配送的效率名列世界前茅，但它不再将自己简单地视为一家物流公司。亚马逊还推出了“亚马逊金牌服务”（Amazon Prime），提供快速、免费邮寄图书、音乐和视频产品的服务，使得传递他人作品的习惯蔚然成风。现在，亚马逊整合了更多不同层次的业务，以其自行打造的娱乐产品向传统媒体发起了挑战。

或许是为了展现立足娱乐产业的决心，2017 年，亚马逊将公司的电影制作业务转移到了好莱坞（Hollywood）的卡尔弗工作室（Culver Studios），《乱世佳人》等经典电影就是在那里拍摄的。亚马逊开出的制作预算高得离谱，是许多传统节目制作人闻所未闻的，只为满足它对人才永无止境的需求。亚马逊还第一时间就决定将英国人才收入麾下。于英国本土的创意产业而言，危险就在于它或将被流入英国的资金洪流所淹没。

英国生产能力和技术价值最生动的佐证是 2018 年的天空电视台“竞价战”。老牌媒体巨头康卡斯特（Comcast）和迪士尼（Disney）是主要竞争者，出价高达 260 亿英镑。双方都希望接手天空电视台的节目、技术和欧洲市场，借此打败拥有先进流媒体服务的亚马逊[11]。最终，康卡斯特集团董事长兼首席执行官布莱恩·罗伯茨（Brian Roberts）胜出。作为美国头号有线电视公司的老板，罗伯茨对天空电视台的技术及其人才都印象深刻。2019 年 12 月英国大选期间，天空电视台宣布将斥资 30 亿英镑在伦敦北部的埃尔斯特里（Elstree）新建一个占地 32 英亩（约 130000 平方米）的影视制片厂。此举是天空电视台向英国创造力投下的信任票，非常振奋人心。据称，天空电视台 14 个摄影棚都将采用最新技术。这项决定意味着天空电视台将增聘 2000 名技术人员和创意人才，坚定了英国脱欧后向着未来影视制作中心前进的步伐。

短短几个月后，总部位于美国亚特兰大（Atlanta）的布莱克霍尔工作室（Blackhall Studios）也宣布将斥资 1.5 亿英镑在英国雷丁（Reading）新建工作室，再次突显了英国在影视制作领域的重量。布莱克霍尔工作室参与制作了《毒液》（*Venom*）和《勇敢者游戏 2：再战巅峰》（*Jumanji*：*the Next Level*）等电影。布莱克霍尔工作室计划与雷丁大学（University of Reading）合作，将为雷丁地区带来近 3000 个就业岗位。雷丁大学网站公布新的建筑群规划之际，包括华特迪士尼和网飞在内的各大娱乐集团也加入了战场，在英国争夺宝贵的工作室用地。[12]

颠覆者们对英国的人才、节目制作和内容一直有着较大需求。英国广播电视台有一档名为《疯狂汽车秀》（*Top Gear*）的节目，连载多年，火遍全球，后来由于其当家主持人杰瑞米·克拉克森（Jeremy Clarkson）面临行为不当的指控而停播了。2015 年 3 月，为打造一套能与《疯狂汽车秀》匹敌的汽车节目，亚马逊公司与杰瑞米·克拉克森、理查德·哈蒙德（Richard Hammond）和詹姆斯·梅（James May）三位主持人及制片人安迪·威尔曼（Andy Wilman）进行了签约。三位主持人还组建了一家电视公司，与亚马逊公司签订合同，为其视频点播服务提供三套节目。据英国《金融时报》报道[13]，该合同为期三年，36 集节目共计 2.5 亿美元。英国从未有电视节目要价如此之高，其目标是吸引到 150 万名观众。《疯狂汽车秀》此前曾是英国广播电视台的一大收入来源，据估计，相关光碟、书籍、现场演出及全球订阅费每年可带来 5000 万英镑的收入。在海外，《疯狂汽车秀》的表现超过了英国广播公司的多档大型栏目，如《神秘博士》（*Doctor Who*）、《BBC 地球》（*BBC Earth*）和《舞动奇迹》（*Strict Come Dancing*）。2017 年，英国广播公司报告称，BBC 环球（BBC Worldwide）已连续三年海外出口额超 2 亿英镑。

美国网飞公司是英国在娱乐领域的另一强敌。它成立于 1997 年，本是一家提供邮寄服务的影片租赁公司，但随着技术进步，逐渐扩展到了在线流媒体和视频点播领域。2013 年，网飞进军电影和电视剧制作及在线发行领域，五年内在全球积累起 1.25 亿用户。2020 年的新冠疫情及封控措施迫使人们纷纷转向家庭娱乐，也让网飞集团成了大赢家。

网飞最具影响力的作品之一《王冠》（*The Crown*），以英国女王伊丽莎白二世（Queen Elizabeth Ⅱ）的生活为背景，是一部耗资巨大的时代剧。有趣的是，负责媒体监管的英国通信管理局对一项有2500名观众参与的调查进行了研究[14]，结果表明：尽管网飞已经为其原创节目投入了巨额资金，仅2018年就花费了约68亿美元（53亿英镑），但在网飞的流媒体服务平台上，订阅用户观看最多的却是自1994年开播、连续播出了10年的情景喜剧《老友记》（*Friends*）。

《王冠》系列斩获了多项殊荣，主创是英国剧作家、电影制作人彼得·摩根（Peter Morgan），演员也大多是英国人。该剧丰厚的预算与其他英国地面频道自制的影片形成了鲜明对比，仅第一季就耗资1.3亿美元（9740万英镑），平均每集1300万美元。人们都说《王冠》是有史以来最昂贵的电视剧。就连英国广播公司也不禁发问："《王冠》：网飞拍摄连续剧比女王本人花的钱更多？"[15]答案是否定的。要知道，英国每年向皇室拨款超3亿英镑。

颠覆者们一掷千金还乐此不疲，也让公众产生了疑问：英国的电影公司能否在如此艰难的环境中存活？事实其实更加复杂。塑造新的媒体品牌确实是一种代价高昂的做法，但如果这种办法奏效，就像《王冠》那样，那么这无疑是一项值得的投资。值得英国庆幸的是，网飞迄今为止最受推崇的作品是由一位英国公民编剧和导演的，其主题注定了作品具有英国性质，演员阵容汇集了伦敦演艺圈的精英。尽管预算是由美国公司出资的，但大部分知识产权都被打上了英国的烙印。英国在内容创作方面的实力催生了电影和娱乐业许多经久不衰的成功案例。

天空电视台作为一家收费电视台，在全球拥有2290万付费观众。天空电视台如今的成功是靠着向英格兰足球超级联赛（Premier

League，简称“英超联赛”）和其他全球体育赛事支付数十亿英镑的高昂转播费积攒起来的。建立起了付费订阅基础和随看随付模式后，电视台为体育赛事转播权而支付的费用也就不足挂齿了。

除了内容创作，英国在内容制作方面的强大实力也孕育了电影和娱乐业的许多佳作。松林制片厂（Pinewood Studios）位于英国白金汉郡（Buckinghamshire），距离伦敦希思罗机场（Heathrow Airport）仅 8 英里（约 13 千米），是《星球大战》系列电影和《007》系列谍战电影的发源地。

作家 J.K. 罗琳（J.K.Rowling）凭借《哈利·波特》系列畅销书打造了娱乐界的一颗明珠。华纳兄弟（Warner Brothers）旗下的利维斯登工作室（Leavesden Studios，位于赫特福德郡）为《哈利·波特》制作了电影，伦敦西区（London's West End）和百老汇（Broadway Publishing PLC）的舞台剧、音乐剧中也都有了《哈利·波特》的故事。《哈利·波特》系列奇幻小说畅销全球。自 1997 年由英国布鲁姆斯伯里出版公司（Bloomsbury）首次出版以来，截至 2018 年年初，全套共七本书已售出超 5 亿册，被翻译成了 80 种语言，成为史上最畅销的图书系列之一[16]。2001 年至 2011 年，八部基于原著改拍的电影相继上映，创造了真正的票房奇迹。据估计，这些改编作品的收入已达到 77 亿美元。此外，由五部电影组成的衍生电影及前传电影系列也于 2016 年陆续上映。

书籍和电影的成功使得《哈利·波特》的经营版图持续扩大。《哈利·波特》的衍生作品不胜枚举，2009 年以芝加哥为首站举办世界巡展，2012 年伦敦的拍摄片场开始开放参观，还出现了一个 J.K. 罗琳发表原创信息和见解的数字化平台。《哈利·波特》主题景点，统称为“哈利·波特的魔法世界”（The Wizarding World of Harry Potter），已经在世界各地的环球主题乐园及度假村（Universal Parks and Resorts）的游乐场内建成。2018年春天，舞台剧《哈利·波特与被诅咒的孩子》（*Harry Potter and the Cursed Child*）在纽约百老汇上映。该剧耗资6850万美元，分上下两部，是史上最昂贵的非音乐剧，标志着J.K.罗琳行业发展中又一个轰动性的里程碑。

“毫无疑问，就我们周围事物的价格来说，这是一笔巨款，但那可是《哈利·波特》，品牌史上最受欢迎的品牌之一！”商业戏剧研究所（Commercial Theatre Institute）的执行董事汤姆·维尔特尔（Tom Viertel）对《纽约时报》表示，[17]“这部舞台剧的片名及其类似片名，我们很少，甚至从未在百老汇看到。”如果把《哈利·波特》的衍生事物统合在一起，包括影片《神奇动物在哪里》（*Fantastic Beasts and Where to Find Them*）、百老汇的舞台剧、主题公园和各种纪念品等，那么该系列电影估价约250亿美元（192亿英镑）。考虑到那些惯用“巫师货币”的人,《娱乐周刊》（*Entertainment Weekly*）网页版还将其换算成了书中的货币值，即大约5200万加隆、11西可和15纳特。[18]

地理位置、制作团队、舞台、后期制作技能和设施设备等各方面的优势使英国成了全球电影制作的中心之一。几十年来，伦敦西部的松林制片厂一直是电影的摇篮，预算高昂的电影、电视节目、商业广告和流行宣传片层出不穷。松林制片厂原归属于瑞克集团（Rank Group），于2001年被出售给一个由导演兼制作人迈克尔·格雷德（Michael Grade）和伊万·邓利维（Ivan Dunleavy）领导的团队。该团队后来又从雷德利·斯科特（Ridley Scott）和托尼·斯科特（Tony

Scott）导演两兄弟手中收购了谢珀顿工作室（Shepparton Studios），继而成立了松林制片厂集团（Pinewood Studios Group），一家既有英国资本又有海外资本的合资企业。这家企业通过扩张，融合了从伦敦西南部的特丁顿（Teddington）到德国柏林（Berlin）、加拿大多伦多（Toronto）的工作室，以及亚太地区最先进的生产设施。2013年，它在美国南部也有了摄影棚，靠近佐治亚州的亚特兰大，把竞争场地延伸到了美国电影巨头们的家门口。

2014年，松林制片厂对其英国总部一项价值数百万英镑的扩建计划获得了许可。通过打造仿真街景和街区，并复刻英国、欧洲和美国的一些外景，这次扩建将使松林制片厂足以与其位于好莱坞的竞争对手们匹敌。除了参与《哈利·波特》系列的拍摄，松林制片厂多年来也参与了其他大片拍摄，比如詹姆斯·邦德系列电影和乔治·卢卡斯（George Lucas）执导的《星球大战》系列。松林集团的007摄影棚最初就是为1977年拍摄以特工邦德为主角的电影《007之海底城》（*The Spy：Who Loved Me*）而建，是集团内最大的摄影棚。其他摄影棚和工作室也足以满足专业的电视和电影制作需求。松林制片厂的外景场地巨大，涵盖城堡乃至整个村庄这样的大型场景。

满怀信心的松林制片厂还从艾尔斯特里工作室（Elstree Studios）接手了《星球大战》科幻系列的拍摄。据统计，在短短三年内，松林制片厂为英国带来了11亿美元的收入。时任英国财政大臣的乔治·奥斯本指出：

> 迪士尼公司决定在英国拍摄《星球大战》的外传《侠盗一号》（*Rogue One*），是英国非凡才华的佐证。这意味着将

会有更多的岗位和更多的投资。对于松林制片厂的工作人员来说，无论是布景设计师还是木工，这都是个好消息。[19]

《星球大战之最后的绝地武士》（*The Last Jedi*）也是在松林制片厂拍摄的。该片于 2017 年上映，收获了诸多赞誉。“《最后的绝地武士》每一帧都是大片，令人目不暇接。这部电影对其影片本身及其所构建的神秘宇宙充满信心，如此极致的自我肯定，我认为在其他电影系列当中是找不到的。”《卫报》的一篇评论如是说。[20]《游侠索罗》（*Solo*）是《星球大战》的另一部衍生电影，于 2018 年 5 月上映。

英国戏剧界的另一大成功是美国鼎级剧场（HBO）出品的奇幻题材电视剧《权力的游戏》（*Game of Thrones*），英国天空电视台大西洋频道（Sky Atlantic）播出了此剧。剧集是在北爱尔兰和英国其他地方拍摄的，总共八季，有大量英国演员参演。《权力的游戏》最后一季首播时，鼎级剧场电视台吸引了 1260 万观众。

长期以来，英国在摇滚、流行音乐和其他衍生流派音乐的历史上所做的贡献也是具决定意义的。像“披头士”（The Beatles）这样的名字至今仍能在世界各地引起共鸣，人们仍会购买他们的作品，各地的艺术家也从未停止模仿他们。从地中海地区到太平洋沿岸的度假地，要是有哪个酒店或夜店的驻唱歌手没有将披头士的歌曲收录在表演曲目当中，那就真的是稀奇了。英国凭借百代唱片（EMI）及其旗下的帕洛风唱片（Parlophone）和苹果唱片（Apple Records）等众多知名唱片公司，在挖掘优秀表演者、音乐制作人和产品推广运营人员方面，超过了大多数国家。在过去，音乐以实体黑胶唱片、盒式磁带、微型磁盘和光碟的形式抵达消费者手中。但近十年来，各种实体唱片逐渐被数字交付形式所取代，只有黑胶唱片靠着纯粹主义者和怀旧的音乐鉴赏家们重焕生机。

当代音乐界已被技术彻底颠覆。在过去几十年中，一些流氓团伙在网上窃取音乐知识产权，并在互联网上进行传播，使得音乐界面临严峻的盗版危机。严厉的国家立法、起诉和技术干预使得不法商贩伪造原创唱片越发困难，也促使唱片业与亚马逊、谷歌等颠覆者企业签订发行协议。如今的音乐行业主要由互联网上的计算机流媒体和大型订阅库来传播音乐，例如苹果音乐（Apple Music）和亚马逊金牌服务运营的订阅库。在音乐领域最具影响力的颠覆者是瑞典公司声破天，该公司于 2018 年在纽约证券交易所上市，即时估值为 266 亿美元。[21] 声破天成立于 2008 年，是一家音乐、播客和视频流媒体服务商，让用户可以通过笔记本电脑、平板电脑和智能手机访问超过 3000 万首歌曲。每月，声破天的 1.4 亿活跃用户都可以在社交媒体上创建、编辑和共享播放列表和曲目，并与其他用户一同制作播放列表。艺术家的版税是按名下歌曲播放量在歌曲流总数中的比例来支付的。2018 年，声破天表示已拥有超 7000 万的付费用户。

英国在音乐交付领域，可能已经输给了声破天和其他颠覆者，在摇滚音乐发行中也不敌美国制作公司环球音乐（Universal Music），但在培育、挖掘和支持新兴艺术家及新锐流派方面，英国的前沿地位稳立不倒。若论打造适合在线播放、下载和黑胶唱片的音乐内容，英国是实至名归的领头羊。

伦敦表演艺术和技术学校（The BRIT School for Performing Arts and Technology）是走出天才的热门院校，培育了诸如阿黛尔和婕西 · J（Jessie J）这般成功的艺术家。还有一些电视节目，例如由才华横溢的导演西蒙·考威尔（Simon Cowell）担任制作人的《英国达人》（*Britain's Got talent*），也让一些光彩夺目的音乐人才走进大众视野。考威尔的理念已经传播到了美国乃至全球的电视网络。英国的音乐节，以格拉斯顿伯里音乐节（Glastonbury Music Festival）为首，已经成为最优秀的摇滚乐队和音乐爱好者的聚集地。最引人注目的是英国天才的多样性，以及开拓新流派的能力，如此盛况，就仿佛回到了20世纪60年代和70年代披头士乐队、滚石乐队（The Rolling Stones）、谁人乐队（The Who）和其他英国摇滚乐队引领国际音乐界的时期。

英国音乐界呼声最盛的是两大风格迥异的流派：一方是歌手阿黛尔，另一方则是从伦敦兴起的尘垢（Grime，亦称“英式说唱”）艺术家。阿黛尔全名阿黛尔·劳丽·布鲁·亚金斯（Adele Laurie Blue Adkins），出生于1988年。2006年，她获得了自己的第一份唱片合同，两年后一鸣惊人。阿黛尔的歌以触动人心的歌词探讨了心碎和爱情，其演绎风格又巧妙地带有一股美国灵魂。在她成名之时，英国还有其他灵魂女歌手也正值火热时期，其中包括艾米·怀恩豪斯（Amy Winehouse），一位在2011年28岁生日时因酗酒和吸毒而不幸陨落的女歌手。阿黛尔的歌曲让她大赚一笔，打破了许多纪录，斩获了无数奖项。当然，这主要得益于她在美国的曝光率和知名度。

阿黛尔在全球范围内举办的演唱会，门票一售即空，她的名声变得更加响亮。2011年、2012年和2016年，阿黛尔均被美国娱乐杂志《公告牌》（*Billboard*）评为“年度艺人”（Artist of the Year）。2012年，她在美国VH1频道评出的“100位最伟大的音乐女性”（100 Greatest Women in Music）中名列第五。2012年和2016年，

《时代》（*Time*）杂志将她评为世界上最有影响力的人物之一。凭借超1亿张的唱片销量，阿黛尔成为世界上最畅销的音乐艺术家之一。仅2017年，她的收入就达到了6900万美元。

尘垢音乐流派则是占据了音乐行业截然不同的一个领域，但却与阿黛尔的影响力不相上下。此流派于21世纪初出现在伦敦，是由早期的伦敦内城电子音乐（Electronic Music）、车库摇滚（UK Garage）和丛林舞曲（Jungle）发展而来的。这种风格的特点是快速、切分音碎拍，以说唱为重要元素，歌词通常描绘了真实的城市生活。它最初通过说唱歌手迪兹·雷斯科（Dizzee Rascal）、利索·比泽尔（Lethal Bizzle）、威利（Wiley）、盖特斯（Ghetts）、杰姆（Jme）、斯克普塔（Skepta）和斯托姆齐（Stormzy）等艺术家在一些非官方电台和地下音乐界传播，其中威利又被称为“尘垢教父”。2009年曾霸占音乐榜第一的单曲当中，有不下5首是尘垢风格，由迪兹·雷斯科、丁奇·斯特雷德（Tinchy Stryder）和花栗鼠（Chipmunk）等音乐人贡献。2010年，尘垢之风吹到了北美大陆。因而，在美国《福布斯》杂志发布的“最富有说唱歌手”（Hip-Hop Cash Princes）当中，斯托姆齐榜上有名。该排行榜统计了世界前二十位最高收入的说唱歌手，据报道斯托姆齐身价超过2500万英镑。2016年，斯克普塔在伦敦汉默史密斯阿波罗演出场馆（Hammersmith Apollo）凭借专辑《你好》（*Konnichiwa*）获得了当代音乐最高荣誉之一的水星奖（Mercury Prize）。随着尘垢风格日渐成熟，斯克普塔作为元老之一，也从最初的一名唱片骑师（DJ），摇身一变成了百万富翁。在英国政治辩论中，也有了尘垢音乐人的声音。

在2018年全英音乐奖（BRITs）的颁奖典礼上，屡获殊荣的黑人明星斯托姆齐公然“挑衅”英国首相，问起了2017年格伦费尔大楼（Grenfell Tower）火灾的事情：“哟，特蕾莎·梅，格伦费尔的钱在哪里？嚯，你不会以为我们都已忘记？”[22]对于保守党（当时的执政党）的专栏作家来说，斯托姆齐节外生枝的表演并不讨喜，他们担心那场悲剧会演变成分裂性国家叙事的一部分。2018年8月，斯托姆齐宣布将资助两名英国黑人学生前往剑桥大学深造，再一次展现了他的社会责任感。[23]这两名学生的学费将由“斯托姆齐奖学金”（Stormzy Scholarship）支付，在他们长达四年的本科课程学习期间，还将从中获得助学金。斯托姆齐告诉英国广播公司的记者，他想强调的是，对于伦敦贫困地区的黑人儿童，“机会是存在的”。这是他个人的想法。从文化层面来说，这象征着一个从伦敦一些最贫困的郊区逐渐发展起来的城市音乐流派如何步入成熟，并融入更加广泛的国家对话。

摇滚乐、知名音乐人和新音乐流派对英国卓越创造力的贡献从未受到质疑。像阿黛尔这样的个人艺术家在保护知识产权方面已经相当熟练，他们会使用独立工作室制作和发行音乐。与英国许多其他创意领域一样，随着维京唱片（Virgin Music）、百代唱片和其他公司向海外出售或拆分，许多营销和音乐发行带来的附加值现在都归属于非英国的制作公司，实在是令人痛心。如今，流媒体和数字下载服务为艺术家（包括无人问津的艺术家）提供了接触消费者的新途径。但是，所产生的收入中有太多被“送”给了那些数字企业，而不是用于投资英国的艺术家和音乐制作。伦敦表演艺术和技术学校的贡献表明，对创意艺术的投资能够为更广泛的经济带来丰厚的回报。英国许多大臣，以及数字化、文化、媒体和体育部（Department for Digital,

Culture，Media & Sport）的部长及高级公务员都认识到了这一点。可惜的是，并不是整个英国政府都认同这种重视艺术的价值观。“在数字化、文化、媒体和体育部，宣扬自己的思想、说服他人，就像一场同僚间的对话。但我认为这在财政部和教育部绝无可能。”英国创意产业联合会首任首席执行官约翰·坎普纳如是说。[24]

“创意英国”的名号不仅仅是靠娱乐来维持的。它还体现在设计和建筑领域。新建立的英国伦敦设计博物馆（Design Museum）位于伦敦西部肯辛顿地区，由前英联邦学会（Commonwealth Institute）的建筑改造而来的，保留了原建筑的特色，是致敬英国各种设计形式的匠心之作。这座耗资 8300 万英镑的大厦由英国建筑师约翰·波森（John Pawson）和荷兰大都会建筑事务所（OMA）共同打造，融合了从高科技设备到汽车、高级时尚和建筑等各领域的绝妙创意。

许多苹果设备的设计构思巧妙，背后就有 KBE① 乔纳森·保罗·埃维爵士（Sir Jonathan Paul Ive）的功劳。他是英国的一位工业设计师，也是苹果公司的首席设计官，兼任英国皇家艺术学院（Royal College of Art）的校长。类似的，捷豹路虎这家印度汽车制造商在汽车制造业的成功很大程度上也取决于一位英国人：公司设计主管、捷豹路虎董事会成员格里·麦格文（Gerry McGovern）。麦格文表示他坚信设计的力量，既能改变商业，又能丰富人们的生活。[25] 捷豹路虎的大部分研发、设计和制造工作仍留在英国，原因之一就是看中了英国是知识产权和设计技能。

① KBE，英文全称“Knight Commander of the Order of the British Empire”，是大英帝国勋章中的第二等：爵级司令勋章（男）。与之相应的女性爵级司令勋章简称 DBE，即“Dame Commander of the Order of the British Empire”。

建筑领域，是英国尽享国际声誉和影响力的另一个领域。和许多前文提到的创意行业一样，建筑业也是英国服务贸易顺差的重要贡献者。英国所有的创意出口当中，最耀眼、最重要的莫过于建筑领域的杰作了，包括位于柏林的德国国会大厦（Bundestag）（对破坏后的国会大厦进行人性化改造）和法国巴黎的蓬皮杜中心（Pompidou Centre）。英国建筑师在世界范围内证明了他们设计建筑、提供建筑解决方案的过人才干，英国的公司（通常与当地公司携手合作）也凭借建筑物成果的卓越性、创新性和创造性而闻名。建筑行业最负盛名的从业者包括：诺曼·福斯特（Norman Foster），他便是改造德国议会大厦的人，还设计了伦敦市政厅（City Hall in London）；理查德·罗杰斯，他最知名的建筑设计包括伦敦金融城的劳埃德大厦（Lloyd's of London）和法国巴黎的蓬皮杜中心；以及扎哈·哈迪德，其作品包括伦敦市中心海德公园（Hyde Park）的蛇形画廊（Serpentine Gallery）和中国的广州大剧院（Guangzhou Opera House）。其他享有全球声誉、作品走出国门的英国建筑师还包括的威尔·阿尔索普（Will Alsop），他设计了佩卡姆图书馆（Peckham Library），也是位于加拿大多伦多的安大略艺术设计学院（Ontario's College of Art and Design）所在大楼的设计师；以及大卫·阿贾耶（David Adjaye），美国华盛顿特区国家广场（National Mall）内宏伟的国立非裔美国人历史和文化博物馆（National Museum of African American History and Culture）就是出自他之手。

从住宅到教学大楼，从机场到美术馆，从体育场到摩天大楼，英国的建筑事务所负责设计建造了一些世界上最著名的建筑。英国的建筑师也以其日益科学、多用途、具有前瞻性的技术和科技而闻名。他们已经成为先进、低碳和可持续建筑设计的前锋，于人类社会、于自然环境都是如此，他们还站在生态友好、能源节约型建筑的前沿。强悍的实力促使英国建筑师在中国、美国、爱尔兰共和国、澳大利亚、加拿大、新加坡、阿联酋、马来西亚和南非等地都建立了海外工作室。如英国创造力的许多骄傲一样，英国建筑业的成功也植根于国家的教育质量，再一次印证了为何有人会说轻视艺术、音乐、设计和媒体研究（如娱乐信息技术）的奖学金是一场全国性的灾难。英国建筑、土木工程和设计在世界各地受到欢迎，离不开世界领先的专业标准和卓越的建筑教育。

可以说，世界各地的建筑人才都汇集到了英国的建筑学校。根据 2017 年的 QS 世界大学排名，[26] 曼彻斯特建筑学院（Manchester School of Architecture）、伦敦大学学院和剑桥大学跻身世界十大建筑培训大学之列。英国皇家建筑师协会（The Royal Institute of British Architects）为建筑师教育制定了全球标准，其课程也得到了广泛认可，遍布六大洲的 19 个国家：阿根廷、阿塞拜疆、智利、中国……

不仅如此，英国伦敦已经坐稳了“世界建筑人才之都”的宝座。伦敦是世界上建筑事务所最多的城市，被视为全球建筑思想和教学中心。在一个国际市场和城市化都快速发展的时代，全球对这些技能的需求似乎无休无止，建筑师们也有充足的机会运用自己的才能，但有人担心英国脱离欧盟可能会对其保持建筑业辉煌造成长期性的损害。皇家建筑师协会的一份报告 [27] 做出了预警：英国脱欧将切断合作渠道，阻碍英国与国际人才库接轨，如此一来，英国建筑业每年雇佣近 8 万人并为经济贡献 48 亿英镑的成功故事可能会不复存在。[28] 这就是为什么在英国脱欧后的时代，政府需要加倍努力，支持设计和建筑培训，并确保英国的大门向世界各地想要成为精英建筑师的人们敞开。

在时尚界，伦敦和英国时尚的名声一直不敌巴黎、米兰和纽约。然而，在 20 世纪 60 年代和 70 年代，英式风格的复兴，也伴随着披头士乐队和滚石乐队的音乐席卷全球。渐渐地，提起伦敦西区的卡纳比街（Carnaby Street）和切尔西区（Chelsea）的国王路（Kings Road），就必然会令人联想到奢华前卫的设计、绚丽色彩的运用及丝绒等不太常见的面料，尤其是 19 世纪处于鼎盛时期的博・布鲁梅尔（Beau Brummell）。在这样的环境当中，熠熠生辉的英国设计师玛丽・奎恩特（Mary Quant）和薇薇安・韦斯特伍德（Vivienne Westwood，在 2020 年仍立于时尚潮头）脱颖而出。她们的成功绝非偶然。这要从萨维尔街（Savile Row）的独特传统说起，那里是经典男装的发源地，那里的一切都围绕着剪裁和风格。她们的成功也离不开这样一种社会环境：在英国的艺术学校，时尚和舞台设计成为了一种职业选择，现在英国许多著名大学都开设了此类专业。尽管英国时装早期并不突出，但它渐渐成长起来，现在已经可以与其他欧洲大时尚中心分庭抗礼。实际上，许多极富创意的设计师，他们的创意都曾被巴黎的时尚大牌所采用，比如亚历山大・麦昆（Alexander McQueen）与法国高奢时装品牌纪梵希（Givenchy）之间的合作，这些法国品牌正努力打破过去的形式和惯例。时尚产业对英国经济的贡献规模急剧上升。2017 年，它对英国 GDP 的直接贡献从 2013 年的 260 亿英镑增加到了 280 亿英镑。[29]

英国征服网络时尚世界的能力也比其对手更加强悍。颇特（Net-a-Porter）品牌由前时尚记者娜塔莉・萨拉・马斯内女爵（Dame

Natalie Sara Massenet）于2000年创立，将世界上最受欢迎的顶级时尚品牌汇集到了网络上。每当职场女性在颇特网站上下单，包装精美的服装就会被运送到她们的办公室或家中。颇特现已成为这一领域的佼佼者。同年，快时尚品牌爱所思（ASOS）也成立了，这是一家主要面向年轻人的线上零售商。

爱所思销售850多个品牌，并有其自主设计的服装和配饰系列。有了爱所思，平民百姓也可以及时地接触到时装秀的风格，价格也在他们的可接受范围之内，这便是爱所思成功的根源。一路走来，爱所思的市值飙升至了50多亿英镑，使其股价超过了拥有125年历史的玛莎百货公司。市场研究机构英敏特（Mintel）估计，2016年，英国人在网络上购买服装、时尚配饰和鞋类，总的消费额达到了惊人的162亿英镑。英敏特预测，2017年，在线时尚市场的销售额将增长17.2%，最受欢迎的在线商品类别仍将是服装。

大众在过去的二十年里见证了博柏利的脱胎换骨，荣升世界一流时尚品牌之列。博柏利以前主要生产雨衣，其经典款雨衣经久耐穿、具有独特的格纹衬里。一众精通时尚的女性首席执行官带领着博柏利破茧成蝶，成为女装、男装、配饰和香水领域的世界领先者。其中，英国设计师克里斯托弗·贝利（Christopher Bailey）功不可没，他的父亲是一名木匠，母亲以前是玛莎百货的陈列设计师。

贝利在萨维尔街的男装品牌君皇仕（Gieves & Hawkes）和戏剧服饰供应商安吉尔伯曼（Angels & Berman）工作期间，学得了基础的剪裁技能，之后在英国皇家艺术学院获得了硕士学位。贝利对博柏利的传统风衣进行了改造和提升，引入了鲜艳的颜色，将博柏利打造成了英国收入最高的出口商之一。他曾担任博柏利的首席设计师和首席执行官，直到 2017 年才因公司股东对其高薪的不满情绪而离任。我之所以要着重介绍贝利，是因为他和麦昆一样，都是英国艺术学校和时尚学校的优良传统与萨维尔街“剪裁”技能的结合体。

许多英国最著名的设计师都曾就读于中央圣马丁艺术与设计学院（Central Saint-Martins School of Art and Design）、斯莱德美术学院（Slade School of Fine Art，隶属于伦敦大学学院）或其他英国机构，例如时装设计师斯特拉·麦卡特尼（Stella McCartney）。正是这些院校，成为爱所思和不负等新锐零售商的人才宝库，助力它们塑造英国的时尚辉煌。

创意文化对英国的贡献得到了认可。在伦敦市弥漫着时髦气息的伯蒙赛街区（Bermondsey），一座时尚和纺织品博物馆（Fashion and Textile Museum）建立起来。在这里，薇薇安·韦斯特伍德（博柏利的顾问）、帽子设计师菲利普·特雷西（Philip Treacy）、亚历山大·麦昆和其他对英国设计做出巨大贡献的人及其创造力得到了应有的认可。还有一点值得一提，在南肯辛顿区（South Kensington）的维多利亚和阿尔伯特博物馆，时尚藏品也成了一大亮点。尽管萨维尔街在制衣界已经克服了中国香港和远东地区其他时尚中心的挑战，一直支撑着我们许多优秀设计师所尊崇的剪裁传统；但是，美术学院和时尚学院才是未来创新火花的真正源泉，这些学院已经成为有能力走向世界、征服世界的设计师生产线。

我们再来聊聊体育。体育在建立全球卫星特许经营权当中具有固有价值，英国的广播公司率先意识到了这一点，尤其是被传媒大亨鲁伯特·默多克（Rupert Murdoch）收购的天空电视台。卫星特许经营权的争夺战从英国蔓延到了欧洲、环太平洋地区。英超联赛及其衍生物已经成为英国的一大品牌。曼彻斯特联足球俱乐部（Manchester United F.C.，简称“曼联”）的球星大卫·贝克汉姆（David Beckham）迎娶了前辣妹合唱团（Spice Girls）的成员维多利亚·贝克汉姆（Victoria Beckham，婚前原姓 Adams），诸如此类的足球英雄已经凭借自己的力量转型成为时尚偶像，他们不仅销售球衣，还成了世界顶级服装品牌的模特。维多利亚·贝克汉姆更是靠着贝克汉姆的声誉，以及她作为“时髦辣妹”（Posh Spice）时期积攒起来的名气，建立了一个高端时尚帝国。

英超联赛的观众无处不在，使其明星球员及其他亮相欧洲主要赛事的球员凭借自身实力成为全球品牌。2018 年，前曼联队员、当时的皇家马德里足球俱乐部（Real Madrid CF）明星球员克里斯蒂亚诺·罗纳尔多（Cristiano Ronaldo，简称“C 罗”）被以 1.12 亿欧元的价格出售给意大利足球甲级联赛（Serie A，简称“意甲”）球队尤文图斯（Juventus F.C.）。当时他已经 34 岁，临近职业生涯的边缘，人们都认为这是一笔不错的交易。在最初的 24 小时里，尤文图斯售出了 6000 万欧元的球衣，收回了买入新球员一半以上的费用。由于出色的营销，以及包括天空电视台在内的一流广播公司与英超联赛之间的共生关系，足球已经发展成为一种全球现象。无论你身在何地，如果你看看周围的电视、电脑屏幕、笔记本电脑或智能手机，它们播放的可能都是顶级的英国足球赛事。在众多足球联赛当中，世界各地观看英超联赛的人数是最多的，与之相伴的是英国制作视频内容的宝贵能力，也收获了许多地区人民的喜爱。

毫不夸张，英超联赛是世界上收视率最高的体育赛事之一，[30] 自 1992 年创立以来，英超联赛的国内和国际电视转播权每年会带来 22 亿欧元（20 亿英镑）的收入。2014—2015 赛季，各球队的收入分配为 16 亿英镑；到了 2016—2017 赛季，这一数字急剧上升至 24 亿英镑。英超联赛在 212 个地区向 6.43 亿个家庭播放，潜在电视观众达 47 亿。共有 20 家俱乐部参加这一顶级联赛，特别是曼联、曼彻斯特城足球俱乐部（Manchester City F.C.，简称“曼城”）和利物浦足球俱乐部（Liverpool F.C.），从海外商品销售和外国球迷到英国观看比赛而购买的款待套餐中获得了巨额收入。根据顾问机构德勤（Deloitte）的年度足球财务报表，2016—2017 赛季，英超联赛各俱乐部的总收入超 45 亿英镑，英超联赛自身的收入比其他任何欧洲联赛都高出近 20 亿欧元。[31] 如果不是英镑兑欧元贬值，英超联赛俱乐部与欧洲排名第二的联赛俱乐部之间的收入差距会更大。从 2019 年起，英国国内电视转播权的价格与之前的交易相比趋于平稳，人们因此认为足球经济已经达到了“巅峰”，但英超联赛对其赛事的受欢迎程度胸有成竹，认为海外转播权的交易会进一步印证。

2018 年 6 月，亚马逊宣布参与竞争英超联赛转播权，从而打破了天空电视台和英国电信的垄断局面。这位数字颠覆者签署了一项前所未有的协议，拿下了每赛季 20 场比赛的独家直播权。根据合同规定，这家总部位于西雅图的公司可以在一个公共假期内一次性独家转播十场比赛，并从 2019 年开始，在接下来的三个赛季的工作日赛程当中，独家播放另外十场比赛。这笔交易的价值没有透露，但亚马逊表示，金牌影视（Prime Video，亚马逊旗下影视平台）的会员可以直接观看，无须额外付费。潜在竞争对手亚马逊携互联网流媒体技术来势汹汹，促使天空电视台也投资自己的流媒体服务，为观众提供订阅英超联赛的服务，其 2018 年的订阅价格为每月 18 英镑。亚马逊的到来及网飞对体育转播的兴趣日益增加，或许会证明天空电视台和英国电信当前在英超联赛转播领域的主导地位价值连城，但是只有全球对转播权和流媒体版权的兴趣保持下去，英超联赛和其他英国体育赛事的特许经营权才有可能长期从中受益。

另外，天价转会费、球员收入的激增、英超联赛的商业化及海外所有权的日益盛行，引起了许多人的强烈反对。包括曼联、利物浦和阿森纳足球俱乐部（Arsenal F.C.，简称阿森纳）在内的几家大型俱乐部，都已经被出售给了美国的体育特许经营权所有者。一笔又一笔天外来财，让一些足球运动员尚未成熟就先致富，对他们的表现产生了种种负面影响，再加上英超联赛未能投入更多资源支持基层足球，许多足球爱好者都为此大失所望。

话虽如此，但这只是文化层面的争论，人们很容易忘记足球运动员其实也是“演员”，就像《哈利·波特》电影中的明星一样，而俱乐部就好比电影制作人。他们对国家财富和人民福祉的贡献不容低估。足球有力推动了流媒体形式的技术进步，是英国公司和赞助商绝佳的营销利器，也是英国服务业出口大获成功的贡献者。

还有一个体育品牌也足以证明英国精通于让看似小众的兴趣产生更多的价值，那就是一级方程式赛车锦标赛（以下简称“F1”）。F1在很大程度上是英国的作品。它在一位意志坚定、行事谨慎、身材矮小的企业家伯尼·埃克莱斯顿（Bernie Ecclestone）的远见和毅力的推动下，发展成为一个能引起国际轰动的巨型品牌。F1 的起源可以追溯到 20 世纪 20 年代和 30 年代的欧洲大奖赛（European Grand Prix），这一赛事在 20 世纪 50 年代渐渐火爆起来，但由于过于局限在欧洲，又被其美国竞争对手印地车赛（Indy Racing League）的光环所掩盖，所以在当时并未获得广泛影响力。印地车赛主要是受益于巨大的美国市场及其创造的销售机会。在 F1 与印地车赛的角逐当中，尽管 F1 在英国、意大利、摩纳哥和其他比赛地点获得了非凡的支持，但其吸引力还是不够。

直到 20 世纪 80 年代，埃克莱斯顿意识到了品牌塑造的大好机会，他还想到了可以进军拉丁美洲、中东和亚洲的新兴市场，扩大 F1 运动的影响力，且赛事转播也很有可能产生巨额收入。埃克莱斯顿将处境凄凉的 F1 车队联合起来，打造了一场全球盛事。他为一项组织松散的运动带来了全球魅力和现代技术，并利用优秀的运输和物流，打造了一个更具商业价值的辉煌品牌。2018 赛季，F1 在全球范围内共举办了 21 场分站赛，世界各地的国家都排着队想要成为举办地，为激动人心的大奖赛出力。不仅如此，现场观众和收看电视转播的人数也大大增加。

F1 赛事中，在银石（Silverstone）举办的英国大奖赛（British Grand Prix）成为本国出席人数最多的体育赛事之一，人潮涌动的观众席使得赛场成了营销人员的梦想地带。一般来说，赛车上的广告位是属于汽车燃料、零部件品牌的，后来，烟草公司、酒水公司（在相关禁令出台之前）也加入了广告位争夺战。F1 被认为是发动机修理工和狂热车迷的地盘，在得到名人文化和大企业的青睐后，也成为一种企业娱乐。每逢大奖赛，赛场上空布满了直升机，送企业大亨和他们的名人嘉宾来到现场。由于 F1 的高知名度和受欢迎程度创造了宏大的推销环境，赛事赞助商们投入了大量资金，光是给予建造商的预算就高达数亿英镑。F1 还担起了鼓励发展卓越工程和电子技术的重任，帮助英国树立起汽车技术创新者的声誉。私家车制造业所采用的许多材料和技术都来自英国的工厂和技师，例如位于萨里郡（Surrey）的迈凯轮集团。

除了支持庞大的广播、推销和营销产业外，F1 还开创了以英国为卓越中心的国际工程制造局面。印度力量（Force India）车队位于北安普敦郡（Northamptonshire）的银石赛道，即英国大奖赛的举办地。其他车队也分布在银石周边：红牛（Red Bull）位于米尔顿凯恩斯，路特斯（Lotus）位于牛津郡恩斯通（Enstone），梅赛德斯（Mercedes）位于北安普敦郡布拉克利（Brackley），威廉姆斯（Williams）位于牛津郡格罗夫（Grove），卡特汉姆（Caterham）位于牛津郡利菲尔德（Leafield），玛鲁西亚（Marussia）位于牛津郡班伯里（Banbury），迈凯伦位于萨里郡沃金（Woking）。由此，一个汽车工程和电子专业知识的聚集地诞生了，被称为“赛车谷”。赛车谷距银石不远，现在已经与世界一流的汽车创新捆绑在一起，就像纽马克特镇（Newmarket）与纯种马繁殖之间的关系一样。

第二次世界大战期间从事飞机相关工作的工程师，自然而然地把汽车运动当作了新的家园。许多人的工作地点都在英国中部地区，也就是他们习得技能的地方。英国许多著名的 F1 赛道都是由以前的机场改建而来。20 世纪 60 年代，一群英国企业家，包括曾任国际汽车联合会（Fédération Internationale de l’Automobile）主席的马克斯·莫斯利（Max Mosley），在牛津郡北部创办了玛驰工程（March Engineering），为 F1 制造汽车。不久之后，威廉姆斯、布拉汉姆（Brabham）和迈凯轮等车队也在附近建立了工厂。接着，供应商纷至沓来，为汽车提供服务。20 世纪 80 年代，卫星电视开始报道赛车运动，车队、工厂、供应商的集合体蒸蒸日上。2020 年 3 月新冠疫情暴发时，鲍里斯·约翰逊领导下的政府向 F1 的精密工程师求助，希望他们设计并制造新型呼吸机，以供英国国家医疗服务体系开展紧急治疗。

F1 的运营到底价值有多高，有多么重要呢？2016 年 9 月，美国自由媒体集团（Liberty Media）同意从私募股权公司 CVC 资本合伙公司（CVC Capital Partners）手中收购控制 F1 的公司：德尔塔拓普科（Delta Topco）。自由媒体是美国媒体行业的老大，现任主席是媒体巨人约翰·马龙（John Malone），也是集团的创始人。2005 年，CVC 公司以 10 亿英镑的价格从埃克莱斯顿手中收购了大部分股权。仅 4 个月后，自由媒体为了掌控 F1，向 CVC 支付了 80 亿美元（60 亿英镑），令人震惊的同时也让我们看到了一个独特且火热的体育品牌，其价值是如何飙升的。约翰·马龙成了 F1 的新老板，也是新的管理者。作为 F1 的现代精神领袖，伯尼·埃克莱斯顿也是一位出色的首席执行官，他同意继续留在 F1。但这是一段短暂的合作，埃克莱斯顿最终于 2017 年年初离开了。自由媒体任命资深娱乐高管蔡斯·凯里（Chase Carey）为 F1 新的首席执行官，负责 F1 下一阶段的发展。凯里曾担任媒体公司二十一世纪福克斯（21st Century Fox）的副主席，协助过鲁伯特·默多克。随着数字转播技术被广泛采用，F1 的新主人拥有了一个成熟的发展平台。

电视转播权、赛事主办费、赞助金和产品销售等，让 F1 赚得盆满钵满。2017 年，F1 创造了约 16 亿美元（12 亿英镑）的商业收入，其中 7 亿美元（5.38 亿英镑）分配给了各个车队。F1 的资金中约有一半由各车队平均分配，另一半根据车队在锦标赛中的成绩分配。除了这些商业收入之外，各个团队还可以自行拉取赞助，或是运用销售盈利和公司收入。作为当今车队的典型代表，路特斯 F1 车队也是一家拥有 400 多名员工的大型企业。[32] 路特斯一直是一个标志性的英国品牌，但它经历了几次所有权变动，曾归法国汽车巨头雷诺（Renault）所有。2009 年，雷诺将旗下车队的大部分股权出售给了卢森堡（Luxembourg）的科技基金公司基尼资本（Genii Capital）。这样的股权变动又为 F1 吸引了新的投资者，包括阿联酋首都阿布扎比（Abu Dhabi）的王室。

要想亮相 F1 的赛程，每支车队需要大约 2 亿美元（1.3 亿英镑）的年度预算，才能让两辆赛车获得进入赛道的“入场券”。赛车谷已成为一个无与伦比的专业工程中心，这里容纳了约 4000 家赛车业相关公司，总雇佣人数约为 40000 人。也就是说，世界上的高速赛车工程师，有 80% 都在英国赛车谷。为了支持 F1 运动，政府提供资金，并出台激励措施，鼓励个人和公司扩宽工程创新的边界。政府肯定了高性能赛车和技术卓越对英国的贡献。从电视台到赛车，创意产业是一个广阔的天地，而不仅仅是受到大多数媒体和公众喜爱的名人文化。业内人员的创造力，亦即技术和创新的驱动力。

很少有人会对英国的创意产业一无所知，它贯穿了我们生活的各个环节。每天早上打开收音机，在去健身房之前拿出手机播放音乐，或是坐在沙发上观看天空电视台或者英国电信转播我们最爱的足球的比赛……这些都离不开创意产业。创意产业的边界很难划定。像天空电视台这样的公司努力保持全球竞争力的同时，也催生了宝贵的新技术。F1 赛车很明显既是一类体育，也是一种商业现象，更是世界上最能吸引高端工程的磁石。音乐界的阿黛尔、奇幻小说界的 J.K. 罗琳和当代艺术界的大卫·霍克尼（David Hockney）等富有创造力的个人，以他们个人的力量为英国创造了来自全球的创意收入。坐在笔记本电脑和游戏机前的电子高手，为创意企业提供了养料。

然而，直到最近十年，英国创意行业的领导者才认识到，如果他们想得到白厅和政府的认可，就必须作为一整个行业共同前进。伦敦设计节主席约翰·索雷尔（John Sorrell）是创意产业联合运动的发起人之一，他于2018年接任英国创意产业联合会首席执行官。其他发起人包括英国电影协会（British Film Institute）首席执行官阿曼达·内维尔（Amanda Neville），以及曾任英国皇家歌剧院（Royal Opera House）首席执行官和英国广播公司总裁的托尼·霍尔（Tony Hall）。[33] 创意产业联合起来的目标是在政府赢得话语权。历史上，汽车制造商、大型制药公司和金融业及其他行业，都可以顺畅地在白厅立足。可是，曾经的英国政府却拒绝给予创意产业同等特权。部分原因是，创意产业相对比较无组织，且艺术家和创意人才行事比较随性。或许，至今还有人不明白，游戏高手和国家剧院一样重要，都是我们现代文化的一部分。我们所知道的就是，包括建筑、广告、流行音乐，以及政府出资的剧院在内的14个的创意行业已经携起手来。

基于我个人与创意界领军人物的交谈，我总结出的结论是：可以确定，在艺术领域，英国脱欧不会被视为一个棘手的问题。代表文学人物做交易的经纪人可不会考虑国界或与之交易的集团是哪家，重要的是让他们的创意委托人得到最有利的交易。建筑师也差不多，薪酬来源不一定是欧洲，也有可能是亚洲和北美洲。这并不是说创意产业的需求就可以被忽视。由于英国对海外收购者的开放态度，我们的知识产权持续受到威胁，政府应该敏锐地意识到，英国必须不遗余力地保护、壮大现有知识产权。为了公众的利益，相关部门应该像审查国防承包商那样，对游戏公司或唱片制作人的价值进行全方位审查。毕竟，知识产权是现代数字经济的命脉。

尽管有着稳健的金融业，英国在支持本国优秀企业方面的表现却糟糕透顶，这就是为什么像深脑这样的公司最终落入谷歌等他国数字巨头手中的原因。唯一值得庆幸的是，由于英国创意产业活力十足，大部分数字巨头都将其欧洲总部和庞大的新园区设立在英国。吸引这些企业的正是英国的设计和创意。每一代人当中都有与生俱来的天才，后天培养对于他们意义不大。但是实际上，英国创意产业之所以如此出色，很大程度上是教育投资的结果。无论是艺术学院、戏剧学院，还是各大研究型大学，都离不开教育投资。

保守党政治家迈克尔·戈夫、已故的英国教育标准办公室（Office for Standards in Education）前负责人克里斯托弗·伍德海德爵士（Sir Christopher Woodhead）等人提出了一种观点：我们找错了英国教育系统的薄弱点。教育的核心价值现在集中体现在 2010 年推出的“英国文凭证书”（English Baccalaureate，简称 EBacc）考试制度当中。这套标准要求学校关注学生的英语素养，并教授给学生数学、科学、历史或地理（二选一）基础知识及一门除英语外的语言及其经典，而学生则被要求参加相应的考试。英国政府网站援引了萨顿信托基金会（Sutton Trust）2017 年开展的一项研究，声称 EBacc 有助于提高年轻人的英语和数学能力。政府网站还援引了伦敦大学学院教育研究院（UCL Institute of Education）的研究，表明 EBacc 的采用有助于提高升学率和就业前景。

众所周知，在发达社会中，遵照标准、提高标准至关重要。有人说，以基础知识为重点的教育可能会，或者说应该会有损体育、音乐、媒体、美术和设计。英国创意产业联合会首任首席执行官约翰·坎普纳等人却认为这种说法大错特错。抛弃基础知识将削弱国家的整体智力基础。基础知识必不可少，以数学为例，数学是编码的重要组成部分，而编码撑起了游戏行业。不过，编码这种机械化的活动并不是最重要的，创意产业成为金融危机以来经济增长最快的行业，靠的是想象力、远见和设计才能。可惜的是，在学科至上的教育部和预算为重的财政部，这一点很难得到广泛认同。很多人都不知道，经常被嗤之以鼻的“米老鼠学位”①、艺术学院及信息技术娱乐和图形技能，恰恰是推动英国辉煌的创意产业的主力军。支持初等、高等和大学的文科教育应该是英国的一个关键目标。例如时装学院就证明了，学术天赋较低的年轻人可以积累起推动数字时尚先锋和新设计师品牌发展的技能。

脱欧确实在英国引发了一系列技术性问题，即英国在关于知识产权、非关税贸易壁垒等问题的全球谈判中由谁代表，如何代表？这些问题都需要解决。好在，离开欧盟不会导致流入英国杰出院校的资金减少，这一点很重要。是的，政府和企业一同努力增加研发支出和教育支出的时刻已经到来，只有如此，我们的创意产业才能欣欣向荣。当然，也有人批评国家对创意产业的资助。为什么伦敦的国家剧院等艺术企业可以获得纳税人的大额支持，而政府却不会主动给予钢铁等核心战略产业资金支持，一些分析人士对此表示疑惑。

2019 财年，英国广播公司的收视费共产生 37 亿英镑的收入。[34]

---

①“米老鼠学位”（Micky Mouse degree），概念出自英国教育部前部长玛格丽特·霍奇（Margaret Hodge），意指一些缺乏学术价值且对学生职业生涯无所帮助的学位课程，如高尔夫球管理、马术心理学等。

英国广播公司一直享受着收取大规模收视费的特权，这在政治动荡时期成了公众辩论的话题。在围绕英国脱欧公投的辩论中，脱欧派和留欧派都习惯于声讨对方的政治偏见。英国广播公司被指责在气候变化等重大问题上不够客观，在报道以色列和巴勒斯坦问题时也是如此。商业竞争对手指责它导致了不公平的竞争，哪怕它的高质量产出为英国带来了巨大的收入和声誉。在美国，英国广播公司的时代剧被观众视为黄金标准，在电视台多次重播。同样，英国广播电视台制作的纪录片，无论是商业频道还是打造了影片新世界的网飞公司，都望尘莫及。

2020 年 1 月，在奥斯威辛（Auschwitz）集中营解放 75 周年之际，英国广播公司播出了一系列精品纪录片。这些作品描绘了英国的光辉形象：从犹太人大屠杀中拯救受伤儿童，并带他们到英国湖区（Lake District）的温德米尔（Windermere）适应新生活。[35] 与其他所有公共机构一样，要找到英国广播公司的话柄易如反掌。尽管英国广播公司已经做得很好了，批评者还是会揪着不放，指责它多此一举，说它的所作所为已经超出了其公共服务的职责范围。不管怎样，英国广播公司一直都是技术人员培训和创意基础设施的重要组成部分，促进着创意产业多方面的发展。来自北美的经济挑战和来自数字娱乐的技术挑战是巨大的，但是引入订阅服务以取代目前的收视费制度，只会损害英国的创造力体系。

随着英国在脱欧后踏上了新的道路，我们必须想办法确保英国和各方伙伴之间的协作不受影响，包括海外研究人员、年轻的科技创新者，以及有合作关系的企业及其欧洲雇员。鲍里斯·约翰逊政府在 2020 年推出的积分制移民政策也算是对策之一。要使英国创意产业更上一层楼，就需要营造一种热情的氛围，并保证英国能提供必要的资源。摆脱欧洲的规则制定，拥抱更广阔的全球前景，对英国或许是极为有利的。正因如此，我们更有必要加大投资以支持创意产业，滋养我们的艺术机构，并端正国民对体育的看法。体育不仅仅是少数人的无聊娱乐，更是吸引观众、创造收入的强大力量。我们的国家日益趋向一个由创意服务驱动的经济体，英国广播公司、天空电视台、体育界和政府支持艺术，就是在大力支持国民经济。

传统的“文化产业”概念是指戏剧、舞蹈、音乐、电影、戏剧、视觉艺术和文化遗产，现在已经被范围更广的“新创意产业”取而代之。创意产业不仅取决于个人的创造力，还离不开知识产权的产生。英国需要更多的知识产权。英国的创意产业的产值在全球范围内呈指数增长。在这种情况下，要壮大这个约占英国经济 10% 的行业，关键就在于把所有类型的潜能都牢牢掌握在自己手中。

无论过去还是现在，我一直认为，英国要保持世界领先地位，就要为重塑休闲娱乐世界做好更充分的准备。挑战是巨大的，但我们要让公众知道他们最喜爱的艺术家对国家繁荣的贡献，我们需要有勇气、有胆识的企业来开发国民的潜能。2007 年的 5 月是一段灾难性的时期，百代唱片等创意企业被私募股权公司坚地（Terra Firma）收购。这些交易落地之时，英国的音乐制作便支离破碎了。包括披头士乐队在内，许多英国开创性音乐人的未来最终落入海外唱片公司手中。人们往往不知道英国生产的创意内容和媒体内容价值有多高，我们需要通过公众宣传活动和税收减免来鼓励这方面的投资。

英国决定脱欧后，美国公司对英国电影制作的投资并未停止。可以看出，脱欧对英国创意行业的直接影响应该是有限的。英国信息通信管理局目前监管着约 1200 项电视服务产品，但其中近三分之一不向英国观众播放。外国影视公司在英国制作影片是考虑到了创造力、所有权和技术资源等因素。根据欧盟的“原产地”规则，只要媒体遵守东道国的法规，它们就可以把整个欧盟纳入业务范围。所以我们不用担心，脱离了单一市场后，英国与欧盟的监管会存在巨大分歧，除非欧盟为了使部分投资回到欧洲大陆而设置壁垒。

根据英国艺术委员会（Arts Council England）的说法，2007 年至 2016 年，英国的一些艺术机构从欧盟获得了 3.45 亿英镑的资助。资金对于这些机构来说也是个大问题。虽然英国的农业和大学也获得了欧盟的资助，但艺术领域有所不同，英国当局并没有明确承诺将会把手中的余额汇回艺术领域。规模较小的地方性艺术机构可能会受到经济冲击。这也有可能会影响创造力，因为地方集团的产出在国际成功中也功不可没。奥斯卡获奖影片《教宗的继承》（*The Two Popes*）由费尔南多·梅雷尔斯（Fernando Meireles）执导，编剧是安东尼·麦卡滕（Anthony McCarten），改编自麦卡滕的剧本《教皇》（*The Pope*）由网飞公司制作。2019 年，北安普敦郡的皇家德恩盖特剧院（Royal & Derngate）首次上演了戏剧《教皇》，导演是詹姆斯·达克雷（James Dacree）。[36] 英国尚在运营的地方剧院会表演并制作原创作品，这些作品可能会被伦敦西区采用，甚至最终走向全球发行。这象征着英国的创造力，哪怕是在基层也是生机勃勃的。

与英国经济此前遭遇的大部分挫折一样，新冠疫情和封锁也产生了破坏性影响，尤其是重创了现场表演和体育赛事。但由创意行业在线上和数字世界中游刃有余，它在疫情期间便没有乱了阵脚，仍然表现出色。说起来，游戏、音乐和订阅制电视广播公司（如天空电视台）在疫情期间还吸引到了新的追随者。

创意产业已经成为英国的经济支柱和出口冠军，但是由于它不再依赖名人和体育的高知名度，人们往往不能充分认识到它的价值。欧洲确实是一个重要的市场，但英语的使用范围如此之广，这也意味着英国的创意产业已经走出了欧洲大陆，去往北美、太平洋和澳大利亚。相比之下，伦敦金融城和英国金融业的价值与重要性几乎不值一提。正是由于这种对比，我们才会谴责金融业在2008—2009年金融危机中所扮演的角色，而对创意产业为英国公司带来的财富大加赞赏。英国创意产业能有今天的辉煌，也得益于英国大学的软件实力和编码技能。下一章节我们将要探讨另一个前沿领域——金融科技。

第六章
摇钱树：贪婪、蝗虫与嬉皮士

以物易物，物物交换是人类共同的习性。这种习性，未曾在其他动物身上有所发现。

——亚当·斯密，《国富论》，1776 年

2008 年秋天，一场金融危机席卷了苏格兰皇家银行（RBS）。当时，罗恩·卡利法（Ron Kalifa）正在该银行工作，是一名说话斯文的研究员。他的工作是将这个由声名狼藉的银行家弗雷德·古德温（Fred Goodwin）一手打造的集团转型为支付产业巨头。此前，苏格兰皇家银行通过将数个零售支付品牌（包括 Streamline，以及美国、荷兰的类似品牌）整合到其旗下的公司全球付来扩大企业规模。尽管如此，罗恩·卡利法仍面临重重困难。

全球付作为一家信用卡交易软件、设备和风险管理供应商，如果想发展成为全球领先的支付企业，需要具备最新信息技术。与投资

全球付所需的新锐信息技术相比，弗雷德·古德温，这位苏格兰皇家银行的首席执行官，对在爱丁堡郊外的戈加本（Gogarburn）建造新总部这件蠢事更感兴趣。仅仅在短短十年之后，2019年3月，卡利法最终缔造的金融科技[①]龙头企业全球付就被赫赫有名的富达国民信息服务公司（Fidelity National Information Services）收购。那是一家美国金融科技公司，总部位于佛罗里达州，这场收购的价格达到了惊人的430亿美元（331亿英镑）。这家原本埋没在苏格兰皇家银行内部的金融科技企业，在2010年被古德温的继任者斯蒂芬·海斯特（Stephen Hester）以20亿英镑的价格卖给了私募股权公司安宏国际（Advent International）和贝恩资本（Bain Capital），现在其估值已高于拥有国民西敏寺银行（NatWest）等在内的苏格兰皇家银行。

对卡利法及其同事而言，全球付被贝恩资本和安宏国际收购是一场巨大胜利。他们说服了新东家投资15亿英镑来开发更先进、更快捷的新技术。之后，全球付于2015年10月在伦敦证券交易所上市，市值达到60亿英镑。上市两年后，全球付与其美国竞争对手万递福合并，从而在美国获得了大量新客户，成为全球最大的支付供应商之一。全球付从金融危机的余烬中崛起就如同一则寓言故事，讲述了引领金融科技的英国是如何推动全球银行体系发展的。伦敦金融城成为全球最大的金融服务出口地，得益于其对金融服务的敏锐性及交易技巧，而如今全球付成为全球金融科技巨头，也正是得益于此。

---

① 金融科技（Fintech）可以简单理解成为Finance（金融）+Technology（科技），指通过利用各类科技手段创新传统金融行业所提供的产品和服务，提升效率并有效降低运营成本。

全球付的传奇故事充分体现了其交易技巧与企业文化，正是因为具备这些条件，金融服务业才成为英国经济中最有价值的财富创造领域。从许多方面来看，全球付脱离苏格兰皇家银行是历史上的一个偶然事件。当时欧盟要求该银行在接受英国政府救助后缩减其规模，剥离全球付业务。脱离苏格兰皇家银行后，卡利法和首席执行官菲利普·詹森（Philip Jansen）[1]加强了管理力度，全球付得以进入私募股权市场。这就是伦敦金融格局的关键一环，许多美国大型基金在这里颇受青睐，而在贸易保护主义盛行的法国和德国，这显然不可能。

私募股权公司有时会受到指责，说他们收购公司，让其背负上债务，然后再甩给毫不知情的投资者来承担。这样的例子比比皆是。但在全球付收购案中，比起曾经归属于苏格兰皇家银行时期，全球付被收购后获得了前所未有的资金支持和财务管理技能。全球付重新崛起后，伦敦证券交易所成为金融科技初创企业的沃土，其他企业因此也纷纷效仿。投资机构和资产管理公司看到了全球付与美国支付公司万递福平等合并所带来的优势。卡利法认为，需要通过这次合并让全球付进入美国市场。但值得人深思的是，合并后全球付依然在伦敦上市，且大部分行业专长也会留在伦敦。英国对海外收购普遍持开放态度，于是万递福和富达先后顺利将其收购。

长期以来，我一直怀疑海外收购是否明智，是否会因此失去公司总部、专利权、研发权以及在英国开发出来的创新技能。的确，如果英国投资者和风险投资行业更愿意进行长期投资，带领全球付等企业进入下一个发展阶段，那确实再好不过。但是，我们也可以看到，当一家金融科技公司被海外收购后，便会出现下一家金融科技公司。富达收购全球付后，罗恩·卡利法从富达卸任，转而担任网联国际

（Network International）的董事长，这是一家位于迪拜的支付企业，专注于支付产业相对落后的中东和非洲地区。

英国有望成为金融科技领域的先锋，这应该不足为奇。事实上，伦敦南岸遍布着数百家金融科技初创企业。这些企业以技术为生，因此依赖于英国大学研发的信息技术技能及伦敦金融城的发展。巴克莱银行（Barclays）首席执行官、美国投资银行家杰斯·斯特利（Jes Staley）曾向我吐露，不管以何种方式，他大约 75% 的时间都要花在技术问题上。

几个专业技能集群已经成熟。比较网站发源于英国，可以为消费者和企业提供便捷的金融服务，比如保险服务和资产管理服务。监管机构协助打造了能吸引爱多美（Atom）等互联网银行初创公司的环境，刺激高街银行[①]同步发展。此外，英国还拥有融资圈（Funding Circle）等 P2P 借贷[②]平台，提供众筹、互联网股票经纪、财富管理等众多服务。在金融危机后，英国还开创了“发薪日贷款”[③]，颇受诟病。

互联网金融公司的一大吸引力在于它们不受国界和贸易集团的地域限制，能够覆盖全球客户。金融业的规章制度是通过金融稳定委员

① 高街银行（High street bank），是指位于主要商业街或市中心的传统银行分支机构。它通常是一个传统的实体银行，与在线银行或虚拟银行相对，主要是提供便民服务，也称为“零售银行”，因此这类银行允许的贷款额度也比较小。

② P2P 借贷，即个人对个人贷款（以下简称 P2P 借贷），是一种将非常小额度的资金聚集起来借贷给有资金需求人群的商业模型。简单而言，拥有资金并且有理财投资想法的个人，通过中介机构牵线搭桥，使用信用贷款的方式将资金贷给其他有借款需求的人。

③ 发薪日贷款，指一至两周的短期贷款，借款人承诺在自己发薪水后即偿还贷款。如果到期无法还清贷款本金和利息，可以提出延期。发薪日贷款不计手续费和滞纳金等，平均年息高达 391%。申请者只需提供定期收入证明，甚至政府救济证明也行。

会（Financial Stability Board）在超国家层面上制定的。金融稳定委员会是2008年金融危机后二十国集团（G20）设立的一个全球金融监管体系，旨在为金融创新提供机会。与硅谷的数字巨头一样，金融科技没有国界之分。然而从另一方面来说，它也确实给监管机构和防诈技术带来了挑战，从而催生出网络安全这一发展迅速的新兴服务行业。

在英国，很少有金融机构能够像伦敦金融城那样表现出强大的生命力。几个世纪以来，伦敦金融城经历过数次巨大的挑战：1666年的伦敦大火；18世纪初的南海泡沫事件①，最终导致金融市场崩溃；1931年英镑与黄金挂钩的金本位制度被取消，导致英镑贬值；以及第二次世界大战期间纳粹德国空军对英国本土进行轰炸破坏行动。从现代来看，伦敦城也摆脱了种种事件的阴影，比如20世纪70年代爱尔兰共和军制造爆炸事件、特德·希思实行3天工作制②、20世纪末英镑危机，当然还有2007—2009年的金融危机和经济衰退。2020年，由于伦敦处于英国新冠疫情的“震中”，金融业办公模式进行了调整，实行远程居家办公。

银行纷纷采取行动，通过一系列贷款计划用以支持中小企业，以及价值数百亿美元的贷款[2]用于在疫情封锁结束后维持商业运转。英格兰银行额外推出了一项低利率计划，用来支持航空公司等信用极好且对英国经济至关重要的大型企业进行借贷。[3]

随着英格兰银行允许高街银行释放自2008年金融危机以来积

① 南海泡沫（South sea bubble），是经济学上的专有名词，指的是在1720年春天到秋天之间，脱离常轨的投资狂潮引发的股价暴涨和暴跌，以及之后的大混乱。

② 1974年石油危机期间，英国首相特德·希思为节省电力而临时实行3天工作制。

累的“缓冲”资本①，高街银行的放贷能力提升。但拯救经济是需要付出代价的。英格兰银行下设的监管机构——审慎监管局——写信给每家银行，要求对于2019年尚未支付或在2020年新冠疫情和紧急封锁期间产生的股息，一律不向股东支付，资深银行家的奖金也是如此。[4]这个决定引起了银行董事会和股东的不满，其中汇丰银行（HSBC）的中国香港投资者反应最为激烈。但大家都普遍承认，在经历2008年惨痛的经济危机后，金融业最不希望的就是发生另一场银行业危机。

伦敦金融城的发展故事非同寻常，在企业生存和商业活动面临持续威胁时，它不仅成功生存下来，而且还能蓬勃发展。无论受到什么冲击，伦敦金融城对英国繁荣的重要性越来越高。但是批评者仍然认为，金融业在经济中占据主导地位会成为一种破坏性力量，而国家需要的是一种更加均衡的经济，应该以制造业为主。诚然，恢复英国的制造业强国地位有一定道理，尤其是在高科技、机器人、通信、电动汽车电池技术等领域。但这不一定要以牺牲伦敦金融城为代价，而是可以让两者相辅相成。

作为一名财经记者，我记录了伦敦金融城40多年来的兴衰沉浮。在那段时间里，我基本上是支持欧洲一体化的，主要原因是它在两次可怕的世界大战后维持了和平，而且合理的贸易合作模式也让所有人受益。但之后我却越来越感到绝望，因为在各国意见不一致、制

---

① 缓冲资本，是指金融危机后，世界各国为改善商业银行资产负债表而提出的逆周期调节手段，要求银行在经济环境有利的时候储备更多资本，扩大缓冲的空间，以便在周期轮转时，应对他们所承担的风险，同时在经济转差时，仍有能力继续向信贷状况良好的客户提供贷款，避免出现信贷紧缩。

度安排不充分及文化差异的情况下，试图把 28 个不同的经济体和政治制度[5]紧密联系在一起，这无论从经济上还是金融上看都是愚蠢之举。欧盟沉闷的经济情况、欧元区不景气的金融业、糟糕的欧洲银行体系，以及其草率且考虑不周的决策，这些种种乱象我看得越多，我就越相信，比起作为欧盟的一分子，伦敦金融城凭借其国际视野和地位，脱离欧盟后能发展得更好。

前首相戴维·卡梅伦在 2016 年脱欧公投中提出的核心论点之一便是，离开欧盟将如何让我们失去 5 亿人口的市场。当然，正如我们后来了解到的那样，离开欧盟还会给供应链带来麻烦。当然，对高度一体化的汽车行业来说也是如此，例如总部位于桑德兰的日产汽车所依赖的准时制生产方式，这种生产方式需要随时从欧洲和世界各地获取汽车零部件。但是卡梅伦和其他留欧派还没有注意到的是，这个市场虽然拥有 5 亿人口但是其功能已严重失调，发展也停滞不前。此外，英国对欧盟最重要的出口产品——金融服务和专业服务虽然受制于欧盟宏观审慎政策，但未被贸易协定所涵盖。

正如诺贝尔奖得主经济学家约瑟夫·斯蒂格利茨（Joseph Stiglitz）所写："2015 年欧元区的人均 GDP（经通货膨胀调整后）预计仅略高于 2007 年。一些国家多年来一直处于经济萧条之中。"[6]尽管雇主组织英国工业联合会等商业团体联合起来游说，试图让所有人相信离开欧盟会是一场灾难，但我几乎每天都能接触到来自英国商业巨头的董事长和首席执行官，他们并未表示脱欧会让英国情况更糟糕。当然，欧洲市场对这些英国巨头企业来说仍然非常重要，但自英国加入欧盟以来，世界已发生了变化，大部分投资和扩张都集中在快速发展的新兴市场上。

事实上，这是一个动荡不安的时代，比如 2009 年从希腊爆发的欧元区危机至今仍未完全消除。而伦敦金融城能够提供优质的金融服务，这对英国和世界经济健康发展至关重要。对于许多国际贸易公司来说，伦敦金融城的自由市场可以让他们避开其他国家苛刻的税收和监管体系。长期以来，欧洲其他国家也一直嫉妒伦敦金融业取得如此成功，经常对伦敦金融城实施限制性措施。比如给卖空股票[7]等自由市场活动加上许多不必要的规定、出台限制银行高管奖金的法规，等等。[8]批评人士指责是对冲基金①助长了金融危机，并在危机最严重的时候重创了英国和欧洲大陆的银行体系。

法国在英国脱欧公投后一直积极拉拢金融业，也取得了一些成效。2020 年年初，美国银行业巨头摩根大通（J.P. Morgan）在巴黎购置了一栋大楼，预备招聘数百名交易员。摩根大通此举实属大胆，因为法国对金融业的监管很严格。此前，遭到法国金融监管机构罚款的机构就有对冲基金巨头艾略特管理公司（Elliott Management）、浑水（Muddy Waters，一家做空机构）和彭博社，据称彭博社根据假新闻发布了一则报告。[9]

不过，真实的情况比这更复杂。空头机构、对冲基金机构及投机者所做的信用分析往往比股票经纪人（他们负责给投资者推荐股票）和金融监管机构的分析更加敏锐，其消息也更加灵通。我记得在金融危机不断扩大的时候，我拜访了总部位于伦敦的 CQS 基金，当时 CQS 基金的负责人是澳大利亚知名金融家迈克尔·辛茨爵士，他向我介绍了他的一位信贷专家，这位专家认真研究了英国几家二线消

---

① 对冲基金，指采用对冲交易手段的基金，也称避险基金或套期保值基金。是指金融期货和金融期权等金融衍生工具与金融组织结合后以营利为目的的金融基金。

费及抵押贷款银行账簿上的次级资产，得出的结论是这些银行已经破产。于是，CQS 基金和其他对冲基金卖空了这些股票。空头机构根本不是德国人所说的“蝗虫”，而是“矿井里的金丝雀”[①]，能提醒其他投资者和金融监管机构危机近在眼前。换句话说，空头机构是价格形成过程中的重要因素。

伦敦是仅次于纽约的世界第二大对冲基金管理中心。伦敦的梅菲尔区（Mayfair）曾经到处都是广告公司和集团总部，现在已变成对冲基金中心。该地区许多住宅改成了写字楼，而这些大大小小挂着铜制铭牌的办公室，管理着大约 4140 亿美元（3190 亿英镑）的资产。伦敦也是欧洲最大对冲基金和相关服务的所在地，包括大宗经纪业务、托管和审计。所以当欧盟和欧洲央行收紧对冲基金行业的监管措施时，遭到时任英国财政大臣乔治·奥斯本的反对，这并不奇怪。同样，英国政府也反对欧盟试图将银行家的奖金限制在其薪资的两倍。尽管看到贪婪的银行家受到惩罚在政治上可能令人称快，但英国政府和伦敦金融城认为，这会让英国伦敦金融业相较于美国纽约、日本东京和中国香港等其他国家和地区的金融业处于不利地位。

历史上，德国和法国一直在争取欧盟对伦敦金融城实施更多监管和税收，这会让伦敦金融城的商业发展增速减缓，从而增强德国法兰克福和法国巴黎这两个金融中心的商业吸引力。但是伦敦金融城具有强大的全球影响力，不仅吸引了无数外国金融家来此工作，而且其服务范围不断扩大。尽管伦敦金融城刚开始局限于一平方英里以内——

① 矿工下井时经常带着金丝雀。矿井中存在微量有毒气体，金丝雀对于这类气体很敏感，在对矿工尚未造成威胁时，金丝雀就会出现窒息中毒的症状。所以，一些矿工将它们作为“生物报警器”。现在用于指代某个危险现象出现的指标。

严格来说，这仍是伦敦金融城在地理上的定义——但是它凭借金融服务不断向外扩展，东至伦敦码头区及金丝雀码头、斯特拉特福德（Stratford）等地的新兴大厦，西到梅菲尔区和伦敦西区的办公楼，这里已汇集了众多私募股权基金、对冲基金及风险投资公司。

伦敦金融城是英国财政部（Exchequer）最大的收入来源，也是全球金融和专业服务的主要出口地，每年提供的服务价值约 1070 亿美元（820 亿英镑），几乎是全球第二大金融服务出口国美国的两倍。[10] 从某些方面来看，伦敦金融城的三大支柱——伦敦证券交易所、伦敦劳合社（Lloyd's of London）和英格兰银行——在今天的全球金融市场中仍然占据领先地位，就像它们最初从 17 世纪的咖啡馆①和早期银行中诞生时一样。

伦敦证券交易所已不仅仅是股票交易平台，它还汇编股票指数作为参考指标，以供投资基金进行交易，成了全球领先的自然资源股票市场。不仅如此，它也是一个存有庞大金融数据的宝库。过去 20 年来，它收到了来自世界各地的收购要约，包括美国纽约、德国法兰克福、中国香港等地，其地位可见一斑。当然，所有的收购要约都被伦敦证交所回绝。

劳合社仍然是海事和高风险保险的首选市场，并吸引了世界各地财团的投资。英格兰银行不仅是世界上最大的外汇交易市场，还设有最多的海外银行，它时刻注视着整个市场的动向，因而在全球的声望相当高。

今天的伦敦金融城仍然是全球主要的金融中心，这一地位在整个 19 世纪中不断得到了巩固，因为当时大英帝国正处于鼎盛时期。每

---

① 英国人约翰·卡斯塔因（John Castaing）开在伦敦交易巷的乔纳森咖啡馆，由于邻近股票交易所，成为很多股票交易员聚集所在，是伦敦证券交易所的前身。

一代人都对金融业进行了改革，这充分证明，这些从世界各地来到伦敦证交所的金融从业人员拥有绝佳的创造力和企业家精神。英格兰银行坐落在伦敦金融城的中心，由建筑大师约翰·索恩爵士（Sir John Soan）设计建造，其成立时间可追溯到 1694 年。它与华盛顿的美联储（Federal Reserve）和法兰克福的欧洲央行并称世界三大央行，东京的日本央行（Bank of Japan）名列第四。伦敦金融城的地位一定程度上反映了其发展历史和英国作为世界第五大经济体的地位。更确切地说，它的影响力来源于作为全球最大的金融中心之一。1997 年，时任财政大臣戈登·布朗授予英格兰银行独立地位，负责制定和实施货币政策。自那以后，这个被亲切称为"针线街的老妇人"① 的银行发生了多方面的变化。

布朗和他的首席经济顾问埃德·鲍尔斯（Ed Balls）希望建立一个与欧洲央行成立之前的德意志联邦银行（German Bundesbank）拥有同等影响力的货币机构。提出这一改革计划的是英格兰银行行长默文·金（Mervyn King），他是一位杰出的经济学家，看上去既严肃又睿智，能够把复杂晦涩的经济和金融概念解释得通俗易懂，简直不可思议。布朗和鲍尔斯都认为，尽管英格兰银行总体上负有维护金融稳定的责任，但是为了应付通货膨胀，英格兰银行不应该分散注意力去监管银行体系。

---

①"针线街的老太太"是对伦敦针线街的英格兰银行的讽刺性称呼。1797 年，由于金融困难，英国政府暂时禁止英格兰银行用黄金承兑银行券并规定英镑银行券的强制性牌价。因此，詹姆斯·吉尔雷（James Gillray）画了一幅针对此事的讽刺漫画。画中代表了英格兰银行的老妇人处于危险之中，正在抓狂，另一个代表英国政府的男子一边示好，一边伸手去拿老妇人口袋里的金币，题词是"处于危急中的针线街的老太太"。从此，这个称呼便在英国广为流传。

2007—2008年的金融危机暴露出英格兰银行与超级监管机构英国金融服务监管局之间监管权分散[①]的缺陷。2007年，保守党-自由民主党联合政府认识到这一监管体制并不合适，便恢复了英格兰银行在多方面的核心地位，包括监管重要金融机构、维护金融稳定，以及巩固货币职能。

2013年6月，默文·金勋爵退休后，英格兰银行历史上首次聘请外籍人士担任行长，加拿大人马克·卡尼便是此次精心挑选的人选。这位前高盛集团银行家和加拿大银行行长拥有令人羡慕的声誉，因为他是为数不多能成功带领本国度过经济危机且其所在的银行体系没有崩溃的西方中央银行家之一。自2011年起，他便开始担任金融稳定委员会主席，该委员会成立于2009年的伦敦二十国集团峰会，负责制定提高全球金融体系安全性的规章制度。卡尼作为金融稳定委员会主席，又担任英格兰银行行长，足以让他成为全球金融界最权威的声音之一，并赋予英格兰银行与伦敦金融城相称的地位。而卡尼对英国脱欧的坚定支持，进一步稳固了他的地位。

然而，脱欧派人士认为他对留欧派过于友好。批评人士还指出，他早期提出前瞻性货币政策指引，希望提振消费者和企业对利率的信心，最后以失败告终。正是这一政策以及未能出台利率预测政策，导致他被调侃为“不靠谱的男朋友”[②]。抛开政治不谈，英格兰银行在卡尼的领导下，证明了自己有能力处理银行危机，比如英国合作银行

① 1997年至2008年，英国一直实行“三头监管体制”，即由英国金融服务监管局与英格兰银行、财政部共同分担金融体系保护责任，但这一“三方共治”的监管体系在金融危机中严重失灵。

② 此处讽刺马克·卡尼的货币政策立场摇摆不定，曾经暗示要改变货币政策，但却没有付诸实施。

（Co-op Bank）发生的危机，这一危机一出现便引发了国际关注。卡尼在 2019 年发表讲话时指出，他在金融稳定委员会主持的体系证明了“超国家规则”的价值，该多级体系允许各国采取措施。他表示，金融稳定委员会的这些改革为不同法律体系和监管方式之间的跨境金融服务创造了一个平台，实现了维持金融稳定的类似效果。实际上，这位被脱欧支持者指责对欧盟过于友好的央行行长，已经将目光投向欧盟和其他贸易集团之外的市场。有人认为，2020 年 3 月接替卡尼的继任者（由于英国脱欧问题迟迟未解，卡尼因此推迟离任三次）需要像他一样拥有足以匹配伦敦金融城的国际地位，卡尼也赞同这一观点。

结果在 2020 年 12 月，英国政府选择了安德鲁·贝利（Andrew Bailey）作为下一任英格兰银行行长，这是一个合适又安全的人选。安德鲁·贝利是在英国央行工作超过 30 年的“老员工”，从 2016 年开始担任伦敦金融城监管机构金融行业监管局局长。这一任命是由当时的财政大臣赛义德·贾维德在英国税务及海关总署的“丘吉尔厅”宣布的。那里被认为是一个合适的地点，因为 1997 年工党财政大臣戈登·布朗正是在那里宣布英格兰银行获得独立。在英国就是否脱欧吵得不可开交的时候，贝利自始至终从未公开评论英国脱欧问题。他一直在努力协调英国和欧盟的金融监管。据了解，贝利私下对英国脱欧的态度比较温和，认为伦敦金融城曾经经历过变革，它会变得更加强大。他认为，即使有金融家在脱欧后去往欧洲大陆，金融科技行业的崛起也可以填补这一人才缺口。

英国在脱欧动荡后要寻求新的自我定位，英格兰银行需要进一步加强其全球金融中心地位及系统性风险监管。在经历金融危机和脱欧公投后，英格兰银行证明了它有能力帮助英国渡过金融难关。随着英国踏上新的政治道路，前途未卜，英格兰银行的重要性进一步提升。下一次危机没有人可以预测，也不会是最后一次。从许多方面来看，英格兰银行金融政策委员会一直密切关注的问题，比如杠杆企业[①]的债务积累，不太可能引发下一次市场崩溃。没有人看到 2020 年年初的新冠疫情中断了全球供应链，也破坏了金融市场。这是一场浩劫，需要安德鲁·贝利仔细研究，才能维护金融市场稳定，他在 2020 年 3 月就说过金融市场处于近乎混乱的状态。由于英国面临伦敦金融城带来的风险，因此必须制定强有力的监管措施，但不能妨碍自由竞争的金融和专业服务市场，因为这两种市场都给英国带来了巨大繁荣。

伦敦证券交易所的历史可以追溯到 17 世纪，当时的咖啡馆和今天一样，都是商业交流的绝佳聚会场所。早期的咖啡馆是商人们聚集起来为国内外大型企业筹集资金的地方。而在 21 世纪，咖啡馆又重新成为一种工作环境，人们可以在那里进行人际交往，也可以编写某些改变世界的金融技术代码。

一个能够筹集新资金且充满活力的股票市场也是伦敦金融城架构的重要组成部分。在过去的二十年里，来自世界各地的竞争对手多次尝试竞购伦敦证交所，但全部遭其拒绝。最后一次引发分歧的竞购发生在 2016 年 3 月。当时法兰克福的德意志交易所（Deutsche Börse）向伦敦证交所提出“对等合并”，试图打造一个价值 210 亿英镑的联合交易所。此前 2000 年和 2005 年的两次合并计划均以失败告终，所以这笔交易的赔率总是很高。由于法兰克福监管机构对拟议的新任首席执行官卡斯滕·肯格特（Carsten Kengeter）进行股票交易感到担

① 杠杆企业，指资本小于远小于收益，在资本结构中有负债的企业。企业通过借债融资，使得股东的收益率随着债务的增加而增加的现象，被称为“杠杆效应”。

忧且德国当局不愿承担衍生品清算的风险，这次合并计划再次泡汤。实际上，交易失败的最终原因是欧盟反垄断监管机构的介入。最终的结果是伦敦继续保留全球股票交易独立领先者的地位。伦敦证交所也通过其子公司罗素投资（Russell Investments）发展成为一个强大的数据组织，该子公司创建了许多基金管理机构以跟踪的股票指数。

截至 2017 年年底，有 428 家外国公司在伦敦证交所上市，占全球上市公司的 12.4%，仅次于纽约证券交易所和许多东欧企业上市的维也纳证券交易所（Wiener Börse）。[11] 伦敦证交所的优势之一一直是它有能力吸引来自世界各地的自然资源公司，包括大多数增长快速的金砖国家经济体——巴西、俄罗斯、印度、中国和南非，以及一些新兴市场国家。

监管不严的另类投资市场①迎来了许多新企业，其中就包括汤力水制造商芬味树（Fever Tree）等新的消费品公司、来自以色列的技术创新公司，以及许多金融科技公司。毫无疑问，英国脱欧的不确定性影响了许多公司 2017 年上市首次公开募股（IPOs），当时仅筹集了 97 亿英镑的新资金，但伦敦证交所的交易仍然活跃，伦敦占全球股市价值的 5.2%。2017 年年底，英国是全球股票市值最高的国家之一，相当于英国国内生产总值的 170%。

许多公司可能暂停了首次公开募股，但英国在债券交易中的主导地位仍未改变，其中部分主导权是通过伦敦证交所对意大利证交所（Borsa Italiana）的控制来实现。截至 2017 年年底，英国发行的全球

① 另类投资市场（Alternative Investment Market），指英国为那些不够资格在伦敦股票交易所正式上市的公司所设的市场，这些公司通常是规模较小或风险较高的企业。

债券规模为 3.2 万亿美元（2.5 万亿英镑），为全球之最，相当于全球国内生产总值的 13.3%。

欧洲债券（在借款人本国以外发行的外币债务）占发行总额的 63%。与此同时，全球约 37% 的债券交易都要通过伦敦进行。伦敦在债券交易中的领导地位让我们深入了解到，数个世纪以来，英国作为一个离岸金融中心，如何利用其他地方监管和税收规则带来的机遇来发展自身。债券基金募资从纽约转移到伦敦，主要是因为约翰·肯尼迪（John F. Kennedy）政府在 20 世纪 60 年代实施的税收制度。一旦债券交易转移到伦敦，许多全球投资银行和银团贷款也随之转移。银团贷款是指银行集团联合起来，为向大型企业和主权国家提供大额贷款，是金融业下一个迎来快速增长的领域。欧洲债券和银团贷款市场仍然是英国的一个机遇。此外，欧盟偏向于严苛的金融监管而讨厌承担风险，这就让伦敦金融城有机会继续吸引下一代金融活动。

伦敦金融城传统的第三大支柱是伦敦保险市场。伦敦劳合社就是其中一个代表，其标志性建筑由理查德·罗杰斯（Richard Rogers）设计，位于英格兰银行以南。劳合社在 21 世纪依然充满冒险精神，一如当初冒着极端风险从小小的咖啡馆里成长起来一样。它未来面临的最大挑战可能是气候变化，因为气候变化几乎影响所有形式的商业活动。劳合社象征着伦敦在保险业的领导地位，但就规模而言，它并不如大多数老牌综合保险公司。

然而，劳合社的存在意味着全球大部分的风险，无论是尤文图斯前锋克里斯蒂安·罗纳尔多（Christian Ronaldo）投了巨额保险的腿，还是美国加利福尼亚州的森林大火，又或是新冠疫情封锁带来的商业影响，最终都与伦敦城有关。英国保险市场资产规模达 2830 亿美元，是欧洲最大的保险市场，也是全球第四大保险市场，仅次于美国、中国和日本。英国也是欧洲最大的养老基金来源，资产规模达 3.1 万亿美元（2.4 万亿英镑）。要衡量英国保险业的重要程度是件棘手的事，因为它的许多活动是全球性的。

英国保诚（Prudential）是一家成立于 1848 年的百年大企业，大多数英国公民对这家公司的印象是“保诚代理人”，他们最初推销保单的方式是到客户家中拜访直接收取保费。再后来，保诚通过财务顾问或网络直接销售保单。保诚及其基金管理子公司 M&G 在很大程度上仍与英国的储蓄和保险业有关联，但实际情况是，近几十年来，它已成为一个与当初截然不同的企业，业务增长主要来自海外，特别是美国和亚洲的业务增长速度惊人。现在海外业务的规模远远大于保诚在国内的业务。

2018 年 3 月，该集团首席执行官迈克 · 威尔斯（Mike Wells）透露，鉴于美国和亚洲业务快速增长，2017—2018 年资产规模达 3180 亿英镑，利润达 42 亿英镑，保诚计划将公司拆分上市。保诚集团在亚洲尤其是在中国取得的巨大成功清楚地表明，英国的保险公司不受国界或货币集团的约束。拆分计划在 2019 年秋季完成，保诚的传统人寿业务与 M&G 合并，随其一起上市。该企业的国际部分，包括亚洲业务及美国和非洲的杰信人寿（Jackson Life），随保诚集团上市，市值近 400 亿英镑。但此次拆分对一些人来说还远远不够。2020 年 2 月，金融家丹 · 勒布（Dan Loeb）掌管的激进对冲基金第三点（Third Point）购买了保诚 5% 的股份，并要求进一步拆分美国年金业务——杰信人寿。

多年来，每当英国拒绝配合欧盟的“超级国家”计划，英国金融业在全球的优势地位就会受到一连串可怕的警告。比如在1999年，英国拒绝加入使用欧洲单一货币——欧元，我们就被警告称，伦敦作为一个金融中心会受到巨大损害。还有人告诉我们，银行家会逃往法兰克福和巴黎，或跟随资金流向香港、上海和新加坡等蓬勃发展的亚洲金融中心。但是，尽管有一些金融人才流向东方，却几乎没有一家大型金融机构敢于离开伦敦。英国两家国际银行——汇丰银行和渣打银行（Standard Chartered）——考虑到离开伦敦的经济效益后决定留下来。两家银行的大部分业务仍然在英国。

伦敦银行业繁荣的原因之一是金融城在外汇交易中占据主导地位。总部位于瑞士巴塞尔（Basle）的国际清算银行（Bank for International Settlements）收集的数据显示，英国在全球外汇交易中所占份额达到惊人的37%，远高于美国（20%）、新加坡、中国香港和其他金融中心。大部分外汇交易在伦敦进行，平均每天达到2.4万亿美元（1.9万亿英镑）。伦敦的美元交易量是纽约的两倍多，英国的欧元交易量是欧元区所有17个国家交易量总和的两倍多。

自2016年6月英国脱欧公投以来，英国通过成为人民币外汇交易的主要中心，展示了其在全球的强大吸引力。2018年10月，人民币兑美元的日交易量达到730亿美元（562亿英镑），超过了同期英镑兑欧元略高于660亿美元（501亿英镑）的交易量。

许多全球性银行，比如纽约顶级投资银行高盛集团，都选择在伦敦选址，建设规模更大、更豪华的全球总部。为了方便接近客户，许多公司将小部分投资银行家团队转移到法兰克福和其他金融中心，高盛集团也是其中之一。但是这些公司的大部分业务，包括新成立的在线消费银行马库斯（Marcus），都是在伦敦以外的地区开展。就连谷歌等互联网巨头也认为，英国可以提供一系列咨询、法律和金融服务，是设立其欧洲总部园区最合适的地点，该园区选在了伦敦北部近来颇受追捧的国王十字区（King's Cross）。

尽管国际货币基金组织和其他机构的预测很消极，但经济冲击并不一定会摧毁财富。比如，1992 年英国仓促地退出欧元区的前身——欧洲货币体系后，经济一飞冲天。2003 年 6 月，时任工党财政大臣戈登·布朗选择不加入欧洲单一货币体系，从而将英国经济从深渊中拯救出来。我们还必须记住的一点是，英国是一个真正的国际中心，而不仅仅是欧洲的前哨。尽管希思罗机场只有两条跑道，但伦敦仍然是一个地理位置优越的离岸金融中心，能够很好地满足亚洲和美国的市场需求。这就是伦敦金融城能够吸引 250 家外国银行入驻并主宰外汇市场的原因。

伦敦银行同业拆借利率①和欧元区银行同业拆借利率②在伦敦设定，这两个关键利率共同决定了数万亿英镑信贷和抵押贷款的成本。英镑隔夜银行间平均利率（SONIA）是官方指定的伦敦同业拆借利率替代基准利率，由英格兰银行公布。从黄金到布伦特原油，世界其他地区的关键大宗商品价格都是由伦敦城的市场来决定。这个“一平方英里”之城还拥有欧洲最活跃的股票和金融衍生品市场。并凭借其创新传统，正成为全球最重要的金融科技中心之一，而金融科技正是下一代的数字金融革命。传统观点认为，如果英国离开欧盟，数以万

① 伦敦银行同业拆借利率（Londen Interbank Offered Rate，Libor），是指伦敦大型国际银行愿意向其他银行借贷时所要求的利率，是国际金融市场中大多数浮动利率的基础利率。

② 欧元区银行同业拆借利率（Eurepe Interbank Offered Rate，Euribor），指的是欧元区银行在银行同业市场提供无担保短期贷款的平均利率构成。

计的银行和金融岗位将流向巴黎、法兰克福、都柏林和卢森堡，让它们有机会取代伦敦的金融霸权地位。一些工作岗位确实流失了，但自2016年英国脱欧公投以来，就业岗位数量却出现净增长。英国最大的银行汇丰银行在进行了一项耗资4000万英镑的调查，仔细分析了迁往中国香港的利弊后，仍决定将总部留在伦敦。此外，还有一些消息警告称，10000个工作岗位将转移到巴黎，但面对法国政府对巴黎铺天盖地的宣传，最终只转移了1000个工作岗位到巴黎。[12]

毫无疑问，由于一些大型投资银行将部分员工派往欧洲大陆，我们在短期内可能要付出一些代价。但随着我们着眼于全球市场，流失的员工很可能会被来自印度、中国、南美和世界其他地方的各类人才所取代。无论如何，我们讨论的工作岗位数量只占大型投资银行雇员总数的一小部分，对于伦敦城吸引投资和人才到英国工作的影响微乎其微。

自21世纪之交以来，成千上万的法国人和希腊人涌入英国，他们通常拥有在交易大厅工作的技能，对数字具有很强的敏感性，因此到英国来追求更丰厚的薪资和更好的生活。2012年至2017年执政的法国总统弗朗索瓦·奥朗德（François Hollande）领导的社会党政府将个人所得税提高至收入的75%①（这一激进决策后来有所缓和），法国金融服务业的从业者纷纷将伦敦作为他们求职的首选。

① 根据法国政府提交的2014年财政预算案，2013年和2014年，在法国进行工商注册的企业将为年收入超过100万欧元的员工缴纳一项名为“特别互助贡献”的税收，税率确定为50%，但一家企业对此项税种缴纳的总额不超过其营业额的5%。由于在法国进行工商注册的企业还必须为员工缴纳一定比例的社会保险费用，因此，这一新税种实际税率接近75%。2014年12月25日法国总理瓦尔斯表示，针对年薪超过100万欧元的富人征收的税率近75%的“超级富人税”政策到期后将不再延续。该政策实施两年来饱受非议，给法国造成了很多负面影响。

这样做的结果是伦敦部分地区成为巴黎的“郊区”，银行家每周通勤上班。有时，某些欧洲大陆的银行在伦敦金融城雇佣的员工比在本国雇佣的还要多。这一切在英国脱欧后还会出现吗？我经常与银行业领军人物、英格兰银行及保险行业官员进行交谈和会面，我可以说答案是肯定的。尽管一份官方预测警告称，英国国内生产总值可能会下降 3.5%，但对于脱欧对伦敦金融城的影响，英格兰银行的高级官员仍然泰然自若。[13] 在最近的一次私人谈话中，一名官员告诉我，如果一些工作岗位转移到欧洲，他也不会担心，因为伦敦金融城非常擅长引领金融交易的下一个发展前沿。他指出伦敦金融城和英国已成为金融科技领域的先锋，它们创建了互联网银行，向客户提供只有互联网才有的高度个性化服务。伦敦金融城必然会吸引金融创新，因为它可以给商业提供有利的环境，并且一直如此。

20 世纪 60 年代和 70 年代，美国和欧洲大陆的投资银行将部分业务转移到了伦敦，原因是连续几届美国政府都实施征税，这让外国企业和政府在华尔街贷款和发行债券的成本很高。此外，监管制度不利也是一个原因。之后短短几年间，整个外币贷款和信贷业务便跨越大西洋转移到伦敦金融城，形成了所谓的欧洲美元①市场、欧洲债券②市场和银团贷款市场。这些市场在伦敦城站稳了脚跟后，继而又吸引

---

① 欧洲美元（Eurodollar），是不由美国境内金融机构监管，不受美联储相关银行法规、利率结构的约束，存放在美国境外各国银行的美元；与美国国内流通的美元同质，具有相同的流动性和购买力。

② 欧洲债券（Euro bond）是指一国政府、金融机构和工商企业在国际市场上也可以自由兑换的第三国货币标值并还本付息的债券。其票面金额货币并非发行国家当地货币的债券，不受任何国家资本市场的限制，免扣缴税，其面额可以发行者当地的通货或其他通货为计算单位。

了美国主要的投资银行入驻伦敦。20 世纪 80 年代，撒切尔进行了划时代的“大爆炸”改革，放宽监管推动金融交易开展，伦敦金融城的国际化水平进一步提升。

诚然，金融城的发展也经历了一些波折。在 2007—2009 年金融危机爆发前，伦敦城的交易室里诞生了名为衍生品的复杂金融产品。这些金融产品在世界各地交易，但后来价值暴跌。这或许不是伦敦金融城辉煌历史上最辉煌的时刻，但它确实证明了伦敦交易员在全球金融需求变化之际能够不断适应并重塑自我的能力。尽管法兰克福、巴黎和阿姆斯特丹等欧洲未来的金融之都跃跃欲试，试图取代伦敦城的金融地位，但它们在全球银行业、大宗商品和股票交易方面都没有像伦敦那样深厚的传统。这就是为什么近几十年来，随着巴西和中国的经济爆炸式增长，但众多自然资源公司仍选择在伦敦证交所上市交易股票。在伦敦金融城，他们遇到的不仅仅是自由、开放和规范的市场，还有融资、并购，以及其他企业交易所需的各种技能。伦敦金融城的大型律师事务所和会计师事务所是专业基础设施的一部分，在欧洲大陆几乎不可能复制。

伦敦对资本主义和自由市场采取独特“可行”的做法，这在巴黎和法兰克福看来是完全不可接受的。欧洲习惯遏制企业发展，放缓市场增速，这与伦敦金融城的做法背道而驰。欧洲想要对个人和机构进行征税、管理，甚至指手画脚，这导致很难在欧洲市场上取得商业成功。创新是伦敦金融城未来发展的关键，新的关键领域包括金融科技、绿色金融、伊斯兰金融[①]和基础设施投资。其中，由于英国是第

① 伊斯兰金融，即在伊斯兰宗教传承中诞生的金融模式，严格遵守伊斯兰教义中关于利息禁令的指导思想，对各种金融活动的基本要求有三点：一是鼓励借贷，二是追求效率，三是禁止一切形式的利息。

一个探索私有化的国家，基础设施投资可以在此基础上进一步发展。英国的金融创新历史悠久，从发明复式簿记①到创建用于进行国际支付的现代中央银行和电子支付系统，比如伦敦票据交换所银行同业制度系统（CHAPs）、国际资金清算系统（SWIFT），等等。

以前的信息技术系统落后、笨拙且低效，在完成支付之前要经过多家机构之手（全球支付情况下通过清算银行），但现在这种情况已经得到改善。金融科技让客户交易速度加快，现金支付顺利，金融顾问和资产管理公司正越来越多地通过在线应用来处理客户需求。但是，现代系统也带来了一系列新问题，比如网络安全、洗钱和网络诈骗，还有可能因为加快交易速度而牺牲客户服务。

21 世纪还见证了数字钱包等新支付工具的发展，以及全球付、贝宝等独立支付集团的扩张，这些集团为信用卡、苹果支付和银行系统提供技术支持。此外，零售和商业用户也引入了各种新的自动化金融服务。网络货币，尤其是比特币，已经被不择手段的金融家利用来坑骗弱势群体，但他们也引入了更简便的会计新措施，比如分布式账本。英格兰银行是参与数字革命的中央银行之一，数字革命中诞生了“沙盒”②，用于共同投资并试验新技术。国际货币基金组织发现，全球对金融科技的投资一直在稳步增长，从 2010 年的 108 亿美元（62 亿英镑）跃升至 2016 年的 136 亿美元（105 亿英镑）。[14]

① 复式簿记，是“单式簿记”的对称。采用复式记账的簿记。复式记账是会计工作中对每一项经济业务按相等金额在两个或两个以上有关账户相互对应地同时进行登记的记账方法。

② 沙盒（sandbox，又译为沙箱），计算机专业术语，在计算机安全领域中是一种安全机制，为运行中的程序提供的隔离环境。通常是作为一些来源不可信、具破坏力或无法判定程序意图的程序提供实验之用。

金融危机过后，管理全球大型企业贷款和抵押贷款成本的伦敦银行同业拆借利率和欧元区银行同业拆借利率设定过程被曝丑闻和欺诈，负责伦敦银行同业拆借利率的英国银行家协会（British Bankers Association）被撤销，由伦敦一个新的金融集团代表机构英国金融来进行管理。在桑坦德银行英国分行（Santander UK）前首席财务官斯蒂芬·琼斯（Stephen Jones）[15]的领导下，英国金融在伦敦金融城安吉尔考特（Angel Court）最先进的办公室里开展工作，不得不迅速进行调整以适应金融科技。琼斯头发花白，戴着眼镜，神情严肃，他熟悉传统的银行业，但现在他认识到了一个新的现实：

> 我认为，开放式银行、P2P 贷款、技术，以及人们选择管理和收集他们希望通过电话联系的各种服务提供商的方式，将从根本上改变消费者，尤其是中小企业（SMEs），与数据管理员、资金管理员的互动方式。在我看来，人们对数据的信任正在增加，对存款机构的信任也在增加。信息和资金的融合，影响我们如何看待介于两者之间的一系列新服务。[16]

作为全球金融中心，英国拥有由国内研究型大学开发的顶尖 IT 技术，完全有能力试验和开创金融科技。全球付最初只是苏格兰皇家银行内部萌生的一个想法，之后其企业价值不断增加，我们在本章开头已讨论过。会计师事务所毕马威（KPMG）的研究显示，英国已经成为金融科技强国。2018 年上半年，全球金融科技投资达 579 亿美元（444 亿英镑），其中英国占据 28%，吸引了 161 亿美元（123 亿英镑）的投资，超过最主要的竞争对手美国。[17]

在其他二十国集团国家中，中国的金融科技公司发展迅速，[18]但西方消费者和企业是否会将个人和财务数据托付给中国经营的公司，这是一个重大疑问。2018 年 8 月，美国总统唐纳德·特朗普禁止在美国使用华为设备，引发了全球范围内关于西方民主国家使用中国科技的争论。

金融科技在英国的机遇非常大。像全球付的罗恩·卡利法和 P2P 贷款机构融资圈的创始人兼首席执行官萨米尔·德赛（Samir Desai）这样的企业家，已经展示了金融科技在英国可以取得怎样的成就。英国风险资本、伦敦证交所和私营部门普遍表现出了投资意愿。英格兰银行建立了一个“金融科技中心”来鼓励创新，并认识到需要利用科技来更新其最大的基础设施，即每天处理 6000 亿英镑[19]交易的实时全额结算系统（RTGS）。英格兰银行副行长戴夫·拉姆斯登（Dave Ramsden）认识到该行需要实现当前结构现代化，利用金融科技推动变革，增强韧性。他认为：“后贸易体系集合了各企业间不同的系统、基础设施和工作流程，其中的许多系统无法相互交流。”[20]

伦敦金融城的监管机构——金融行为监管局试图通过授权新公司并在审慎监管与鼓励创新的需求之间寻求平衡来推动增长。这种做法导致一些批评者认为，金融行为监管局没有做到鼓励创新，反而恢复了引发 2007 年金融危机的那种宽松监管。挫折是一定会有的。当西班牙的劳埃德信托储蓄银行（Trustte Sarings Bank，简称“TSB 银行”）试图转让其所有者——总部位于加泰罗尼亚的萨巴迪尔（Sabadell）银行开发的开放银行先进技术时，该行的声誉和财务状况遭到毁灭性打击。

2019 年 2 月，TSB 银行透露，其平台崩溃导致该银行损失 3.3

亿英镑，8 万名客户选择将他们的账户转到其他银行。[21] 这也导致消费者容易遭到网络诈骗。而 2020 年 3 月接任英格兰银行行长的原英国金融行为监管局局长安德鲁·贝利则大大松了一口气，因为当时最大的清算银行之一巴克莱银行（Barclays）在英国金融行为监管局的监管下，监督了数以百万的零售和小企业客户的账户迁移，他们的分类代码和银行账号从“历史悠久的巴克莱银行”迁移到一家新的英国银行，这家银行账户受到限制性保护，而且没有出现过任何重大问题。这两个例子都表明，无论情况如何，金融科技都能迅速做出调整，适应新的变化，正是这种调整推动了英国复杂金融行业的变革。英国金融前老板斯蒂芬·琼斯（Stephen Jones）相信，英国监管机构能够把握好分寸，而且在这方面他们比欧盟的同行有更充足的准备：

> 任何提出新产品或新服务的企业，如果不确定如何与监管机构进行互动，都可以申请与监管机构进行沙盒实验①。我相信这是一种积极有效的方法，也意味着许多人正在以动态的方式思考金融服务，并因为监管质量而将目光投向英国。尽管我曾支持留在欧盟，但他们不具备前瞻性思维，奉行保护主义政策，官僚主义严重，是一个狂热的组织。我虽然在那里出生，后来在德国长大，但实际上，我认为英国的文化更好，因为文化就应该是具有开放性的。[22]

① 英国金融行为监管局（Financial Conduct Authority）于 2016 年 5 月 9 日首次正式启动“监管沙盒”项目：“监管沙盒”是一个“安全空间”，允许金融科技公司在保护消费者权益的基础上，测试其创新的金融产品、服务、商业模式和营销方法，在测试期间不受监管规则的约束。

英国要想在金融科技领域保持世界领先地位，需要巨大的支持。正如乔纳森·哈斯克尔（Jonathan Haskel）和韦斯特莱克（Stian Westlake）在《没有资本的资本主义》（*Capitalism without Capital*）[23]一书中所言，为无形资产投资需要一种不同的心态。与用大数据等无形资产担保贷款相比，以房产、生产线或新的物理技术（如电动汽车的动力装置）为抵押进行贷款，这种思维转变会更直观。所以这就需要政策制定者做出重大改变，比如取消对债务的税收优惠，实行对债转股的税收优惠，尤其是对于金融科技初创企业而言。

与在创意产业、制造业和其他许多领域一样，在金融科技领域保持领先的另一个关键是要支持研发（R&D）。英国保守党政府工业战略计划到 2021—2022 年将用于研发的公共支出提高到 125 亿英镑，占国内生产总值的 2.4%。[24]要在日新月异的金融科技领域保持优势，需要英国在脱欧后全力以赴，继续提高在科技前沿和技能发展方面的竞争力。事实上，与全球数字巨头企业一样，金融科技也没有国界之分。欧盟委员会竞争专员（Competition Commissioner）可以通过惩罚谷歌的不公平竞争向硅谷寻求赔偿，并阻止这些垄断企业在欧盟 27 个成员国中进行扩张，但万维网的本质就是开放访问。

自 2016 年在英国成立以来，数字银行蒙佐（Monzo）推出的“小粉卡”便受到千禧一代年轻人的青睐，引起了巨大关注。该卡的吸引力之一是在世界各地兑换外币不需要手续费。蒙佐银行按照英国当局颁发的限制性银行牌照进行运营。用户可以在手机上进行注册，并通过视频链接下载个人详细资料。金融科技和创新带来的便利也给在屏幕另一端渴望个性化服务的客户提供了各种机会。

大都会银行（Metro Bank）大厅明亮，每周营业 7 天，以客户为中心，这就是它的部分吸引力所在。对于这家广受欢迎且发展快速的特许经营商业机构，其缺点在于存在会计核算错误（后被监管机构发现）及公司治理不善，比如该行创始人弗农·希尔（Vernon Hill）让其配偶——英特尔架构（InterArch）的创始人——雪莉·希尔（Shirley Hill）担任首席建筑师并收取咨询费就是一个很大的问题。

尽管大都会银行不愿将消费者转向在线服务，但该银行还是通过自己的方式成了金融科技革命的产物。就我个人而言，我一直相信，一旦高街银行分行关闭计划完成，客户纷纷转向在线账户，那么就会产生新的需求，即提供优质服务的新银行。如果伦敦金融城和金融服务业想要稳步前进，就必须大力推进各种形式的金融创新。人民币交易就是外汇市场取得成功的一个例子。全球付不断攀升的企业价值也示范了如何在金融科技领域创造价值。

英格兰银行行长马克·卡尼是最早认识到“绿色金融”的风险和潜在机遇的全球金融领袖之一。卡尼 2015 年在伦敦劳合社及随后的国际货币基金组织和世界银行会议上发表过关于“绿色金融”的演讲，但这些早期言论都受到了一定程度的质疑。如同 2013 年，他与妻子戴安娜（Diana）出现在牛津康伯里公园（Cornbury Park）的荒野音乐节（Wilderness Festival），也引起了质疑。当时有一种观点认为，他将只关注货币政策和金融稳定。劳合社的演讲本身就具有预见性，认为“在时机成熟时，气候变化将威胁到金融体系韧性和长期繁荣”。

卡尼提醒过保险行业注意向低碳经济（LCE）转型将给其 2 万亿资产带来的风险。他还呼吁对投资的碳强度提供更好的信息。仅在四年之后，即 2019 年 4 月，便发生了环保组织“反抗灭绝”封锁泰晤士河口并占领牛津广场（Oxford Circus）的事件，该事件导致伦敦商业活动陷入停滞。为此，英国下议院罕见达成一致，成为第一个宣布“环境和气候紧急状态”的立法机构。迄今为止，在开发新产品以应对绿色挑战方面，伦敦金融城和政府的行动毫无章法，零零散散，令人失望。其中最令人沮丧的就是绿色投资银行（GIB）在短暂试水后被抛弃。2011 年，联合政府在财政部的反对下创建了该银行，自由民主党（Liberal Democrat Party，LibDems）商务大臣文斯·凯布尔爵士（Sir Vince Cable）告诉议会，该银行将是向低碳经济转型的“关键组成部分”，在未来几十年需要大量投资。绿色投资银行的初始资本为 30 亿英镑，政府相信会进一步吸引 150 亿英镑的私人投资。截至 2017 年 3 月底，绿色投资银行的 100 个项目投资组合总额为 120 亿英镑，其中包括 86 亿英镑的私人承诺资本。该行在四个目标领域进行了投资，分别是海上风力发电、废弃物和生物能源、能源效率和陆上可再生能源。然而，由于能效项目的平均交易规模小得多，该行不能向该领域投入政府希望的那么多资金。

由于绿色投资银行会耗去公共财政一部分资金，所以没有得到财政部的支持，该银行被认为主要是由自由民主党提出的倡议。随着自由民主党在 2015 年大选后出局，绿色投资银行在 2017 年便成为公共财政的牺牲品。经过激烈的竞标，该银行于 2017 年 8 月以 23 亿英镑的价格卖给有着“吸血鬼袋鼠”之称的澳大利亚投资银行麦格理（Macquarie）。[25] 但事情还没有结束。

下议院公共账目委员会（Public Accounts Committee of the Commons）随后发布一份报告，称这笔交易“令人深感遗憾”，并谴责政府未能让麦格理作出保证，继续支持可再生能源项目。绿色投资银行计划利用政府资源释放私人投资潜能，原本有着光明的发展前景，却被卖给了自私冷酷、社会责任意识淡薄的新老板，他们并不在乎是否实现社会目标。尽管政府在绿色投资银行问题上目光短浅、考虑不周，但人们已经开始意识到金融城在应对气候变化中的重要地位。

伦敦证券交易所已成为“绿色债券”的主要上市机构，这些绿色债券专门为应对气候变化挑战的项目提供资金。2017 年，有 27 只新的绿色债券上市，募集资金达 101 亿美元（77 亿英镑）。中国工商银行也发行了价值 16 亿美元（12 亿英镑）的双币种（美元与欧元）绿色债券。26 只绿色基金在伦敦上市，体现出投资者对绿色股权日益增长的投资兴趣。这些基金的发行方包括安联集团（Allianz）、安硕基金（iShares）、JSS 基金、米罗瓦基金（Mirova）和百利达基金（Parvest）。显然，随着气候变化成为国内外议程的重要组成部分，英国有机会紧跟全球政治趋势打造大型绿色环保企业。

英国在金融服务和专业金融市场的领先地位将难以被撼动。虽然离开欧盟会让一些工作岗位和专业知识外流到其他金融中心，但没有任何证据表明法兰克福、巴黎或欧洲央行想要承担起管理盎格鲁 - 撒克逊资本主义核心风险的责任。许多工作岗位转移到欧洲大陆，很大程度上是出于监管而非商业原因，而且数量低于预期。与此同时，从引入人民币交易、伊斯兰金融、绿色债券到基础设施融资，伦敦金融城还在继续创新，但最大的机遇无疑是金融科技。

伦敦证交所通过吸收金融数据和创建新指数，进入了金融科技领域。高街银行越来越受到 IT 和数据的驱动，并努力将新数据纳入自己的工作中。原子银行等互联网银行正在崭露头角，而英国已成为创建金融比价网站和平台的全球领导者。此外，正如马克 · 卡尼所指出的，数字世界中的金融治理和监管将会涉及越来越多的国家。

气候变化融资和数字银行的挑战是全球性的，已经超出了贸易集团的范围。正如英国能够成为美国、日本和中国企业的离岸金融中心一样，它也可以继续为欧盟企业提供所需的批发市场。除了专制经济体之外，货币、利率产品、债券和其他工具都没有只在市场上使用相同货币进行交易的先例。不过，在支持金融科技、绿色市场和创新方面还有很多工作要做，英国当局不能放弃绿色投资银行等充满希望的项目。脱欧后的伦敦金融城需要更加警惕国家利益如何服务英国在国际上的雄心抱负。

尽管事实证明，金融服务业在政治和技术的变迁中经受住考验，并取得成功。但在英国大部分地区，人们对该行业仍持怀疑态度。银行家可能对税收体系和国家财富做出巨大贡献。但他们在社会融入上的表现差强人意，因为他们往往将利润置于道德和社会融入之上。在解决 2016 年脱欧公投中所凸显的社会分歧、政治分歧和地理差异上，伦敦金融城几乎无所作为。

消除或弥合这些分歧，是新当选的鲍里斯·约翰逊及其逊政府在 2019 年设定的主要目标之一。但由于新冠疫情需要进行大规模经济和金融干预，这一目标被严重耽搁。不过，人们不应低估伦敦金融城的韧性及其创造新金融模式的能力，这些金融模式能够帮助政府消除社会不平等现象。下一章将探讨年轻人与老年人、北方与南方、富人与穷人之间的分歧。对于一个脱离欧盟后更加独立的国家来说，解决这些根深蒂固的裂痕将是最大的挑战之一。

第七章
分裂的国家：地理、代际与商品之战

事实上，法律总是有利于拥有财富的人而不利于一无所有的人。由此可见，只有在人人都有一些东西，而又没有任何一个人拥有太多东西的时候，社会状态才对大家有利。

——让 - 雅克 · 卢梭,《社会契约论》，1762 年

英国有很多引以为傲的东西：大学、创造力、科技，以及金融创新等。但是英国也是一个分裂的国度，充斥着不平等现象、地区差异及紧张的代际关系。2016 年的脱欧公投便暴露了英国社会这些深深的裂痕。脱欧公投可能关注的是相对简单的“加入或退出欧盟”这个问题，但根据投票数据和后续分析，其背后的信息要复杂得多。

其中许多问题反映出一个“破碎的英国”——也就是一个失败的社会。这个国家似乎内部存在分歧，从许多薄弱之处开始分裂：北方

与南方，富人和舒适的中产阶层与不那么富裕的人和彻头彻尾的穷人，城镇与乡村，尤其重要的是年轻人与老年人的分裂。英国的部分地区，特别是苏格兰、威尔士的部分地区和北爱尔兰的民族主义者，将公投结果视为结束联合王国的机会，并或直接或间接地以欧盟成员的身份，开始走向统一的爱尔兰或独立的苏格兰。

这些展现出来的分歧复杂深奥。伦敦及繁华的东南部与英国其他地区之间的对比被形容为北部与南部之间的战争，在许多不同的层面都能看到其社会经济的差异。伯明翰、曼彻斯特和利兹这些最具活力的北部城市有着熠熠生辉的新大楼、蓬勃发展的媒体和 IT 社区及高质量的红砖大学[①]，与更贫困的北部地区相比，这些城市自身与伦敦部分地区有更多的相似之处。

长期以来，养老金领取者被视为英国社会中的弱势群体，但现在，他们却越来越多地成为年轻人批评的对象。他们认为老年人受到百般优待，可以享受旅行津贴、免费处方、冬季燃料补贴，75 岁以上的老人还可以享受免费电视执照（这项福利政策直到 2019 年才被英国广播公司决定取消，后因 2020 年 3 月新冠疫情暴发而被推迟），还有人对有的老人享受最终工资养老金计划感到不满。

人们普遍认为，养老金和金钱利益就是挣来的薪水，只是推迟到未来再领取。而近年来，这一观点却受到了广泛的质疑。很多不满都是针对婴儿潮一代[②]，即在第二次世界大战后出生且在21 世纪初达到

① 红砖大学（Red Brick University）是指在大英帝国时期的维多利亚时代，创立于英格兰的六大重要工业中心城市，并于第一次世界大战前得到英国皇家许可的伯明翰大学、曼彻斯特大学、利兹大学、布里斯托大学、谢菲尔德大学和利物浦大学。

② 婴儿潮一代，指各国的生育高峰期。各时期的婴儿潮一代都会刺激国家经济，但当婴儿潮一代退休时也会给政府养老保险带来巨大压力。

退休年龄的一代人。一些年轻人认为，由于20世纪末的高通货膨胀率和金融危机前10年（21世纪头十年）的工资上涨，这一代人从免费的大学教育和暴涨的房价中享受了巨大红利。

如果说有什么影响的话，那就是英国脱欧引发的分歧可能会因新冠疫情和封锁而加深。有的时候，比如在新冠疫情高峰期，整个国家看起来似乎团结一致，不仅遵守封锁规定，而且力挺英国国家医疗服务体系。除此之外，疫情可能会引起代际更广泛的误解。英国老人（第二次世界大战后婴儿潮一代）及其子女对一个放任老人在养老院自生自灭的制度感到失望。18—24岁年龄段的年轻人最有可能受到失业率激增和就业机会减少的严重影响。

很多对代际冲突的批评都是基于刻板印象。将20世纪50—70年代上大学的人与21世纪上大学的人所获得的好处进行比较是非常具有误导性的。20世纪50年代，只有4%的中学毕业生上了大学，到70年代末，这一比例升至14%。在1997年至2007年布莱尔-布朗时期的大力推动下，上大学的人数飙升至40%以上。仇恨那些享受低成本大学教育的人在一定程度上是错误的，因为当时绝大多数中学毕业生根本没有享受这一相对罕见的“特权”。在我的那些来自英格兰南海岸布莱顿市（Brighton）公立学校的密友中，我是少数有幸进入大学的人之一。而大部分人则是通过更传统的途径进入了专业阶层，比如从学校毕业后直接进入律师或会计师事务所实习。

其他出现的分歧在很大程度上被认为是后金融危机时代或全球性的现象。全球范围内“民粹主义”运动的兴起，比如唐纳德·特朗普领导的美国共和党和维克托·欧尔班（Victor Orbán）领导的匈牙利青民盟[①]，都被认为是对收入不平等加剧及移民失控的回应。人们已经意识到，所谓的精英和专家与普通公民之间的分歧越来越大。普通公民被认为不得不为统治者和银行家的失误付出代价，因为他们的收入受到了严重挤压。就英国而言，它不得不实行预算紧缩政策。2011 年 9 月，针对银行家和政府的愤怒首先在纽约祖科蒂公园（Zuccotti Park）爆发，抗议者们发起“占领行动”[②]，后来通过社交媒体迅速蔓延至位于伦敦金融城的圣保罗大教堂和世界其他地区。

这些分歧也在进步运动中获得了政治话语权。以 2016 年美国总统大选中的民主党候选人伯尼・桑德斯和 2020 年大选中的桑德斯和伊丽莎白・沃伦为代表的左翼势力出现了明显的复辟，并受到年轻选民的拥戴。在英国，左翼组织“动量派”[③]兴起，以及一度被视为政治“局外人”的杰里米・科尔宾在 2015 年获选成为英国工党领袖，这些都是选民对其所厌倦的经济紧缩和不平等现象的回应。2020 年 5 月 25 日，乔治・弗洛伊德（George Floyd）被明尼阿波利斯市（Minneapolis）警察残忍杀害后，黑人人权运动“黑人的命也是命”（Black Lives Matter，BLM）爆发，这也成为各左翼力量兴起原因之一。事实证明，这一导火索让大西洋两岸数以万计的抗议者无视新冠

---

① 青年民主主义者联盟（FIDESZ），简称青民盟，匈牙利执政党。1988 年 3 月 30 日成立，主要为青年知识分子，主张建立议会民主、市场经济和机会均等的福利制度。

② 占领行动（Occupy Movement），是指 2011 年 9 月 17 日在纽约爆发的“占领华尔街”民众抗议活动，意图是抗议全球经济危机。此后抗议浪潮向洛杉矶、波士顿、芝加哥、华盛顿等美国 50 多个大城市蔓延；并迅速蔓延至英国、德国、日本、意大利等国家和地区。

③ 动量派（‘Momentum’ movement）是工党里主张走“群众路线”的派系，核心政治观点（或者说对于社会改造的方案）是遵循费边社会主义（Fabian Socialism）的“温和改革”，主张通过渐进性的政策制定推动社会变革，而非暴力革命。

疫情封锁和保持社交距离的规定，为乔治·弗洛伊德之死走上街头。

从不同的思考方式中，可以发现哪些群体受到损害。脱欧公投后，特蕾莎·梅领导的保守党政府于2016年8月上台[1]，开始关注生活困难的中产阶层。决议基金会（Resolution Foundation）等英国智库关注的是日益加剧的收入不平等现象。而政治上的左派则纷纷关注出现“新穷人”的原因，据说他们越来越依赖由第三方支持的食品银行填饱肚子。从更客观的层面来看，政府一直在努力解决性别薪酬差距问题。英国国家统计局发现，英国各族裔的收入存在巨大差异。华裔、印度裔及混血群体的收入高于英国本土白人员工，而巴基斯坦裔和孟加拉裔群体的收入则最低。[2]

许多亟待解决的问题，比如迫切需要为老龄化人口和痴呆症患者建立更好的社会关怀体系的问题，由于太难处理，均已被历届政府搁置一旁。但任何到访过医院急诊部门（A&E）、短期住院病房或任何医院部门的人都可以亲眼看到，早在新冠疫情成为医院额外负担以前，英国国家医疗服务体系就不得不处理各种问题。除了传统的急诊，因内出血、工伤事故或心脏疾病而被匆匆送入医院的病人不得不与年老体弱者和痴呆症患者争夺医生和床位。对于后一群体来说，即使是上厕所这样最简单的人类需求，也可能成为他们和急诊室工作人员之间拉锯的主要战场，急诊室员工也因此经常遭到打骂。社会关怀体现了代际分歧的另外一个方面。

毫无疑问，全球化造成贫富差距扩大，这当然是导致不满情绪高涨的原因之一，但人们认为一系列代际问题才是主要原因。为了解决这些问题，人们普遍呼吁制定新的社会契约。这也是特蕾莎·梅执政（2016—2019年）初期的一个明显特征。由于这位保守党领袖未能实现脱欧，其执政生涯屡遭重创，最终在2019年春季戛然而止。但实际上，当保守党在2017年6月8日的提前大选中失去议会多数席位时，就已经不可能推行新的社会解决方案了。梅此前在2016年10月5日保守党大会上的讲话中就概述了社会分裂的原因和她提出的解决方案。她告诉保守党的忠诚信徒们：

> 金融危机后牺牲最大的不是富人，而是普通的工薪阶层家庭。如果你是其中失业的一员，又或者你并未失业，但是上班时间和薪水有所减少同时家庭账单费用却飙升……再或者你发现自己因低技能移民而失业或收入下降时，生活似乎并不公平。因此，我们必须进行变革。

梅接着概述了她认为社会所需要的改变，包括建立一种新的社会契约，主张在雇用海外廉价劳动力之前先对本地人进行全面培训；结束“富裕的老一辈和苦苦挣扎的年轻一代之间，以及伦敦和全国其他地区之间”的分裂和不公平。她继续批评那些赚了大钱却不帮助员工的老板，以及那些“把税法当作可有可无”的国际公司。这位英国前首相凭直觉弄明白了困扰英国的一些问题，这些问题促成了反建制的脱欧公投结果。她领导的政府软弱、无能、被脱欧弄得四分五裂，所以，尽管她想要制定新的社会契约，找出分裂英国或其他西方民主国家的弊病，但种种努力从未得以付诸实施。

然而，为了缓解金融危机带来的影响，国际议程主要围绕寻求一种新的社会契约展开。2016年4月，当我在华盛顿采访国际货币基金组织第一副总裁大卫·利普顿（David Lipton）时，[3]这个历来在财政上持保守态度的经济组织正在摸索新的社会解决方案。这位当时被视为国际货币基金组织知识领袖的官员坐在他宽敞的办公桌后面对我说："现在很多人对此表示质疑，但我不认为事情无法改变。"利普顿认为，国际货币基金组织需要采取更多措施，想办法确保全球货币体系有助于提高生活水平，而非背道而驰。这对一个组织来说是一种全新的思维方式，因为在其约 60 年的历史中，大部分时间里都是采取雷厉风行的手段。[4]

国际货币基金组织已成为建立新社会契约最有力的支持者之一。英格兰银行前副行长妮玛特·米努什·沙菲克（Nemat 'Minoche' Shafik）2018 年在国际货币基金组织的《金融与发展》（*Finance & Development*）杂志上刊文指出，"克服对技术和全球化的恐惧意味着重新思考公民的权利和义务"[5]。作为伦敦政治经济学院（London School of Economics）院长，她认为，由于"超级全球化"和金融危机后的紧缩政策，旧的社会契约受到一定削弱。莎菲克提倡预分配政策，包括在教育、社会流动性、贫困地区的基础设施投资，以及生产力提高等方面开展工作。她还指出，发达国家面临着代际公平这个大问题。

社会契约理论有着悠久的历史。早在 16—18 世纪，该理论便被政治哲学家普及开来，比如托马斯·霍布斯（Thomas Hobbes）、约翰·洛克（John Locke），以及最著名的让－雅克·卢梭（Jean-Jacques Rousseau）。他们用社会契约理论来解释民族国家和政府对被统治者规定的义务。这些理论家的侧重点各不相同，但从本质上讲，社会契约是一个双向的过程，在这个过程中，政府和人民找到符合国家利益的共同事业，每个人与最终的结果都密切相关。这样一来，社会契约便成了一种协议，为国家治理提供思维模板或政策框架。人们为这个体系做出贡献，并根据自身需要从中受益。这便是历代以来人类与社会互动的方式。

长期以来，英国一直在这种心照不宣的协议框架下运行。直到20世纪70年代，“社会契约”一词才在英国有了切实的表现形式，当时哈罗德·威尔逊领导的工党政府推出了自己的“社会契约”，以应对造成社会崩溃的工业危机。这是英国政府最近一次尝试制定收入政策。根据这个社会契约协议，由前保守党首相特德·希思[6]在1971年通过但备受争议《劳资关系法》(*Industrial Relations Act*)将被废除，转而实行食品补贴和租金冻结的政策。作为协议的一部分，工会大会(Trades Union Congress)将说服其成员配合自愿限制工资计划。威尔逊的社会契约旨在避免以前收入政策所产生的困难，以前的政策允许雇主(在国有化的行业中相当于政府)在工资谈判中区别对待各个群体。而且，为了防止出现不断要求加薪，薪资协议签订的间隔时间为12个月，这样国家可在一定程度上预测未来的工资成本。

此外，商定的工资增长仅限于补偿自上一次薪资协议以来的通货膨胀，或补偿在下一次薪资协议前的预期未来价格上涨。该协议在一定时间内成功解决了以前因收入政策产生的困难。正是在此基础上，财政大臣丹尼斯·希利(Denis Healey)才得以推出强硬的预算政策，用来遏制那个时代的高通胀①及不断增长的政府支出。直到20世纪70年代末，在詹姆斯·卡拉汉[7]领导的工党政府同意接受国际货币基金组织严厉的货币和财政政策后，该收入政策在工党执政末期才被

---

① 高通胀，即高通货膨胀率，通货膨胀就是货币供给大于货币实际需求，也就是购买力大于实际产出，即总需求大于总供给。高通胀就是社会总需求远远大于社会的总供给，从而导致货币贬值，引起一段时间内的物价飞涨。

逐渐取消。

社会契约的概念是非正式的而不是正式的，是隐含的而非明确的。诸如此类的情况英国还有很多，比如不成文宪法①。社会契约是一种与人们达成的协议。传统上，社会通常支持代际契约，根据这种契约，每一代人在其生命的不同阶段有所需要时都能得到满足，比如说从出生到整个早期发展一直到教育阶段的儿童、需要住房、工作和医疗保健的成年人和贫困家庭，以及需要养老金和社会关怀的老年人。这种社会福利保障方案在1942年的《贝弗里奇报告》②（*Beveridge Report*）和“从摇篮到坟墓”这一表达中都有所体现。[8]

第二次世界大战后，英国经济高速增长，社会机会③不断扩大，这不由得让每一代人比前一代人有更多的期待。英国高度发达的社会保障体系及其自动稳定器④的设计初衷是为了在经济放缓和衰退时期发挥作用，为失业者提供保障。长期以来，英国的经济解决方案一直

---

①“不成文宪法”是“成文宪法”的对称，是宪法的一种形式分类名称。由许多分散的、不同年代产生的宪法性文件、惯例、法院判例等构成的宪法。英国宪法是典型的不成文宪法，没有明文规定的宪法典和独立的法律文书，其内容见于英国资产阶级在与封建贵族的斗争和妥协中，先后通过的宪法性法律文件、确认的约定俗成的惯例和法院的判决之中。

②《贝弗里奇报告》发表于1942年11月，由英国著名经济学家威廉·贝弗里奇编写。此报告设计了一整套“从摇篮到坟墓”的公民社会福利制度，为全英国所有公民提供了医疗、就业、养老和其他福利保障。

③ 社会机会（social opportunity），是指在社会中获得的各种可能性和机遇，可以促进个人的成长、发展和社会参与。可以包括教育机会、就业机会、经济机会、社交机会、文化机会等，为个人提供了展示自己能力、实现个人目标和获得社会认可的平台。社会机会的多少和质量通常受到社会的制度、资源分配、社会阶层等因素的影响。

④ 自动稳定器，亦称“内在稳定器”，是在资本主义经济中，无须经常通过政府经济政策的变动而有助于减轻就业水平、物价水平和收入水平等经济因素的波动，使其自动趋于稳定的减震器。

是保护弱势群体免受更恶劣的经济环境影响。新冠疫情暴发后，政府采取了一系列措施来缓解社会经济压力，比如将成千上万无家可归的人从街上接走，暂时安置在旅馆里；向领取通用福利金的家庭一次性发放补助；在学校关闭期间帮助贫困家庭儿童接受教育，以及向不太富裕的家庭提供免费校餐，等等。

1992 年 9 月 16 日（黑色星期三），英国退出欧洲汇率机制，此后一段时间英国经济开始强劲增长，甚至在 1997 年至 2007 年布莱尔工党政府执政期间，其发展势头更加迅猛，确保了这段时期内的公民福利保障方案得以实现。然而，2007—2008 年的金融危机及随后的经济大萧条，导致福利方案突然中断。值得注意的是，早在 2006 年，也就是布莱尔离任的前一年，就有媒体谈论“婴儿潮一代正陷入一片混乱”。第二次世界大战后出生的婴儿潮一代赶上了英国经济高速发展，习惯了 20 世纪 60 年代的过度享乐主义，被认为在霸占或自私地消耗社会资源。随着 2008 年全球金融危机爆发，以及随后的长期紧缩计划，人们对婴儿潮一代的不满越来越强烈。戴维·卡梅伦领导的保守党 - 自由民主党联合政府试图解决工党遗留的问题，包括每年 1500 亿英镑赤字和接近国民产出 90% 的国债，因此不得不缩小政府和公共部门的规模。

形势被强硬地重塑后，公众认为，英国不再履行代际契约的条款，这种长期以来的约定不能被视为理所当然。越来越多的人感觉到旧的社会契约正面临真正的威胁，人们也越来越担心，年轻人可能无法享受他们的前辈所获得的福利。这种看法有点不公平。因为英国保留了西方世界最慷慨的福利制度之一；尽管金融危机后欧洲大部分地区失业率激增，但英国成功避免大规模失业；过去十年以来，英国的就业率达到了历史最高水平。2020 年前几个月劳动力失业率为 3.8%，这是自 1974 年以来的最低水平。

前保守党大臣大卫 · 威利茨（David Willetts）因其惊人的思维能力而被亲切称为“超级大脑”。金融危机爆发后，他在全国范围内主导了一场关于代际关系失衡的辩论，自那之后，这场辩论从未消停。在他担任主席的“左倾”研究和政策团体决议基金会的支持下，威利茨勋爵认为[9]，代际的解决方案已经失灵。年纪较大的人，尤其是在第二次世界大战后一二十年间出生的婴儿潮一代，他们在工作、养老金、教育和住房方面有很好的保障，而这一切的代价就是牺牲年轻一代。

2015 年，他再次发出警告：“我们正在重塑这个国家，积攒问题……社会契约是代际的契约。在英国，它正逐渐失灵。”[10] 威利茨率先呼吁在英国建立新的社会契约，一年后，工党领袖爱德华 · 米利班德（Ed Miliband）也加入呼吁行列。他说：“每一代人都会比上一代人做得更好，英国的这个传统信仰正在崩塌。”米利班德可能在阐明工党的官方立场，但他的主张可能适得其反。

2016 年脱欧公投后，越来越多的人责怪婴儿潮一代，一些人认为这只是在激起年轻人的怨恨和无力感，但这些人却又在 2016 年 6 月底写给《独立报》（*Independent*）的一封里，直言不讳地表达了他们的强烈不满：

> 婴儿潮一代通过大量公共借贷补贴生活，然后投票支持紧缩政策；他们享受最终工资养老金计划，然后投票废除它们；他们享受免费的大学教育，后来也投票废除；他们享受

> 公用事业，然后又把它们卖掉；现在，在享受了一生的欧盟公民身份之后，他们投票剥夺了我们的欧盟公民身份——甚至这并不是为了省钱，而只是为了得到一种民族自豪感。我们已经受够了！[11]

学术界的部分人士认为，公投结果标志着几代人之间酝酿已久的分裂，而英国畸形的经济导致分裂更加严重。例如，剑桥大学的克里斯·比克顿（Chris Bickerton）引用了英国的消费驱动型增长模式，这种模式维持了对低技能服务业的需求。[12] 在 2008 年的经济危机之后，该行业中能够获得贷款和抵押贷款的年轻人越来越少，因此他们在经济上和社会上被进一步束缚。在涉及税收、养老金、就业、住房、教育和政治等方面的榜单上，财富分配尤其突出，这些全部都被认为是阻碍社会流动的因素，需要加以解决。关于经济差距，威利茨指出："现在退休养老金领取者更趋年轻化，也即婴儿潮一代，为什么他们最后能享受到如此巨大的福利，而这些福利可能对后来人的收入没有什么推动，这是有一些具体原因的。"

即便如此，英国的年轻人仍然比许多欧洲大陆的同龄人处境更好。在欧元区国家，金融危机及随后的希腊和欧元区危机带来的失业问题需要几十年才能修复。希腊社会动荡程度达到有史以来最严重的地步，2019 年青年失业率达到 40.4%；西班牙的情况也令人不安，青年失业率高达 31.7%；意大利的失业率为 30.5%。[13] 相比之下，英国 16—24 岁人口失业率仅为 11.2%，这是 20 世纪 90 年代初以来的最低水平。[14] 此外，英国持续为年轻人创造新的就业机会，至少在新冠疫情扰乱经济秩序之前一直如此，至少从数据来看，他们应该感到没有与社会那么格格不入。但决议基金会指出，与老一辈相比，年轻一代的收入没有增加，积累的财富也少得多。[15] 尽管家庭财富自 2000 年以来增长迅速，但这只是针对 20 世纪 60 年代之前出生的人而言。据该基金会称，随着贫富差距不断扩大，代际收入不平等也更加严重，而已经很富有的千禧一代可能会加剧这种局面，他们出生于 1981 年至 1996 年，未来会继承巨额家产。由于取消了学费上限，毕业生在完成三年大学课程后平均负债 5 万英镑，这进一步增加了代际压力。总而言之，报告的结论是年轻人的日子很不好过。但是，这些数字也不能完全说明问题。

文化变迁意味着年轻人不那么渴望积累财富了。许多人倾向于更灵活的生活方式，不再把工作和赚钱放在首位。同样，认为老一辈人买房更容易的观点也需要一些反思。没错，房价在英格兰南部飙升幅度远远超过了收入水平，但抵押贷款市场已发生巨大变化，灵活程度大大提升。住房贷款供应商呈指数级增长，各种抵押贷款方案数不胜数。利率也是自金融危机以来的最低水平。我还记得，在华盛顿当了很长一段时间记者后，我在 1989 年回了英国，仅仅是买房就被要求支付 12.75% 的抵押贷款利息。而现在，后金融危机时代的购房者却认为 2.75% 的利率过高。

毫无疑问，金融危机给收入带来了严重持久的影响。2015 年，英国财政研究所估计，养老金领取者平均每周收入为 394 英镑，高于其他人群，后者的平均每周收入估计为 385 英镑。虽然收入差距很小，但令人意外的是，两者的收入都不高。2017 年，通过官方统计数据来分析金融危机的全面影响。年轻一代的收入低于曾处相同年龄阶段的父辈的收入。自 2008 年以来，年轻人的收入平均下降了

7%。而60岁以上的老人，在按零售价格指数上调的国家养老金的支持下，生活水平提高了11%。[16]

不像那些家境富裕的人，许多年轻人除了收入不足之外，还无法拥有自己的房产、股票及存款等个人资产。而拥有的资产越多，年轻人就越有安全感，也就越有可能在职业生涯中冒险。天赋和遗产对年轻人有着重大影响。迈出买房的第一步通常是得到父母的资金支持。从本质上讲，父母帮忙买房能让家境较好的年轻人领先同龄人，提前获得一部分未来的遗产。

为了解决代际不平等，人们提出了各种各样的办法。支持布莱尔派工党的英国智库公共政策研究所（Institute of Public Policy Research，IPPR）主张建立"公民财富基金"，将私人和企业资金结合起来，通过共同分红为英国公民提供最低限度的继承金。[17] 这个基金的拥有权和管理权属于每一位英国公民，并将代表每一位公民来积累资产，让所有人都能从中分一杯羹。此外，公共政策研究所还考虑了老年人在英国工作人口中占比越来越大的问题。它为此推行了一项政策[18]，认为这项政策能为退休提供资金，并改变人们对老龄化的普遍态度。公共政策研究所主要提倡发展区域代际账户作为规划的基础，这进而会促使财政权力下放。

另一个减少不平等现象的办法是引入"全民基本收入"①（简称UBI）。人们通常将其当作实现再分配目标的一种工具，比如解决贫

① 全民基本收入（Universal Basic Income，UBI），又称"无条件基本收入"，是指某一国家或地区政府做出的每月或每年为其管辖区域内的全体公民或居民提供一笔固定收入的保证，这种保证会覆盖有关区域内全体具有合法身份的公民或居民，不附加任何额外条件，可终生连续发放。

困和不平等问题，同时允许社会保障系统惠及由于各种原因未被覆盖的部分人口。此外，UBI 也被用来给社会上被忽视的群体提供一次性资助，比如金融危机后的一代，这样他们就可以在年轻的时候享有平等的机会。政治上保守、思想上独立的美国阿拉斯加州从 1982 年开始引入 UBI 计划，到现在是唯一一个仍在推行该计划的地区，这里的所有人可以共同分享该州的石油和天然气资源带来的红利。在芬兰、印度、肯尼亚和美国部分地区也已经启动了 UBI 试验计划。[19] UBI 计划的支持者将其视为一种战略工具，可以支持经济结构改革的实施。然而，UBI 计划的反对者担心它可能会对职业道德产生负面影响。此外，如果 UBI 计划的覆盖范围太广，它可能会将不必要的资源分给较富裕的家庭，从而加剧已经存在的不平等现象。

政治上无论左派还是右派都支持 UBI 计划。诺贝尔奖得主、美国经济学家、货币主义的倡导者米尔顿·弗里德曼（Milton Friedman）认为该计划可以提高福利国家的效率。在英国，自称为马克思主义者的工党前副领袖约翰·麦克唐奈（John McDonnell）也支持 UBI 计划，认为它是一种通过提高底层人口的收入来减少不平等的途径。世界各地也正在进行一些小范围的 UBI 试验。2017 年 1 月，芬兰启动了一项为期两年的试验，有 2000 人参与其中，无论他们是否工作，每月都可领取 500 多英镑。据报道，到 2019 年 2 月，尽管参与者自信得到提升，但该计划并没有改善就业状况。在美国加利福尼亚州，斯托克顿市长迈克尔·达菲（Michael Duffy）认为，UBI 计划可以彻底消除该市贫困，该计划将无条件保障居民每月 500 美元的基本收入。2019 年，斯托克顿市率先试行为期 18 个月的 UBI 计划，由私人投资者赞助，其中一个试点计划是跟踪参与这个项目的居民，观察他们如何使用这笔钱。

2019 年 2 月，法夫郡（Fife）议会成功向苏格兰政府争取到 25 万英镑后，苏格兰的 UBI 试验得到批准。法夫郡将与北艾尔郡（North Ayrshire）、爱丁堡（Edinburgh）和格拉斯哥市（Glasgow）及苏格兰国民医疗服务体系合作，探索在这些地区开展 UBI 试点的可行性。该计划旨在减少贫困和不平等，探讨如何建立更加完善的福利制度。在其他地区，西雅图（Seattle）作为亚马逊和星巴克的总部所在地，是美国最富有的城市之一，计划将最低工资提升至北美最高水平，以此来减少不平等现象。缩小代际贫富差距的其他办法，以彻底改革税收和养老金制度为主。威尔莱茨勋爵提出无偿给年轻人提供一笔资金，每个 25 岁的英国公民都将一次性获得 1 万英镑。这笔资金来源于对继承 12.5 万英镑或以上的人征收一种全新的“终身收入税”，那将取代现有的遗产税制度。这笔税款将帮助英国年轻一代积累存款，用于买房、创业、教育进修、技能培训等。作为一揽子计划的一部分，超过领取养老金年龄的职工将继续缴纳国民保险（National Insurance），“银发族”（婴儿潮一代）不再享受免缴国民保险这项额外福利。

2020 年春季，新冠疫情席卷英国，英国智库新经济基金会（New Economics Foundation）首席执行官米娅塔·法恩布勒（Miatta Fahnbulleh）呼吁重塑贝弗里奇提出的福利国家模式。她提倡最低生活标准：“应该有一个现金安全网，提供最低收入保障，不允许任何人低于这个收入标准。”[20]

乔治·奥斯本在 2016 年推出的终身个人储蓄账户（LISA）虽从未被完全接受或推广，但它可能为减少代际不平等提供了一条途径。

终身个人储蓄账户可用于年轻人买房、增加长期储蓄和养老金。任何年龄在 18 岁至 40 岁的人都可以开设一个终身个人储蓄账户，在 51 岁之前可以每年存入 4000 英镑。为了提高公民参与积极性，政府额外提供储蓄的 25% 作为奖励，每年最高可达 1000 英镑。如果实施得当，并且随着时间的推移，税收和奖金会进一步提高，那么，在减少代际不平等方面，该计划显然会成为颇具吸引力的办法。

决议基金会的报告指出，2008 年后，英国年轻一代的就业水平一直很高，但其中许多人普遍工资低、需要轮班工作、劳动合同是短期的及从事的是个体经营——也就是所谓的“零工经济”，其薪酬水平其实低于那些更传统的工业领域。大量的合同工让就业水平看起来不错，但也带来了工作不稳定和工资低的问题。

这类合同工被一些评论家看作是消费驱动型经济模式失灵的部分表现，并被认为是导致英国脱欧公投的一个原因。然而，在英国脱欧公投后的 3 年里，整体失业率下降，劳动力市场收紧，学徒工岗位增加同时兼职及合同工作转为长期，这缓解了年轻人收入下降的压力。而现在，这些好不容易取得的成果可能会被新冠疫情所扰乱。财政研究所的保罗 · 约翰逊主张用更多的资源来“支持和重视继续教育和技术教育”。[21]

基金会的报告深入探讨了年轻一代的薪酬停滞问题，发现尽管 1969 年至 1974 年出生的人获得学位的比例增加了 37%，但 20 世纪 80 年代初和 80 年代末出生的人获得学位的比例仅为 7%。最关键的是，非学位项目也没有跟上。在没有获得学位的群体中，自由职业者比例最高，这些千禧一代最有可能选择在服务业和酒店业等增长最快但薪酬最低的行业工作。与此同时，千禧一代跳槽的可能性不大，但这又通常是获得高薪的最佳途径。为了解决这一问题，决议基金会呼吁加强就业保障，并敦促企业与零工经济从业人员签署定期合同，比如送货司机和快餐店员工，他们通常签的是“零工时合同”。

随着英国在2018—2019年进入充分就业期，越来越多的临时工和兼职工作转为长期，这可能让关于“零工时合同”的辩论不再那么尖锐。但决议基金会提议为轮班工人提供更合理的轮班通知，并延长个体户的法定权利，这类改革将加强英国脱欧后的就业。此外，为年轻人提供就业机会的其他措施还包括推出“更好工作协议”（Better Jobs Deal），投资10亿英镑，为年轻员工提供实际支持和资金。与之相关的附加协议预计使用15亿英镑来填补技术教育资金的长期缺口，确保英国成为技术强国。英国具备这个能力，但前提是恢复技术教育的资金状况，能够给年轻人提供接受技术教育的机会。

累进税和养老金改革也被视为解决代际不平等的重要手段。英国有一套设计税收改革的复杂机制，其核心机构是简化税收办公室。此外，独立财政研究所和右翼纳税人联盟（Taxpayers' Alliance）等更具政治色彩的团体也提出了许多其他建议。在解决代际问题方面，比较明显的改革是遗产税改革。那些继承大量遗产的人认为这种税收太过繁重，而穷人则对这些经济状况良好的人享受税收减免感到不满。要解决这一问题，一种可能就是转移重心，让世代相传的馈赠、现金及资源享受到更为宽松的税收待遇。另一种可能解决代际不平等的方法是取消市政税，改为向富裕群体征收财富税。

人们认为，社会分裂和经济分化的核心问题在于土地和财产所有权。2019年，为了回应公众意见，英国工党发布一份报告[22]，建议对土地和房屋所有权的管理方式进行现代以来最彻底的变革。该报告由著名环保活动家乔治·蒙比尔特（George Monbiot）进行编辑，试图颠覆现有的土地和房屋所有权秩序。报告要求提高土地和房屋所有权的透明度，编写一本《末日审判书》[①]式的登记册，防止通过离岸实体、信托、假名等其他类似手段让土地所有权避开公众监督。但报告中并未说明如何使用这些信息，以及为了更好地使用这些土地和房屋，这些信息是否可以作为没收土地的初期准备。

报告中大部分内容极具争议性，包括建议越过业主直接赋予租户无限租约权（实际上是一种没收形式）及“社区土地信托”（Community Ground Trust），该信托赋予当局从商业业主手中获取土地的巨大权力，以便用于建设社会住房等。大农场所有权也受到抨击。大农场将被分割成较小的单元，由劳动者和新的农业从业者进行耕种。不出所料，这些提议遭到了强烈反对，因为它们似乎破坏了私有制本身的概念，并转向一种出现严重错误的集体主义形式，津巴布韦和委内瑞拉两个国家就是最好的例子。

最关键的是，这份报告似乎直接攻击了英国房产民主制。这些激进的提议简直令人震惊。从经济角度来看，它们的风险也很大，会压低土地和房屋的价格，威胁银行体系的稳定，并让捉襟见肘的房主陷入负资产状态。尽管如此，一个主要政党能够撰写并采纳这样一份报告，足以说明代际差异为何成为关注焦点，以及通过实现财产所有权现代化和税收现代化，让年轻一代拥有住房的可能性增加对于脱离欧

---

①《末日审判书》（*Doomsday Book*）是英王威廉一世下令进行的全国土地调查情况的汇编。“末日审判书”一名意指它所记录的情况不容否认，犹如末日审判一样；还有说法是由于他派出的调查员个个如凶神恶煞，调查内容又极细致，使被调查者如履薄冰，好像在接受上帝使者的末日审判一样。

盟后的社会凝聚力至关重要。

养老金也成了一个高度敏感且容易引发争议的话题。人们仍对第二次世界大战后及 20 世纪末的数代人感到不满，因为他们是待遇确定型养老金计划（即最终工资养老金计划）的受益者。1997 年，时任财政大臣戈登·布朗决定终止对公司股息的税收减免，这给该养老金计划最后一击，再加上对养老基金进行更加严格的监管，私营部门最慷慨的养老金计划就此终结。但是，这个养老金计划在公共部门仍然存在，常常被当作对微薄工资的补偿。

在 21 世纪进入劳动力市场的人无法享受这类养老金计划，再加上“人口定时炸弹”，结果就是已经退休或即将退休的老年人数量空前增多，同时又没有足够多的年轻人工作或赚到足够多的钱，通过缴纳税收和国民保险税来支撑这些未来的养老金领取者。许多年轻人的收入甚至不够给自己存养老金。这就加大了英国培养高技能人才的压力，从而需要对该体系投入更多的资金。这就是为什么如果要恢复社会凝聚力和代际契约，对高技能人才友好的移民政策将至关重要。

人们普遍认为，养老金领取者和即将退休的人会过得很好，但这一切的代价是牺牲年轻人。事实上，整个养老金制度已偏向年轻一代。2010 年至 2011 年，联合政府对国家退休养老金实行“三重保障”政策，即养老金每年涨幅按照 2.5%、以零售物价指数（RPI）计算的通货膨胀率或收入增长三项指标中最高者来确定。据估计，这项保护措施每年要花费财政部 600 亿英镑。2020 年，由于新冠疫情对财政情况造成影响，财政大臣里希·苏纳克重新考虑未来是否继续实施“三重保障”政策。

现在，尽管“三重保障”政策财政压力过大，但养老金领取者仍享受着该政策的福利，而未来的退休人员将不得不等待更长的时间才能获得他们的福利。2020年，领取国家养老金的年龄资格从65岁提高到66岁，预计到2028年将提高到67岁。2019年，由前保守党领袖伊恩·邓肯－史密斯（Iain Duncan-Smith）领导的智库社会正义中心（Centre for Social Justice）就呼吁进一步提升国家养老金领取年龄。在一份名为《自信地变老》（*Ageing Confidently*）的政策文件中[23]，该智库提议大幅提高国家养老金领取年龄——到2028年提高到70岁，几年后再提高到75岁，简直令人震惊。前养老金部长兼分析师罗斯·奥特曼女男爵（Baroness Ros Altmann）给我寄了张便签，她觉得整个提议很荒谬，尤其是对于体力劳动者而言。她写道："除了我们已经看到的女性领取国家养老金的年龄急剧上升，以及进一步提高男性和女性的领取年龄也在酝酿当中之外，这些提议还会引起严重的社会不公平现象。"

另一个同样具有争议的问题是那些在退休年龄后继续工作的人不再被要求缴纳国民保险税。这种异常现象是由于误以为国家养老金的资金来源于国民保险税。而现实情况是，个人所得税和国民保险税进入的是财政部的同一个支出账户，国民保险税和养老金之间的联系充其量只是名义上的。对于现在和未来的劳动力来说，企业养老金的价值更低。自从20世纪90年代被逐步废除以来，最终工资养老金计划（即待遇确定型养老金计划）的时代早已远去，但公共部门除外。这样的计划被威利茨称为"为一代人提供不可重复的特别福利"。更糟糕的是，慷慨的企业养老金往往造成赤字黑洞，企业及其员工正在努力解决这个问题，即使他们没有获得直接利益。

所有这一切造成了2018年的局面，当时养老金专家计算出[24]，退休的人需要 26 万英镑的养老金才能过上舒适的退休生活。相比之前，这相当于在 16 年内增加了 10 万英镑。之所以需要额外的资金，是因为金融危机期间和之后需要支付超低利率，以及预期寿命延长。然而，数据还显示，45 岁至 54 岁人群的平均存款仅为 71340 英镑。与上一代人舒适的退休生活——尤其是那些享受最终工资养老金计划的人——形成鲜明对比，数百万人将面临生活水平的急剧下降。

布莱尔 - 布朗政府成立了养老金委员会，由英格兰银行前副行长阿代尔·特纳勋爵（Lord Adair Turner）领导。该委员会提出了意义深远的改革，比如采取类似于瑞典和澳大利亚等其他国家的“自动加入”政策。这种政策要求所有雇主将年龄在 22 岁至退休年龄之间、年收入至少为 1 万英镑的员工自动纳入养老金计划，并为其缴费。该计划在 2010 年由联合政府实施，此后 10 年内，有超过 1000 万人通过“自动加入”政策加入这个新的养老金计划，其中许多人以前没有机会享受这种私人式养老金计划。参与该计划的人可以选择将他们的储蓄放入一个默认基金或由私营部门经理提供的投资基金。这个养老金计划在一定程度上确保了千禧一代至少在为额外的养老金储蓄。它也被广泛推广，因此即使是最小的公司，比如当地的理发店和街角的杂货店，也被要求自动为员工加入该职业养老金计划。雇主、雇员及政府的缴费比例将随着时间的推移而增加。

尽管如此，该计划也受到了批评。批评者担心建立的养老金池不足以过上舒适的退休生活，这样一来，参与计划的人员不得不领取低于上一代人的养老金。决议基金会对此并没有完全被说服。它认为，雇员自动加入受益率并不那么高的缴费确定型养老金计划，那么年轻一代各年龄段的养老金计划参与率都将高于他们的上一辈。但该基金会也警告称，即使未来的养老金领取者平均来看可以领取与近期退休人员大致相同的养老金，但年轻一代仍面临着巨大风险。例如，在剩余的工作年限中，投资回报率每下降 1%，千禧一代男性的养老金收入就会减少 8%，远低于最近退休人员的养老金收入。

尽管如此，“自动加入”政策证明了有决心的政府能够有所作为，确保未来退休人员有体面的（如果要求不过分的话）养老金。只要再做一些调整，就有可能提高“自动加入”政策的稳定性。解决养老金缺口问题的决心与成人社会关怀形成鲜明对比，后者是英国在脱欧后寻求建立新的社会契约时需要解决的最热门的问题之一。退休保险的覆盖率可以通过坚持要求雇佣个体经营者或代理员工的公司自动将他们纳入养老金计划来解决。雇员“自动加入”养老金计划的收入门槛可以降低，养老金税收减免也可以做出改变，以便让所有收入群体共享养老金。目前，纳税较高的人获得了最大数额的税收减免，与其让仍在工作且超过养老金领取年龄的人免除国民保险税，不如用这笔钱来减免中低收入者的国民保险税。这些措施可能会减少一些年轻一代劳动力所感受到的不公平现象。

所有造成代际分歧的问题中，拥有住房是最根本的。年轻人很难去考虑退休的问题，因为退休离他们太远了，但找到住处和买房却是眼下的问题，也是那些进入职场的年轻一代所面临的最棘手的问题——尤其是如果他们住在伦敦，这个英国最大的城市，也是最难买房的地方。几十年来，住房的可负担性急剧下降，现在的年轻人需要更长的时间才能买房，因此颇有怨言。然而，现实情况是，对于婴儿潮一代及其后代来说，财政供应能力比过去好得多。其中一个关键的问题是住房供应，尤其是在伦敦和拥挤的英格兰东南部。20 世纪 50

年代和60年代，英国每年建造30万套住房，但到2015年，私人和公共部门新建住房总数只有15万套。同时，大多数养老金领取者和即将退休的人都拥有自己的房子，因此住房成本较低。相比之下，那些可支配收入较低的群体则不得不面对较高的房产成本，并且难以筹集到办理抵押贷款所需的大量存款。

年轻一代努力想要买房。他们对房子的渴望在英国广播公司第4台常年播出的乡村主题长篇电视剧《阿彻家族》中表现得淋漓尽致。2019年播出的剧集讲述了一位一心想买房的年轻母亲艾玛·格伦迪（Emma Grundy）昼夜不停地工作，拼命存钱，当她的丈夫埃德（Ed）失去主要收入来源时，她几乎要崩溃了。他们的婚姻因此岌岌可危，夫妻俩最终分居。这个故事情节准确地反映了许多二三十岁夫妇的焦虑和沮丧。数据显示，1981年至1996年出生的千禧一代与他们的上一辈相比，住房拥有率较低，住房成本更高。实际上，他们在30岁之前买房的可能性只有1946年至1965年出生的婴儿潮一代的一半。自2000年以来，25岁左右人群的住房拥有率几乎下降一半，50岁以下的人群仅拥有18%的英国房产财富。

由于一些千禧一代以后可能无法拥有自己的住房，他们不得不为质量低劣的城市住房支付高昂的租金，或者与父母同住。他们平均将近25%的收入用于住房，而20世纪30年代出生的同龄人这一花费仅为8%。这种情况的后果之一便是公共财政面临潜在负担。决议基金会在其代际报告中发现，退休租房者的比例不断上升，加上人口老龄化，养老金领取者的住房福利支出可能会增加一倍以上，从2018年的63亿英镑增加到2060年的160亿英镑。

住房危机的社会净效应是老年人被视为在社区有根基（即住房），

但没有人际联系。相比之下，年轻人人际关系广泛，但在当地没有根基。因此，在全国范围内，无论是在城市还是在农村，由于巨大的住房需求，都需要建造更多的经济适用房。应对住房危机的建议还包括社区土地拍卖，这将使地方当局能够提前拿出更多的土地用于房屋建设。再加上在土地强制购买权和 17 亿英镑经济适用房建设资金的支持下，地方议会可以为其所在地区的房屋建设筹集资金。混合住房计划——将私人所有权和出租的房产结合起来——也被认为是一种有助于融合不同年龄群体和打造社区多元化的手段，从而创造更大的社会凝聚力。

赛义德·贾维德[25]曾是银行家，后步入政坛，在特蕾莎·梅政府担任社区大臣，他主张进行全面的规划改革，以解决主要城市（尤其是伦敦）的住房短缺问题。贾维德提议进行“土地置换”，即允许在靠近通勤车站的绿化带上建造房屋，而损失的绿化带可以通过扩建到更多的农村地区进行补偿。他还指出，其他绿化带由于被用作垃圾场、停车场等，所以没有任何意义，可以向开发商开放，用于创新性的住房项目。[26]解决住房短缺的建议层出不穷，如果英国想在脱欧后继续保持对专业技术人员和创造性人才的吸引力，解决这一问题至关重要。

像欧洲大陆的大部分地区一样，提高房产租赁的吸引力显然是一个重要的办法。这就需要对土地租借权进行改革，但不一定要达到工党提出的那种程度，因为那样会完全扼杀私人租赁市场。一些简单的改革就会有效果，比如将租金涨幅限制在消费者价格指数（CPI）范围内，以及引入更好的纠纷处理或申诉机制。改变房产税的评估和征收方式也可能有助于重新平衡房地产市场。对较大的住房、第二套住房和空置住房征收累进税，可能会限制富裕阶层和老年业主持有房产。鼓励搬迁或缩小房产规模的优惠印花税税率，也可能会有用。减免资本利得税（Capital Gains Tax）将刺激拥有额外房产的业主将这些房产出售给首次购房者。毋庸置疑的是，在一个财产所有权的民主制已在其文化中根深蒂固的国家，如果想要解决代际的紧张关系，就必须找到破除体制障碍的方法。

不仅仅是年轻人，其他年龄段的人也感受到社会契约失灵所带来的背叛。国家医疗服务体系是全国受到普遍支持的机构之一，无论它有什么缺点，它都得到社会大多数阶层的支持。在资金短缺的抱怨声中，它总是第一个获得更多的政府资金。无论是工党政府、联合政府还是保守党政府执政，情况都是如此。国家医疗服务体系对国民心理的影响如此之大，即使是最温和的批评也常常被视为一种背叛。国家医疗服务体系在 1948 年成立时，英国公众强烈支持这种解决方案，这种情况是得益于在第二次世界大战期间建立起来的强烈社区意识。

尽管如此，人们对国家医疗服务体系的运作方式仍有无数的抱怨。其中包括急诊室的等待时间过长、全科医生的手术时间不灵活、救护车服务人手不足、精神健康保健服务不足，以及一些医院的卫生问题，等等。所有这些问题都有可能通过改善资源管理和提高效率得到解决。2020 年暴发了新冠疫情危机，人们对国家医疗服务体系的抱怨声也逐渐消失。在封锁期间，英国民众每周四晚上聚在自家的前门和阳台上为国家医疗服务体系工作人员鼓掌加油。然而，集中所有精力抗击疫情也让国家医疗服务体系接近崩溃，大量积压的手术和治疗被推迟。这次疫情暴露了该体系集中化管理及资金相对不足的缺点。

国家医疗服务体系与英国社会关怀危机密切相关。任何一个不幸去过医院急诊科的人都可以证明，尽管救护车运来的支离破碎的尸体让人痛心，但看到医务人员艰难应付痴呆症患者的投诉也让人深感苦恼。2019 年，我去雷丁的皇家伯克郡医院（Royal Berkshire Hospital）看望一位患重病的家人，亲眼看见了那些帮助他人的工作人员所承受的压力。在隔壁的小隔间里，一位护士努力说服一位男病人让她帮助他上厕所，不料却遭到了一连串咒骂。在另一个小隔间里，一位老年病人凄厉的叫声响彻整个房间，就像鬼屋里的尖叫一样。在急性护理病房，也就是我家人最终被安排入住的病房里，除了我家人以外，其余床位的病人全是老年人和痴呆症患者。医务人员的主要任务就是安抚他们，分发药物和药水，尽快将他们送回家中或当地的乡村医院。

这次医院之行让我粗略了解了国家医疗服务体系，也提醒我一个严峻的现实：由于历届英国政府未能妥善解决社会关怀问题，医院的小隔间和病床承受了很大压力。在过去的几年里，我的家人亲身经历了老年护理引起的财务危机，这也是老年护理危机的核心问题。我的岳母患有癌症和痴呆症（多见于老年人），我们安排她转到了她的家乡威尔士卡迪夫（Cardiff）郊区的一个高端的新养老院，那里有全面的老年护理服务。

幸运的是，由于我岳母和已故的岳父一生都辛勤工作，精打细算，他们有足够的存款来支付眼前的账单，每周高达 1600 英镑（由于额外的护理费用，所以高于约 1300 英镑的标准成本）。然而，按照这样的烧钱速度，现金和其他储蓄在一年多的时间里就会消耗殆尽，之后将不得不卖掉岳母的房子。不幸的是，癌症在几个月后夺走了她的生命，我们预想的一切都没有发生。这段经历让我们认识到社会护理费用严重失衡。那些最谨慎理财的人，却因他们的谨慎和节俭而受到惩罚，支付了最贵的账单。婴儿潮一代常常因享受养老福利而被年轻一代鄙视，但实际上他们发现自己的生活和家庭收入常常被社会关怀体系掏空。

另外，我年迈的父亲住在布莱顿（Brighton），由我弟弟和一个来自社会关怀部门的专门护理团队照顾。为了照看父亲，我弟弟还辞掉了工作。护理团队每天来两次，早上叫他起床，给他洗澡，晚上照顾他睡觉，工作压力很大。在生命的最后阶段，一名护理人员被派来整夜守在他的床边，时刻注意他的情况。这不禁提醒我们，社会护理人员总是承受巨大的压力，他们每天都是连轴转，气喘吁吁地赶到我父亲家，之后又要马不停蹄地赶往下一位老人家。

尽管承受着巨大的压力，护理人员仍总是保持温和的态度，不知疲倦地工作。2015 年，当我父亲庆祝他 100 岁的生日时，一位年轻的女士来看他。这位女士之前是一名护士，现已从公共部门转到私营部门工作，给他带了一束鲜花和一张生日贺卡，温柔地握了握他的手。我父亲在 2018 年去世，享年 103 岁。父亲的居家护理服务基本上是由当地政府免费提供，除了临终过夜需要收取少量费用（几千英镑），其余费用皆由家属承担。

我的亲身经历好坏参半，但就其本身而言是积极的，因为它揭示了英国社会关怀服务的不稳定性及收费标准不统一的问题。这些经历还说明英国国家医疗服务体系受到的压力来自越来越多的阿尔茨海默病患者，这让亲戚、朋友、邻居和急救人员感到沮丧，因为他们默认国家医疗服务体系会提供社会关怀服务。英国成年人将社会关怀视为当务之急，有 42% 的人把它列为他们最关心的三大问题之一。一些研究甚至表明，对于18—34岁的消费者群体来说，这是他们关注的第二大问题。因此，在未来的几十年里，要实现福利国家对老年人的承诺将面临巨大挑战。不幸的是，英国政客在解决这个问题时搞得一团糟，让它成为我们国内事务中最大的“毒瘤”。

当工党在2010年的选举中公布了全民社会关怀计划（Universal Social Care），并计划部分资金由死者遗产支付，保守党立即将其称为“死亡税”，将其作为一种政治理念彻底扼杀。随后，在左翼人士杰里米·科尔宾的领导下，工党在2017年的选举中进行了报复，将时任首相特蕾莎·梅提出的社会关怀服务付费调整措施称为“痴呆税”[①]。随后的民调显示，这在迫使梅领导的保守党在大选中失去多数席位方面发挥了关键作用。然而，这并没有阻止梅的继任者鲍里斯·约翰逊在2019年7月接任首相几个小时后，就在首相府（唐宁街10号）的台阶上宣布，社会关怀是首要任务。工党也宣称，它想要一个长期的社会关怀资金解决方案。它认为，自2010年以来，经济紧缩已经导致社会关怀预算减少了63亿英镑，这反过来又给该体系带来了巨大压力。

婴儿潮一代的老龄化意味着老年人的数量将会增加，在医疗、护理和社会保障方面的公共支出也会随之增加，预计到2030年将增加240亿英镑，到2040年将增加630亿英镑。如何支付这笔费用是英国面临的最棘手的问题之一。社会关怀问题不仅让国家医疗服务体系不堪重负，也给地方政府带来了巨大压力，因为地方政府对社会护理负有主要责任。2018年，英国国家审计署发现，负有社会护理责任

① “痴呆税”，指拥有10万英镑以上财产（纳入房屋估价）的老人，在去世后将会从其房产价值中扣除其生前接受的护理费用。

的英格兰地方议会被迫动用储备金来维持这些服务运转。监督机构预测，如果这种支出速度继续下去，到 2021 年，十分之一的地方议会将耗尽资金。一个短期解决方案可能是为地方政府引入一种不同的资金解决方案，比如取消市政税，改征房产税，这样可以更灵活地提高额外税收。

我认为，主要政党本可以为社会关怀制定一个长期有效且更加公平的解决方案，但却将其变成了一个被踢来踢去的政治皮球，错过了一个绝佳的机会。政府需要从《特纳报告》（*Turner Report*）[27] 和“自动加入”政策中积累经验。每个进入劳动力市场的人都应该自动加入一个“社会护理捐赠基金”，每个月利用 PAYE① 系统象征性地向该基金支付一点费用。

社会护理捐赠基金将由私营部门进行管理，所有缴费者都有权获得他们喜欢的护理，无论是在自己的家里还是在养老院，也无论缴费者的经济状况如何。所有向社会护理捐赠基金（一种社会保险形式）缴纳费用的人都有权享受全额税收减免。显然，建立这样一只基金需要时间，但并不会像人们想象得那么长。截至 2018 年，国家职业储蓄信托（National Employment Savings Trust），也就是为那些自动纳入养老金计划的雇员提供的默认计划，已经筹集了 30 亿英镑的捐赠基金。就像养老金一样，雇主和雇员可以选择购买私营部门的社会护理保险，这是社会护理捐赠基金替代方案。这就需要私营部门的保险公司推出有吸引力的产品，这种产品同样能够享受税收减免优惠。

显然，我们已经面临社会关怀危机，这里概述的社会市场方法在

① PAYE，指（所得税的）发薪时扣除制（Pay As You Earn），雇主从职工工资中扣除应缴税款，直接上缴政府。

未来几年内将不再适用。要解决这一资金缺口，一种可行方法是政府以未来财政收入作为抵押借款，或许可以通过发行社会关怀债券募集资金。然而，这种做法必然会遭到财政部的反对，因为财政部反感任何可能损害公共财政完整性的做法。另一种弥补资金缺口的方法可能是征收国民保险附加费，同时给予税收减免，这种附加费随着社会护理捐赠基金的积累会被逐步取消。然而，这也意味着纳税人在过渡期间将为同样的服务支付两次费用。

作为代际新社会契约的一部分，与最初相比，该捐赠基金在政治上可能更容易被接受。这大致上就是欧洲采取的做法。德国人向一个长期的医疗和社会保险计划缴纳 7% 的税前工资，雇主也会缴纳相应的金额。养老金领取者和短期失业者也要缴纳，孩子的费用由父母支付，其余部分由德国政府承担。收入最高者、公务员和个体经营者通过他们的私人保险来获得同样的福利。该保险计划旨在提高老龄化人口的健康水平，同时削减政府成本。根据这项计划，患者可以获得健身课程、使用运动设施、咨询营养建议、参加由医生持有多数股权的公司运营的疾病筛查项目，这也让更多的医生（他们已经开了自己的诊所）和社区护士对老年人进行家访。

德国之所以选择社会保险这个途径是因为其庞大的经济体系以制造业为主，能够提供长期稳定的工作岗位，这就提高了社会保险的可行性。德国习惯建立达成共识的联合政府，确保上台后不会推翻前任政府的政策措施，这便有利于政府制定更长远的规划。

我们将在后面的章节中看到，英国的治理弊端在于英国国会、白厅和议会的短期思维。但是，社会保险的形式应该是能够得到社会各阶层的支持，并且有能力将人们团结在一起，不会造成代际分化。这就是我为什么认为，如果英国脱欧后要重启国内的社会解决方案，并适应不断变化的全球经济环境，社会保险至关重要。如果英国真的陷入支离破碎的境地，可以通过一些创造性的思维及从日常政治的熔炉中去除社会关怀等问题进行重塑。

此外，还有其他代际问题也需要解决。社会流动委员会（Social Mobility Commission）[28]2016 年 11 月的报告指出，从 20 世纪 80 年代在撒切尔执政下成长起来的那一代人开始，薪酬便低于父辈。这份报告认为，“英国存在严重的社会流动性问题，对于整整一代年轻人来说，这个问题越来越严重”。委员会主席、前工党卫生大臣艾伦·米尔本（Alan Milburn）说，解决英国的社会流动性问题应该是公共政策的核心问题。教育本应成为实现社会平等和经济平等的工具，但它却是社会流动性问题的关键所在。上什么学校（通常是指大学）是决定一个人未来的关键。一个家庭越有钱，其家庭成员就越有可能接受良好的教育，拥有大好的前程。该委员会认为，英国的教育不平等让低收入家庭提升社会阶层难上加难。

根据作者李·埃利奥特·梅杰（Lee Elliot Major）和斯蒂芬·麦金（Stephen Machin）的说法[29]，尽管私立学校的学生仅占学生总数的 7%，但我们主要的政治家、记者、律师及艺术界和精英体育界人士，有多达一半的人来自那里。独立教育显然巩固了英国社会秩序中的顶层地位。这就是为什么如此多有抱负的家庭会做出巨大的牺牲，确保他们的孩子接受最好的教育，即使他们几乎负担不起这样的费用。相比之下，每年都有数十万年轻人没有基本的读写能力、也不懂简单的计算，便离开学校，他们注定会像他们的父母一样，最终从事收入微薄的工作。于是便出现这样一种情况：公正客观的精英人士与极端的不平等现象似乎无法共存。要解决这个问题，答案就是建立一个更加公平的教育体系，培养一种新的社会流动模式，发展各类人才，包括学术人才、技术人才和创意人才。

2018 年 1 月一项针对中小企业的调查显示，60% 的受访者表示他们最大的担忧就是寻找具备合适技能的员工。继续教育领导人概述了应对脱欧后面临的挑战的四种方法。他们提出了“一种新的社会契约”，用来更好地资助所有全日制和非全日制学生接受继续教育和高等教育。[30] 与此同时，他们敦促为成年人的“终身学习权利”和“国家再培训计划”提供资金，以及实施决议基金会提出的“更好工作协议”。为了缩小差距，“北方经济引擎伙伴计划”① 还敦促政府把提高北部学校的表现作为首要任务。

事实证明，英国脱欧是代际政治分歧的一个标志性事件。早在英国公投脱欧之前，公众就对国会议员、议会程序和投票系统及议会和白厅权力下放太少感到不满，更不用说随着英国权力下放运动寻求完全独立，要求英国解体的呼声越来越高。2003 年入侵伊拉克后，英国开始对政治和国会议员失去关爱，随后在 2009 年又爆发了下议院“补贴门”丑闻（议员冒领国家补贴资金）。

2014 年后的四年里，由于国会议员处理脱欧事务的方式，英国举行了两次公投和两次大选，进一步加剧了人们的厌倦。民主已经面临压力，因为在脱欧的斗争中，留欧派占多数的下议院未能就脱欧投票达成协议。没有人能就“人民的意志”是什么，以及如何贯彻

---

① 北方经济引擎伙伴关系（Northern Powerhouse Partnership），成立于 2016 年 9 月的组织，为英国北方商业和公民领袖发起，由经济学家、前财政部长吉姆·奥尼尔担任主席。

这一意志达成一致。反而，“人民的意志”变成了议会主权与公民投票的对立，行政部门与立法机构的对立。所有这一切都导致了“民主赤字”，选民缺乏适当的决策机会，从而破坏了社会凝聚力。保守党和工党这两个主要政党的成立和发展是为了应对工业革命（Industrial Revolution）带来的社会和经济挑战，但当迄今为止英国国内的关注点变成引发多国关注的全球性问题时，左右意识形态和老式的政治部落主义就不再显得那么重要。

英国面临的许多社会问题，特别是社会顶层缺乏社会流动性和多样性，早在2016年公投之前就存在了。脱欧给英国提供了一个新的开始，有机会对住房、教育、长期护理及社会流动性和包容性等问题进行代际改革，而我们之前的政治家们一直未能做到这一点。随着英国拓展国际视野，重拾雄心壮志，它需要解决这些短板，弥合社会分歧。而新冠疫情的出现，则使这些问题的解决变得更加迫切。

脱欧给英国提供了一个机会。2019年12月英国大选，保守党获得80个多数席位，这确保了一段时期的治理稳定，但脱欧之殇极其令人忧虑的对抗性后果在公众心目中仍然记忆犹新。除此之外，政界人士对政府在抗击新冠疫情方面的无能感到不满。鲍里斯·约翰逊领导的新政府似乎决心不让复杂的贸易谈判妨碍英国议会解决巨大的治理缺陷问题，以及英国议会需要更多的地区主义和长远思考的声音。代际分歧和社会关怀等尚未解决的重大问题与治理改革密不可分。下一章将探讨英国脱欧暴露出的政治制度弊端，着眼于国家治理方式所需的根本性变革，从而更好地利用和释放英国脱欧后的创造力、企业家才能及科技能力。

第八章
国家治理：拿回控制权！

英国政体有效运行的秘密在于行政权和立法权之间的紧密结合，几乎是一种完全的融合。

——沃尔特·白芝浩，《英国宪政》，1867 年

在 2016 年 6 月公投结束后的一段时间里，如果你在广播、电视、下议院或每家每户的餐桌上听到英国议会激烈的政治辩论，从这些缺乏理性、意见不一、充满陈词滥调的辩论里，你想不到这种局面什么时候会结束。你也无法从 2019 年 3 月 29 日（原定的脱欧日期）前几周喧闹的会议场面里，或从同年秋季发生的政治角力和宪法危机[①]中猜到。直到 2019 年 12 月 12 日英国大选，保守党首相鲍里斯·约

① 2019 年 8 月 28 日，首相约翰逊征得女王伊丽莎白二世同意，宣布暂停议会一个月，从 9 月第 2 周至 10 月 14 日女王演讲，这是自英国内战以来最严重的宪法危机。

翰逊以压倒性胜利再次当选，议会的争执和分歧才得以平息。

自 2020 年 3 月 23 日以来，由于英国接连出现新冠疫情、疫情封锁和经济衰退，英国议会便很少出现争执的局面。但这并没有持续太长时间。不久后，英国政治传统的对抗和分裂局面再次出现。2020 年 4 月 4 日接替杰里米・科尔宾的新工党领袖基尔・斯塔默爵士渴望有所作为。他首次将律师式、法庭式的质询方式带入了政治。

在处理新冠疫情危机的过程中，每一个看似表面上的失误——呼吸机短缺、医院缺乏个人防护用品、检测开展缓慢，甚至病态的死亡统计——都受到了抨击。在疫情封锁期间，当约翰逊的高级助手米尼克・卡明斯（Dominic Cummings）违反封锁令前往英格兰北部城市达勒姆（Durham）时，首相府因此面临巨大压力和舆论批评。留欧派的支持者对此欢呼雀跃，工会组织也在反对学校复课和私营部门裁员的斗争中显示了自身的实力，仿佛大选和工党在投票选举中的惨败从未发生过。

尽管存在上述种种情况，但在长达三年半（2016 年 6 月脱欧公投，2020 年 1 月 31 日正式脱欧）的脱欧之路和疫情高峰期期间，出乎我意料的是，在国际排行榜上，英国在发达国家中仍是国家管理和廉洁方面的领先者。你可以不相信我的话，但这是几乎所有独立评估得出的结论。

尽管如此，英国脱欧辩论的开展、英国当选政客反复无常的行为，以及包括财政部、英国央行和独立预算责任办公室（independent Office for Budget Responsibility）高级公务员在内的主要决策者或“专家”的谴责，都表明这个国家已经对其制度结构失去了信心。《经济学人》

（*The Economist*）杂志在19世纪由英国宪法权威沃尔特·白芝浩担任主编。2019年[1]，这本杂志在封面上描绘了一幅英国议会（Houses of Parliament）大厦旁边的大本钟被包裹在一捆炸药中的画面。其标题也颇具煽动性："英国宪法，一触即发"。该周刊的主要文章认为，曾经令世界羡慕不已的英国不成文宪法已经过时了。

该杂志特别批评了前首相托尼·布莱尔（1997—2007年在任）和大卫·卡梅伦（2010—2016年在任），他们在没有充分考虑对宪法和联合王国影响的情况下，将权力下放给苏格兰、威尔士和北爱尔兰议会，从而扰乱了威斯敏斯特议会（Westminster Parliament，即英国议会）。《经济学人》说对了。2019年英国大选中，鲍里斯·约翰逊领导的保守党获得80个多数席位，苏格兰民族党以45%的选票赢得了议会55个苏格兰席位中的48个。这导致苏格兰政府首席大臣妮古拉·斯特金（Nicola Sturgeon）要求举行新的独立公投。与此同时，在北爱尔兰，民族主义政党以微弱优势战胜了统一党。

2011年通过的《议会固定任期法》（*Fixed-term Parliaments Act*）也暴露出了缺点。该法案要求首相在召开选举前必须获得下议院三分之二以上议员的支持，这个规定从宪法中移除了一个重要的"安全阀"，让英国传统的谴责程序——对政府的信任投票，失去效力。对此，约翰逊政府承诺立法恢复原状。

欧盟对英国明显混乱的决策及没有受到尊重的"议会之母"（英国议会制）百感交集，既困惑、沮丧，又高兴。欧盟不习惯于那些不顺从其意愿的民主国家。在过去，当一些国家在选举时拒绝欧盟的货币和宪法安排时，选举就会重新进行，或者想方设法违背人民的意愿。议会主权几乎没有被认为是一个问题。

在英国，“人民投票”运动要求进行第二次更细致的脱欧公投，希望获得与法国[2]和爱尔兰就《里斯本条约》公投①相似的结果，也就是（第一次公投结果）尽管获得了所有主要政党中资深成员的支持，但并没有获得彻底的成功，第二次公投推翻了第一次公投结果。2019 年 9 月，“人民投票”运动陷入混乱，此前其领军人物之一、芬斯伯里通信公司创始人罗兰·鲁德（Roland Rudd）清除了执政集团中所谓的破坏分子，随后又有一名高级官员被指控性骚扰。

随着与欧盟的谈判破裂，其领导人心安理得地公开嘲笑英国在脱欧问题上优柔寡断。欧洲理事会（European Council）前主席唐纳德·图斯克甚至表示，对于阻挠与欧盟达成协议的脱欧派，在地狱里会有一个“特殊的位置”[3]。这就好像英国拒绝心甘情愿地接受欧盟的条件，就给了外界抛弃外交礼节、公开谩骂的权利。

自 2016 年 6 月脱欧公投以来，我到访美国多次，这些经历告诉我，了解情况的美国人对英国议会的胡闹和治理失败感到震惊。尽管他们非常喜欢英国下议院的闹剧，这与美国国会沉闷、精心策划的辩论形成鲜明对比，但这也使英国所拥有的稳定的政府和精英官僚体制的声誉受到了冲击。是的，毫无疑问，脱欧公投暴露了英国不成文宪法的巨大缺陷。

事实上，当鲍里斯·约翰逊领导的政府在未经适当同意的情况下，宣布 2019 年 9 月 9 日至 2019 年 10 月 14 日期间暂停议会（关闭议会）时，英国最高法院发现自己卷入了政治裁决。此前最高院不承担政治性事务，也没有相关经验。2019 年 9 月 24 日，最高法院全体 11 名法

① 2008 年 6 月和 2009 年 10 月，爱尔兰针对《里斯本条约》举行两次全民公投，第一次以 53.4% 的反对票否决了该条约，第二次则以 67.2% 的支持率顺利通过。

官一致裁定约翰逊关闭议会的决定是违法的。实际上，最高法院发现自己正在裁决的是一场政府行政部门和下议院之间的罕见争端。

此外，人们一直认为，对于在过去四十多年来一直与欧盟制定的规则和条例保持步调一致的英国公务员队伍来说，如果需要为脱欧后一个完全不同的英国未来重建技能基础的话，他们难免心有不甘、拖延和懈怠。而真实情况却是公务员制度失去了方向。特蕾莎·梅领导的政府因内部分歧而四分五裂，无法采取果断行动。政府研究所的高级研究员吉尔·鲁特（Jill Rutter）[4] 指出："公务员厌恶政权空白期，缺乏有效的领导将英国首席谈判代表奥利·罗宾斯（Olly Robbins）等人推向了风口浪尖。"鲁特还担心，对公务员的不信任会导致英国向美国的方向发展，职业公务员①（事务官）的上级是政治任命官员②（政务官）。有些人可能会认为，这种情况已经发生在多米尼克·卡明斯身上，他是策划英国脱欧和鲍里斯·约翰逊 2019 年大选胜利的政治战略家，也是约翰逊最有影响力和最具争议的顾问。

大部分对公务员的批评都是有私心的——这是英国在与欧盟达成新的脱欧方案时双方产生恩怨的结果。事实上，当鲍里斯·约翰逊政府要求为 2019 年秋季的"无协议脱欧"做准备时，政府文职部门就开始全力以赴，以确保做好最充分的准备。尽管外界批评政府文职部门没有为脱欧做好准备，但牛津大学发布的国际公务员效率指数[5]（InCiSE）将英国列为全球公务员效率最高的国家，同是盎格鲁－撒克逊国家和英联邦成员国的新西兰和加拿大分列二三位。

---

① 职业公务员，是经过参加公开的竞争性考试而录用的公务员，录用后受到公务员制度的保护，任期不受政府更迭影响。

② 政治任命官员是总统根据政治上的需要直接任命的，无须经过考试。

改善英国政府的决策能力，我们还有很多工作要做。提高治理能力本就是关键，在脱欧后，这一点将变得更加重要。然而，英国之前试图实施大规模IT项目来提升治理能力，却并不顺利。2013年，政府放弃了一项耗资100亿英镑的计划，该计划旨在将全国的国家医疗服务体系记录储存在一个中央系统上。在2020年疫情封锁早期情况不妙时，政府文职部门证明了其存在的价值。

在2020年上半年疫情封锁期间，英国税务及海关总署快速推出暂停工作的“休假计划”①，惠及多达900万名雇员。在备受嘲笑的通用福利金制度下，寻求政府援助的救济金申请以最快的速度得到处理。财政部迅速调整其新冠疫情期间的贷款计划，方便人们进行贷款。在短短的几周时间内，军队联合国家医疗服务体系一起在全国各地修建了南丁格尔临时医院。批评声主要集中在英国国家医疗服务体系和英国公共卫生局的集中式官僚主义管理模式上，公共卫生局似乎不愿意让私营部门参与其正在进行的任何工作。

政府文职部门对可能的无协议脱欧和新冠疫情的应对远远好于普遍的评价。英国政府研究所指出：

> 英国脱欧这个艰巨的任务推动了创新，有助于政府应对新冠疫情。在无协议脱欧的准备工作中，英国政府加快了决策速度，将大量官员迅速调往重点项目，并与威尔士、苏格兰和北爱尔兰的政府建立了更紧密的工作关系。[6]

---

① 2020年3月，为应对新冠疫情失业危机，英国财政大臣苏纳克提出了“强制休假计划”。按照该计划，由政府支付因疫情原因而被迫休假的员工80%的工资，上限为每人每月2500英镑。

适应脱欧后的变化及对新冠疫情的反应说明了投资智能化治理能够提质增效。接受数字化发展趋势对于提高公共部门的生产力至关重要。本章将探讨英国需要采取何种措施来改善其治理，包括英国政府和议会的治理。

在前几章中，我试图解决这个国家面临的政治赤字，其中大部分集中在代际分歧、心怀不满的北方和更加繁荣的南方之间的地理分裂，以及对决策和政治家的普遍失望。因此，我想在这里谈谈如何改善英国的政治框架、制度和程序。与此同时，一连串企业倒闭[7]和丑闻事件让人们注意到英国这种资本主义形式的缺陷。这就需要实现监管体制的全面改革和现代化，同时还需要优良的审计制度及还需要消极的机构投资者们采取更多的行动。

在 2019 年 3 月 29 日，也就是英国预计脱欧的日期，政府研究所的一份报告称：

> 即使在脱欧之前，也很少有人会预料到，遵循公投结果会对政府产生如此深远的影响。谈判、立法和脱欧带来的挑战让人们对英国政府的运作方式产生了质疑。[8]

首先，脱欧对英国不成文宪法（主要基于惯例和先例）构成了严峻挑战。该体系有许多反常之处，但在不得不应对 2016 年公投结果所带来的挑战之前，它总体上是有效的。作为欧盟的一部分，人们认为英国议会主权受到侵蚀，这是议会权威受到的主要制约，也是造成英国脱欧公投最深刻的原因之一。

在英国议会和国内都弥漫着一种根深蒂固的挫败感，那就是英国赖以运行的法律、程序和规则大多来自欧盟，而这种规则制定往往不利于英国及其经济。人们认为，英国的行动自由受到欧盟成员国身份的约束，而渴望遵守规则的英国文职部门往往严格遵守这些规则。矛盾的是，其他欧盟成员国虽注重实现欧盟政治目标，但也乐意无视或规避那些不受待见的规则。

在 2018 年和 2019 年，惯常的议会程序都被抛到了九霄云外，随之而来的是一场激烈的斗争：到底是人民的意愿优先还是议会的主权优先。资深宪法专家弗农・博格达诺（Vernon Bogdanor）[9] 认为，英国脱欧面临的挑战可能最终会成为一种推动宪法的积极力量，并将有可能改变我们的没有立法的协议约定。博格达诺认为，对于宪法来说，权力下放和全民公投带来的不确定性状态可能是一个诞生成文法典的关键时刻。

权力下放制度受到了英国脱欧的直接影响，只会加剧英国国会与位于爱丁堡的苏格兰政府、位于卡迪夫的威尔士政府之间紧张的宪法关系。关于英国北爱尔兰和爱尔兰共和国之间海关安排的激烈辩论暴露了联合王国的严重裂痕，一些人认为鲍里斯・约翰逊在 2019 年夏天达成的协议是推进爱尔兰统一的垫脚石。政府研究所认为，公投后的政治僵局暴露出的缺陷在于长达二十年之久的权力下放制度，导致获得下放权力的苏格兰政府与威尔士政府受到影响，没有就欧盟权力和资金的重新分配做出任何决定。欧盟的规则提供了一个框架，在这个框架内，获得下放权力的地方政府可以在农业、税收和环境等方面采取不同于英国政府的政策。

为了巩固联合王国的统治，提高保守党在英格兰以北的声望，前财政大臣乔治・奥斯本[10] 积极倡导向位于荷里路德（Holyrood）的苏格兰议会下放更多权力。2016 年的《苏格兰法案》(*Scotland Act*)赋予了苏格兰新的税收权力，包括设定自己的航空乘客税。苏格兰对社会保障福利的控制也得以加强，包括自行决定的住房付款和有争议的通用福利金条款部分内容。最重要的是，苏格兰取得了对个人所得税税率及除储蓄和红利收入之外税级的实质控制权。此外，获得下放权力的政府也能够与欧盟适当建立贸易关系。离开欧盟意味着他们失去这一特权，并将这些权力交还给英国。

特蕾莎·梅担任首相之初，承诺将与获得下放权力的政府“全面接触”，但随着英国脱欧陷入僵局，愤怒占据了上风。苏格兰民族党(Scottish National Party)和威尔士民族党(威尔士语：Plaid Cymru，英语：The Party of Wales)都极力支持独立和联合王国分裂。在 2019 年 12 月的英国大选之前，苏格兰民族党领导人妮古拉·斯特金将“一代人只举行一次苏格兰独立公投”的默认协议搁置一边。她与工党达成一项大选后的协议，但条件是在一年内进行第二次苏格兰独立公投。

北爱尔兰的局势同样紧张。2017 年，特蕾莎·梅政府与北爱尔兰民主统一党(Democratic Unionist Party，DUP)达成“信任与供给”协议(政治同盟协议)，让北爱尔兰民族统一党能够在达成爱尔兰边境协议方面处于强势地位。但该协议也阻碍了在北爱尔兰地区恢复分权自治政府。2019 年 9 月，英国政府正式暂停议会。但其实早在 2017 年 1 月，由于领导层内部的政策分歧，以及新芬党[①]已故领袖马丁·麦吉尼斯(Martin McGuinness)在民主统一党

① 新芬党(爱尔语：Sinn Féin，中文译为“我”)，北爱尔兰民族主义政党，主张脱离英国，建立一个全爱尔兰共和国。

推出的可再生能源项目爆出丑闻后辞职，北爱尔兰议会就已停摆。2019 年 12 月，鲍里斯·约翰逊赢得大选，随后 2020 年年初开始讨论恢复北爱尔兰议会。2020 年 1 月 12 日，新芬党和北爱尔兰民族统一党在经历三年僵局后重新达成协议，恢复分权自治政府。民主统一党领袖阿莱娜·福斯特（Arlene Foster）被任命为北爱尔兰首席部长，新芬党副领袖米歇尔·奥尼尔（Michelle O'Neil）任副首席部长。

2019 年 10 月，鲍里斯·约翰逊政府最终提出了爱尔兰边境问题的解决方案，彼时一直处于停摆状态的斯托蒙特（Stormont）议会（北爱尔兰议会）发挥了关键作用。北爱尔兰将留在大爱尔兰经济圈中，并遵循欧盟关于农业和工业品的规定，但它也仍然是英国关税同盟的一部分。这意味着要实施双边界制度，其中英国－北爱尔兰监管边界的管制程度很低。通过斯托蒙特议会的简单多数表决，北爱尔兰有权退出大爱尔兰体系。这样一来，权力下放制度中仍保留着民主控制，但简单多数表决制被认为削弱了民族统一党的力量。

因此，英国脱欧导致联合王国的整个框架体系受到质疑。实施权力下放制度时做出的宪法安排不够明确、不够牢固、十分混乱且前后不一致。有时，似乎英国政府对权力下放地区（苏格兰、威尔士和北爱尔兰）的财政补助才是维系联合王国的黏合剂。有时，脱欧让“英国国民化”① 这个令人振奋的概念（戈登·布朗[11] 在 2006 年提出）看起来严重受挫。布朗为联合王国的辩护让国民想起了“英国最辉煌的

① 戈登·布朗将促进英国国民化作为自己的使命。他长期以来坚持认为，对国民身份的意识将有助于打击基地组织发动的极端主义和保持英国的不同部分结合在一起。

时刻和敦刻尔克精神[①]……当欧洲面临致命危险时，他们不会袖手旁观，作为自由的捍卫者，他们一次又一次地介入，确保暴政无法取得胜利”。

而有时，英国脱欧引发的分歧似乎又在逐渐消失，比如每年11月11日在和平纪念碑（The Cenotaph）举行一年一度阵亡将士纪念日（Remembrance Day，又称“国殇日”）游行活动的时候。在纪念碑前，各党派领导人在王室成员面前摒弃分歧，并肩站在一起悼念逝者。有一些人试图将英国脱欧描绘成小英格兰人的职责范围，但其实也可以从另一个视角来看待脱欧。在两次世界大战中与英国士兵并肩作战的各国大使、高级专员和代表聚集在和平纪念碑前，这清楚地提醒我们英国比以前强大得多。它可能不再是一个全球军事强国，但它在国家安全方面的支出确实比任何一个欧盟成员国都要多，而且也是对外援助预算最多的发达国家之一。此外，英国仍然是一个全球贸易强国，其历史和影响力远远超出了欧洲大陆的边界。事实上，许多开辟这些边界的先驱是爱尔兰人、苏格兰人和威尔士人，他们让英国在世界上留下了不可磨灭的印记。英国脱欧后诞生的新秩序应该让英国各地都认识到全球所提供的机遇。

矛盾的是，英国在欧盟有一个盟友，这个盟友希望英国保持统一。而对于英国分裂成数个拥有自治权利的国家且每个国家试图直接加入欧盟的情况，欧盟则不太感兴趣。他们关心的是，不管情况怎

① 敦刻尔克精神（Dunkirk spirit），源于1940年德军将英法士兵围困在敦刻尔克时，英国动员了千余艘包括游艇、渔船、拖船在内的大小船只，冒着德军的炮火将34万名英法士兵成功撤回英国这一事件。丘吉尔把这一惨烈的壮举称为“小船掀大浪”，它成为鼓舞英国人民永不言败的一种精神。

样，英国分裂可能会带动欧盟内部的其他民族主义运动，特别是西班牙的加泰罗尼亚独立运动①。

长久以来，历任英国首相都需要通过考虑自己党内的政治派别来平衡政府。但自 2016 年以来，由于欧盟公投运动和高层内部出现混乱，内阁制政府陷入分裂，集体责任缺失。特蕾莎·梅不得不在脱欧派和留欧派之间平衡内阁，并在此过程中努力统一她的政府。但政府在关键问题上一再瘫痪，决策受阻，且部长辞职人数创历史新高，这迫使梅不得不容忍公众的异议和下议院的叛逆性投票（三次脱欧方案均被否决）。当鲍里斯·约翰逊在 2019 年 7 月首次就任首相时，他试图按照自己的方式来重塑政府，但他也面临类似反复无常的情况。

关于改革的争论大部分集中在获得下放权力的政府上。内阁的组成和运作方式也应该采取新的方法。在后公投时代，巨大的分歧和冲突司空见惯，议会和行政部门之间的关系需要重新审视。正如政府研究所指出的："政府试图在英国脱欧问题上与议会保持距离……但议员们表现得更加坚定，为了表达自己的呼声而违背惯例。"英国脱欧考验了议会和行政部门之间的关系，政府在议会中的弱势地位导致通过立法变得复杂起来。

可以说，这种僵局和无休止的争吵是鲍里斯·约翰逊在 2019 年 12 月赢得决定性选举的一个主要原因。选民们似乎对杰里米·科尔宾领导的工党所采取的立场毫无兴趣，因为该立场涉及与欧盟进行新的谈判，以及就重新谈判的协议举行公投。自由民主党前领袖乔·斯文森（Jo Swinson）的声明也让选民离她而去，因为她决定将公投结

① 加泰罗尼亚独立运动，是西班牙加泰罗尼亚地区进行的持续了 300 年的区域独立运动，目标是将加泰罗尼亚语地区（主要位于西班牙境内）独立成为一个主权国家。

果搁置一旁，并撤销议会实施《里斯本条约》第 50 条①的决定，该条款是英国自愿退出欧盟的依据。

政治上的争论和不确定性给商业带来了巨大的打击，也给消费者造成了损失。然而，尽管笼罩在黑暗的阴影之下，政治家们对于所造成的伤害，以及减少政治分歧、增强政治共识的必要性表现得比较无动于衷。社交媒体在夸大分歧方面也发挥了作用。议员、记者、政策制定者，甚至前财政部常务秘书尼克·麦克弗森爵士（Sir Nick Macpherson）[12] 都迅速在推特和其他社交媒体上发布实时评论，其中一些言论带有敌意，而且可能具有攻击性。事情的发展由此加快，意见不再那么理性，语言变得粗俗，结果就是愤怒往往战胜理智。

作为一名记者，我坚定支持言论自由，但当舆论偏离正常轨道时，往往会倾向于做出即时但草率的回应、仓促地制定政策，以及娱乐化政治、扭曲事实，并最终做出拙劣的决策。这个问题，无论是通过制定一部成文宪法，还是重新承诺内阁集体负责制，或者重新指定最高法院为政府不同部门之间争端的最终仲裁者，都是无法解决的。

2016 年至 2019 年，英国脱欧与少数党政府的结合使得下议院的投票形式很难预料，议员们在如何采取最好的方式离开欧盟这个问题上始终存在分歧。支持留欧的议会与支持英国脱欧的大多数民众存在直接分歧。这种分歧凸显了一个更长久的政治解决方案的必要性。

---

①《里斯本条约》第 50 条：任何成员国都可以根据本国宪法的要求退出联盟，即脱欧。决定退出欧盟的成员国应将脱欧的意向通知欧洲理事会，根据欧洲理事会提供的指导方针，欧盟在考虑到这个国家与联盟未来关系框架的基础上与这个国家谈判并缔结协议，就它退出的问题做出安排。

其实，关于议会和行政部门之间关系的问题过去就曾被提出，但英国脱欧以一种全新方式直接将这一问题摆上桌面。英国脱欧的一部分原因是议会主权丧失，但这场争斗让下议院从人民手中夺回了主权。

与美国和其他民主国家不同，英国上议院（House of Lords）缺乏在国家重大问题上充当仲裁者的信誉和权力。在美国，通过三分之二多数议员批准贸易协定等条约是参议院的庄严职责。而在英国上议院，通常可以期望的最好结果是，在一项法律写入成文法之前，起草中的错误、遗漏和糟糕的判断迅速得到修正。上议院拥有 780 多名议员，是一个庞大臃肿的机构，它还是前党内忠诚人士的饭票，也是政治光芒逐渐黯淡的辩论厅。尽管上议院借鉴了资深经济学家和前部长们的经验，在英国未来与欧盟内外的贸易关系上完成了一些有价值的工作，但当英国脱欧到了紧要关头时，除了附和下议院的声音外，几乎没有其他的声音。实际上，一个具有真正合法性的上议院本该更好地弥合下议院的分歧，这才是更有意义的事情。

具有极大讽刺意味的是，上议院的成员包括完全没有民主合法性的世袭贵族。事实上，其中一些人还是前奴隶贩子的后代。[13]他们往往比来自政治阶层的同僚（很少有来自工业、技术、科学、艺术和其他行业）更年轻，这是他们唯一可取之处。上议院已经成为以下几类人的代名词：只为收取出席费的贵族、向某一主要政党提供政治捐款的富人和那些落选的二流政客，他们被授予贵族头衔来担任上议院议员。

半个世纪前，作为一名政治学学生，南安普敦大学政治系高级讲师彼得·理查兹（Peter Richards）[14]最关心的是英国政治中普遍存在的赞助现象。几十年过去了，一切似乎都没有改变。许多改革上议院的尝试均以彻底失败告终，比如减少上议院议员数量、改革加入上议院的方式、赋予上议院更多民主合法性，等等。在 2010 年至 2015 年由戴维·卡梅伦领导的联合政府期间，曾有过改革上议院的机会，但由于卡梅伦的联合政府伙伴——自由民主党领袖兼副首相尼克·克莱格（Nick Clegg）——未能就可能开启上议院改革的选区划分问题达成一致，这个计划便夭折了。

迄今为止，一切改革上议院的努力最后都没成功。英国脱欧以及自托尼·布莱尔在 1997 年至 2007 年担任首相以来首个拥有绝对多数席位的政府（鲍里斯·约翰逊领导）很可能重振上议院改革运动。上议院在修改立法方面的作用引发了公众的质疑，人们认为支持留欧的上议院越权干预英国脱欧立法事宜。为了提高治理能力，建议未来政府减少上议院议员数量、更好地界定其权力、引入固定任期的选举、找到增加多样性的方法，并确保充分体现英国科学界和学术界的才华。有证据表明，一个上议院如果具备充分的能力和民主，本可以在克服一些争议最大的问题上发挥作用，比如在 2016 年至 2019 年困扰英国政坛的爱尔兰边境保障条款①。2020 年首相府提出的早期建议包括，上议院应利用议会大厦翻修的机会迁往约克郡（York），15 世纪 60 年代，上议院和下议院都曾在那里举行过会议。

上议院改革的问题可能与政党制度的未来联系在一起。在保守党和自由民主党联合执政多年后，保守党和工党在 2015 年大选中再次占据主导地位。但英国脱欧改变了一切。主要政党出现分裂，自由

① 爱尔兰边境保障条款为的是避免英国脱欧后爱尔兰与北爱尔兰增设硬边境的措施。条款中规定英国在寻得可行的新方案前，将暂时留在欧盟关税同盟之内。英国议员对这一条款的时限性表示怀疑，担心这将使英国永远受到欧盟法规的束缚。

民主党在乔·斯文森的领导下被重新贴上留欧派政党的标签。乔·斯文森在2019年当选自民党领袖，但在同年大选中，败给了苏格兰民族党的议员，失去了下议院议员的席位。绿党[①]的发展，加上奈杰尔·法拉奇的脱欧党，似乎永远重塑了英国政治。正如欧洲大陆长期以来的情况一样，悬浮议会[②]、联合政府、少数党执政及信任协议，似乎很可能是英国政府的发展方向。但2019年12月保守党在大选中以80个多数席位强势回归，如果不是两届议会任期，上述情况起码五年内都不会发生。

英国无法再忍受多年的争吵和分歧，这些争执导致提高生产力、成人社会关怀等当时的重大问题都被搁置一旁。看起来似乎必须要找到更好的解决方法，将不同的观点融入治理过程中。但选民们找到了自己的方式——他们选择回归一党执政来结束僵局。

白厅和文职部门也发现自己备受关注。英国脱欧给大臣和公务员之间的关系带来了压力。脱欧支持者怀疑，文职部门在制度上是反对英国退出欧盟的，这反映在它给部长们的建议，以及对“无协议脱欧”准备不足上。这一观点虽然受到广泛驳斥，但脱欧后的文职部门确实需要重新规划。鲍里斯·约翰逊的高级顾问多米尼克·卡明斯在博客上呼吁“怪才和不合时宜的人”来申请首相府的新工作，这一做法引起了轰动。在卡明斯聘用的人员中，有一位名为安德鲁·萨比斯

---

① 绿党（Green Party），英国政党，由提出保护环境的非政府组织发展出来，持有生态优先、非暴力、基层民主、反核原则等政治主张。

② 悬浮议会（Hung Parliaments），又称“悬峙议会”或者“无多数议会”，是指议会民主制下，没有任何一个政党或政党集团取得绝对多数（一般指超过半数）的议席。一旦出现悬浮议会，通常会由筹组联合政府、组建少数派政府或重新选举等三种方式来解决。

基（Andrew Sabisky），自称“超级预言家”[15]。他短暂的政治生涯于2020年2月结束，此前他因自己对遗传学和生殖学等话题的观点遭受广泛批评，这被视为阻碍了卡明斯整顿白厅的雄心。

然而，卡明斯效应①也达到高潮。鲍里斯·约翰逊在2020年2月13日进行内阁改组时，坚持要求首相办公室直接管理财政大臣萨吉德·贾维德（Sajid Javid）的特别顾问团队，贾维德拒绝了该要求并请辞，英国脱欧后的第一份预算在此后出炉。财政部首席秘书里希·苏纳克并没有在政府最高层经受过考验，便被安排到了唐宁街11号（财政大臣的官邸），担任新任财政大臣。这一事件代表约翰逊政府早期试图整顿其所认为的阻挠脱欧的文职部门高层顽固派。2020年3月初，内政部常任秘书菲利普·鲁特南爵士（Sir Philip Rutnam）辞职，公开声称遭到内政大臣普丽蒂·帕特尔的“欺凌”。而帕特尔积极倡导脱欧，是约翰逊的忠实拥护者。

白厅一直透过布鲁塞尔的规则来看待世界，并以遵守规则为荣。但在授予大型商业合同时，国家利益受到竞争性招标的影响。比如，2013年6月，一份价值15亿英镑、涵盖1140节车厢、从北到南贯穿伦敦的新泰晤士河环线铁路合同由德国西门子集团获得，而不是位于英国的庞巴迪公司（Bombardier），这引发了巨大争议。同样，在金融危机后，英国严格遵守欧盟要求，将其最大的两家银行——劳埃德银行和苏格兰皇家银行——旗下的分行出售给竞争对手，因为欧盟规定不允许出现国家补贴行为。白厅已习惯分毫不差地恪守欧盟法

① 2020年，前首相高级顾问多米尼克·卡明斯（Dominic Cummings）违反“居家令”引起英国民众不满，此后民众纷纷无视“封城”禁令，组织外出野餐、海滩游玩，几乎没人保持社交距离。

规，从而忽视了更广泛的国家利益。

约翰逊在新冠危机最严重的时候就展示了其重塑政府的决心。2020年6月，他与三位前首相托尼·布莱尔、戈登·布朗和大卫·卡梅伦分道扬镳，将国际发展部（Department For International Development，DFID）与英国外交和联邦事务部（Foreign and Commonwealth Office，FCO）合并。[16]约翰逊称此举是后脱欧时代"全球英国"外交战略的一部分。他准备将134亿英镑的海外援助预算（设定为国民产出的0.7%）与英国外交政策目标相结合，并嘲笑国际发展部充当巨型提款机太久了。此举发出了一个明确的信号，表明约翰逊不会让新冠疫情引起的巨大冲击转移他对脱欧议程的注意力。

如果英国想要在脱欧后取得成功，就需要采取全新的治理方法。对于英国的跨国公司来说，这种转变应该很容易，比如制药公司阿斯利康将目光牢牢锁定中国，以及酿酒商帝亚吉欧旗下的品牌尊尼获加（Johnnie Walker），其已经将经营范围从欧洲转向了快速增长的美国、中国和印度市场。白厅各部门也需要适应日益全球化的议程。因此，前内阁秘书马克·塞德威尔爵士（Sir Mark Sedwill）委托对文职部门的未来形态进行研究。

英国脱欧的前景已经带来了一些变化，比如成立了退出欧洲联盟部和国际贸易部，这两个部门都着眼于更加全球化的未来。国际贸易部从世界各地招募了有才能的贸易谈判代表，这些人拥有达成贸易协议的知识和经验。从2016年到2019年7月，在脱欧派大臣利亚姆·福克斯的管理下，43岁的常任秘书安东尼娅·罗密欧（Antonia Romeo）脱颖而出，其简历令人印象深刻，并对消除传统行政部门对变革的怀疑干劲十足。罗密欧介绍了新西兰人克劳福德·法尔科纳（Crawford Falconer）进入国际贸易部，法尔科纳被聘为英国首席贸易谈判代表，并担任第二常任秘书，后一职位用来确保英国政府高层听取其意见。

在退休并进入学术界之前，法尔科纳曾担任新西兰驻世界贸易组织大使和常驻代表，他拥有英国所需的技能，可以帮助英国在没有欧盟贸易谈判代表支持的情况下迈向新未来。英国政府通过聘用最优秀、最聪明的人才，试图让自己有机会将影响力延伸到欧盟之外，构建起独立的贸易谈判技能。在某些方面，延迟达成脱欧协议的危害比本来可能造成的危害要小，因为这让文职部门有时间适应并引进新的专业知识。

2019 年 7 月鲍里斯·约翰逊当选保守党领袖后，利兹·特拉斯于同年 9 月接替利亚姆·福克斯的职务。特拉斯并没有因为疫情而推卸责任。2020 年 5 月 5 日，特拉斯启动了与英国最重要的商业伙伴——美国——的贸易协议讨论。几天后，5 月 12 日，特拉斯与日本就双边贸易协议展开谈判。一个月后，她开始与新西兰和澳大利亚进行正式贸易谈判。这两个英联邦国家因在抗击新冠疫情大流行方面的表现而享有更高的声誉。英国与新西兰和澳大利亚达成协议被视为加入《全面与进步跨太平洋伙伴关系协定》做准备，该协定是一个更广泛的贸易联盟，成员国包括日本、新加坡、墨西哥等。正如在公投和 2019 年 12 月选举中承诺的那样，“全球英国”之路正在有条不紊地进行中。

脱欧也重塑了英国国内的政治议程。一些主要政党已经认识到，如果英国希望提高产量和生产率，就必须把眼光投向伦敦和繁荣的东南地区以外，接受更多的地方主义。事实上，地区治理和地区长期投资是2019年12月大选的重大宣言主题之一。红墙①区几十年来见证了工党一直在英国北部选区占据主导地位。这次红墙区的坍塌突显了这些被遗忘地区人民的脱欧愿望。保守党领袖鲍里斯·约翰逊曾一心将竞选活动集中在北部和中部地区，大选获胜后立即前往东北部（工党的传统票仓，这次大选倒向保守党）分享他的胜利，这并不令人意外。

近年来，远离中央政府的“地方主义”运动兴起，既遭遇了挫折，也取得了成功。从坏的方面看，全国各地的议会已经失去了权力和资金，这削弱了它们的作用，让它们难以履行仍肩负的责任。没有人想要像20世纪70年代和90年代那样进行广泛的议会重组。但恢复权力——在增税方面发挥更大作用——加上得到更多资金肯定是可能的。从好的方面看，英格兰地区已经有很多地方政府将权力移交给了曼彻斯特、伯明翰和布里斯托等主要城市的市长。由于全国政客和知名商业领袖决定寻求高官职位，地区实力因而得到提升。

前工党内阁秘书安迪·伯纳姆（Andy Burnham）于2017年当选曼彻斯特市长。同年，约翰·路易斯的前任首席执行官、魅力十足的保守党人安迪·斯特里（Andy Street）成为西米德兰兹郡的首任市长。这些美国式风格的大城市市长选举有助于扭转“伦敦中心”效应，这一趋势可能继续推动治理。出现这些有影响力的市长很重要，因为英国正着手新的基础设施项目，比如备受关注的高铁2号线和高铁3号线工程。高铁2号线将建设从伦敦、尤斯顿（Euston）到伯

① 在英国，传统的工党票仓被称为“红墙”（red wall）。

明翰和曼彻斯特（最终到达爱丁堡）的高速铁路。高铁 3 号线将修建横跨奔宁山脉（Pennines）的高速铁路，改善西北部和东北部之间的交通状况，这是北方经济引擎计划的一部分内容。如果要避免邻避症候群①（不要兴建在我家的后院）和各种各样的财政阻力，这种大胆、斥巨资的基础设施计划将需要强大热情的政治支持。

英国脱欧暴露出的严重分歧激发了人们对治理的新思考。大卫·卡梅伦的前政策顾问、自由思想家、保守党议员乔治·弗里曼（George Freeman）在一系列文集[17]中描述了他的新保守主义（New Conservatism）如何应对英国面临的重大政治挑战。弗里曼认为，只有通过国家团结，我们才能前进。为了建设一个更好的英国，他从以下六个方面进行了探讨："身份、位置和归属感"讨论了人们的自然忠诚；"机会社会"涉及改革学校、技能、福利和公共服务；"创新经济"致力于激发创新和企业以促进社会流动；"责任与社会正义"关注在不削弱国家依赖性的情况下为有需要的人提供保障；"安全与不安全"探讨了军事威胁和改革贸易援助；"文化、社区和公民"着眼于共同价值观和保护这些价值观的制度。

弗里曼说："如果我们要应对代际挑战，我们必须有足够的勇气去思考脱欧之后的问题。"弗里曼提出的六大主题与英格兰银行的安迪·霍尔丹[18] 2019 年在纽卡斯尔联足球俱乐部（Newcastle United FC）主场圣詹姆斯公园（St James' Park）发表的演讲中列出的方面

---

① 邻避症候群（Not In My Back Yard，NIMBY），是一个形容新发展计划受到该区或邻近地区居民反对的贬义词语。一般来说，受到反对的发展计划都会为附近地区带来长远的利益，但短期内却会对附近的居住环境造成一些负面影响。为了保护自己的居住环境，附近居民会反对这个计划，或提议在其他地区兴建。

别无二致。这位英国央行首席经济学家接受了特蕾莎·梅政府的任务，负责领导其工业战略委员会，为了寻找能够让英国在走上新的全球化时实现增长和繁荣的因素，他深入研究了地区政治、社会领域和经济学。

提高治理水平有助于解决霍尔丹提出的那些在英国脱欧后需要解决的问题。霍尔丹指出的六个方面分别是交通与互联互通、学校与教育、住房与住所、商业街与社交空间、良好的工作与公平的报酬，以及货币与金融。霍尔丹认为：

> “六大主题”（Big Six）最显著的特征是，无论从个人来讲还是集体来讲，它们几乎总是在繁荣的城镇和城市中表现得很好，但在苦苦挣扎的城镇和城市中就十分糟糕（如果有的话）。对于前者，这六个方面之间形成了良性循环，不断进行改善；而对于后者，则会出现恶性循环，持续恶化。

霍尔丹认为，正是这些持续改善或持续恶化导致了“进步地区和落后地区之间日益扩大的地区和地方差距”。他总结道：“高技能、好工作、完善的基础设施、高质量的住房加上发达的社会空间，这些方面都是对创造力的严峻考验。创新、投资、技能、工作、薪酬和文化等方面都在蓬勃发展。”霍尔丹自信地指出，这种方法就是在美第奇王朝统治下的佛罗伦萨（Florence）文艺复兴成功的秘诀。

联合王国如果要分裂，需要新的宪法思维，这种思维能够更好地顾及民族主义者的愿望和地区的雄心。我在本科时写过一篇论文，关于经济和政治地方主义、更多的地方政府及伦敦以外地区需要某种形式的议会。从很多方面来说，这是权力下放尚未完成的工作。在2019年12月的大选中，这个问题几乎没有被提及。在那场竞选活动中，约翰逊选择的“完成脱欧”（Get Brexit Done）这一选举口号大获全胜。工党的大国家主义、马克思主义倾向的治理解决方案与保守党的温和方式之间形成了鲜明的对比。此外，工党领袖杰里米·科尔宾声望下降，以及工党高层缺乏应对党内反以色列和反犹太人观点的紧迫性，也影响了这场竞选。

工党的宣言概述了一系列旨在将经济决策权转移到地方的变革性构想，这些主张包括将公务员迁出伦敦，管理一个致力于区域和绿色转型的网状系统。与此同时，宣言还提议授权英国投资银行在各地区设立一系列地区分行，要求国家控股的苏格兰皇家银行[19]向地区企业提供贷款。尽管有些提议看起来具有革命性和可取性，但却几乎没有什么吸引力。批评者认为这会是一场官僚主义的噩梦，他们对工党是否知道如何管理如此复杂的系统没有什么信心。民主赤字问题也悬而未决。

显然，如果要更好地顾虑到获得下放权力地区（苏格兰、威尔士、北爱尔兰）的心愿，可以设计一个新的联邦议会或采取其他措施。这可能是一种全新的方式，也可能是改革英国议会上议院的一种方式，把它变成一个选举产生的议会，更准确地反映英国全貌，主要是获得下放权力的地区和英格兰地区。有可能的话，这个民选议会可以在伦敦以外的地方举行会议。不过正如欧洲议会（European Parliament）在斯特拉斯堡（Strasbourg）和布鲁塞尔轮流举办表现的那样，将议会迁往其他地方举办可能会非常奢侈。当然，内阁应该定期在伦敦以外的地方开会，部长们在商议之后决定举行“城镇会议”。在选举周期内，下议院每年至少可以在首都以外的地方举行一次会议，免去议会程序中的繁文缛节。这样一来，可以给全国各地一些伟大的维多利亚时期的市政厅注入一些活力。显而易见，以上的种种方式都可行，而不应该选择违背英国国民性、抵制地区主义或者分裂联合王国这样的做法。

一个更加全球化和更具创造力的英国还需要一种它可以引以为豪的可持续资本主义形式，例如，在商界和投资界，采纳环境、社会和公司治理议程是一种时尚。长期以来，英国一直自豪于在商业治理方面处于领先地位，但一系列丑闻抹杀了这一切，并提醒我们，如果英国想在后脱欧时代继续领先其他国家，仍有许多问题需要解决。英国还需要彻底改革其公司治理，让商界做好充分准备来应对未来的挑战。英国虽然为自己在彻底改革董事会结构后处于治理改革前沿而自豪，但在董事会中女性、少数族裔和工人的代表仍然很少。

同样重要的是，英国企业需要警惕更广泛的利益相关者，包括劳动力、供应商、消费者和气候变化倡导者。早在 1995 年，我在《卫报》的前同事威尔·赫顿（Will Hutton）就在他的议程设置著作《我们所在的国家》（*The State We're In*）中探讨了这些问题。[20] 许多人将赫顿的这本著作视为托尼·布莱尔领导的改革派工党的宣言。利益相关者社会的理念引起了高度共鸣，而且，对于一本以经济学为基础的书来说，它非常罕见地成了畅销之作。令人担忧的是，25 年过去了，赫顿提出的许多问题仍未得到解决，而赫顿所倡导的德国莱茵兰 -

威斯特伐利亚资本主义[①]所推崇的长期主义，看起来依然遥不可及。

长期以来，我一直认为英国制度并不完善。该制度受到操纵，有利于金融业而非对社会做出更广泛的贡献。在最近的收购战中，我们已经看到其中所体现得更广泛的利益。例如，2017 年卡夫亨氏试图收购联合利华，这种收购要约在过去并不多见。通过并购交易，大量英国企业落入唯利是图的海外掠夺者手中，但这些交易很少为所有利益相关者考虑。

事实上，在 2016 年的欧盟公投运动期间，英国领先的制药公司之一阿斯利康，遭到了规模更大的美国竞争对手辉瑞的围攻。政府和白厅的第一反应是愉快接受这项交易，认为这样做标志着英国仍然对商业采取开放态度。但阿斯利康的法国首席执行官帕斯卡尔·索里奥特和董事会都坚决认为，价格不应该是唯一的因素，阿斯利康作为英国领先的研究公司之一，拥有大量的研发预算，其长期前景才是重要的。在备受瞩目的议会听证会之后，辉瑞（顺便提一下，该公司由英国公民伊恩·里德领导）退出了战场。

大公司的投资者们纷纷抱怨道，阿斯利康错失了一个套现的机会，而且永远无法实现在辩论中提出的销售目标。其实，政府和满腹牢骚的股东们大错特错。阿斯利康针对癌症的前沿免疫疗法已经取得成功，给患者带来了希望，也给投资者带来了销售佳绩和收益。阿

① 莱茵兰－威斯特伐利亚资本主义（Rhineland-Westphalia capitalism），即莱茵资本主义、莱茵模式，是指德国莱茵兰－威斯特伐利亚地区的一种经济模式或资本主义理念，与美国的股东至上主义相对应。其强调社会市场经济，注重企业的社会责任和长期可持续发展，以及劳资合作和社会对话。在这种模式下，企业和工会之间的合作关系被视为一种重要的合作方式，企业不仅追求股东利益最大化，还注重员工福利、环境保护和社会责任。这种资本主义模式在德国和其他欧洲国家较为常见，被认为是一种相对平衡和包容的经济模式。

斯利康是少数几家打入中国市场并实现两位数增长的英国跨国公司之一，从而满足了更广泛的各方利益。

公司治理包括公司的运营方式、董事会的构成、性别差距，以及增加高层管理人员的多样性。最近，公司治理还增加了社会和气候变化方面的义务。20 世纪 80 年代，由于一系列针对英国商业丑闻和公司破产的官方报告，提高公司治理水平的运动便由此展开。这导致政府下令收紧对于公司的宽松标准。

公司治理改革运动源于一场意外事故，1991 年 11 月 5 日，商业巨头罗伯特·麦克斯韦尔（Robert Maxwell）在西班牙加那利群岛（Canary Islands）附近海域失踪，之后被推定遇难。他在自己的游艇上凭空消失引起了公众的强烈抗议，因为人们发现了他的企业经营有很大问题，不仅手段无情，而且谎话连篇。除此之外，麦克斯韦尔还进行了不正当的收购，从养老基金中抽走资金，以及在没有高管的情况下进行破产交易，或者说是不阻止这种行为。而且，人们还认为大西洋两岸的监管机构在有充分理由的情况下没有更早地介入。到 1992 年，麦克斯韦尔的公司在英国和美国申请了破产保护。几乎在同一时间，国际信贷商业银行（BCCI）破产，储户、股东和雇员损失了数十亿美元。另一家公司，波利派克（Polly Peck），前一年还保持可观利润，第二年便宣布破产。在这一系列治理失败的案例之后，政府迫切需要恢复投资者和广大公众的信心。

工业巨头阿德里安·卡德伯里爵士（Sir Adrian Cadbury）接受了这一挑战，他主持了一个委员会，其目的是调查公司治理并对该机制提出改进建议。该委员会是由审计执行机构财务报告委员会（Financial Reporting Council）、伦敦证交所和会计行业共同设立的。

其调查后的最终报告于 1992 年 12 月发布。卡德伯里[21]建议将董事长和首席执行官在公司董事会中的角色分开；为减少公司治理风险和治理失败的可能性，所设计的会计制度应该是自愿性的，且具有自我调节的功能。此后，卡德伯里的调查结果被用于制定其他准则，比如经合组织、欧盟、美国和世界银行的准则。

英国天然气公司（British Gas）等私有化公用事业公司的过高薪酬协议引发了政治上的不满，导致人们呼吁进一步改革。这项改革任务交给了现已故的玛莎百货董事长理查德·格林伯里爵士（Sir Richard Greenbury）。[22]他的调查和卡德伯里之前的调查一样由英国工业联合会发起，当时人们一直担心公司董事的薪酬水平。格林伯里解决了很多问题，包括问责制、责任制、薪酬披露、董事和股东利益的协调及公司业绩的改善。调查报告的主要结论是，由非执行董事组成的独立薪酬委员会应负责确定执行董事的薪酬水平，应全面披露每位高管的薪酬，并要求股东批准。

薪酬应更明确地与绩效挂钩，制定的薪酬水平要能够吸引、留住和激励顶尖人才，但不要过高。该报告还建议，在向即将离职的首席执行官发放薪酬时应表现出更多的克制，要考虑到他们的表现和离职原因。但格林伯里的调查报告存在一个致命缺陷，他建议薪酬和奖金应该与员工留任和长期绩效挂钩，“长期激励计划”便由此产生。

就其本身而言，这种计划通常以股票的形式兑现，原本是一个好主意。但是这种做法被歪曲了。长期激励计划建立在基本工资、短期奖金和其他福利之上，但结果事与愿违，因为激励计划被夸大了。此外，事实证明薪资或薪酬委员会是没有实权的，而且受到行政要求的过度影响。薪酬专家通常会向这些委员会提出建议，鼓励他们提高薪酬水平。结果就是董事会成员与其他员工之间的薪酬差距不断扩大。

该机制中最荒谬的情况发生在 2018 年，当时，总部位于约克郡的房屋建筑商柿子（Persimmon）的首席执行官杰夫·费尔伯恩（Jeff Fairburn）获得了 1 亿英镑的奖金（后因投资者和员工抗议减少到 7500 万英镑）。这引发了该公司董事长和薪酬委员会负责人辞职抗议，最终费尔伯恩本人也离职了。但最大的讽刺其实是柿子建筑公司利用租赁法的漏洞，交付的房屋频频出现问题，有的房屋甚至有火灾隐患。这一事件足以说明，世界上所有的自愿性规则和保护措施都无法阻止一个机制被滥用。

1998 年，在帝国化学工业集体在老板罗纳德·汉普尔爵士（Sir Ronald Hampel）领导下，修复公司治理早期缺陷的工作得以启动。《汉普尔报告》①（*The Hampel Report*）[23] 由财务报告委员会设立，用来审查《卡德伯里报告》和《格林伯里报告》。该报告反对监管上的形式化程序，并试图强调良好的做法。汉普尔认为，采取问责制是以牺牲商业繁荣为代价。董事会应该决定公司治理，持不同意见的股东可以进行相应的投票。根据《特恩布尔报告》②《希格斯报告》③ 和《沃

① 汉普尔委员会对《卡德伯利里报告》和《格林伯里报告》的有效性进行了全面审查，建议不进行实质性的变更，随后，伦敦证券交易所采纳这三个报告，发布了最优行为联合准则。

② 特恩布尔委员会（Turnbull Committee）受托为改善公司的内部监督机制提供建议，该委员会建议公司审查风险性质、建立风险识别和风险补救的流程，并对内部监督机制进行年度审查，以评估其有效性。

③ 德里克·希格斯爵士（Sir Derek Higgs）被英国政府任命审查评估英国非执行董事的角色、质量及有效性。希格斯在报告中建议改变董事会结构，包括董事会中至少一半应该是非执行董事、董事会应任命一名首席独立董事与股东联络、提名委员会由一名非执行董事领导、执行董事任期不超过六年，还建议对董事会进行年度评价。

克评估报告》[1] 所做的各种修订发表在《2009 年联合准则审查：最终报告》(*2009 Review of the Combined Code: Final Report*) 中，该报告更新、完善并修正了现有的准则。

随着时间的推移,《卡德伯里报告》《格林伯里报告》和随后的报告都被提炼成财务报告委员会制定的《公司治理准则》(*Corporate Governance Code*)。该准则规定了上市公司在若干问题上的良好实践标准，比如董事会的组成和发展、薪酬、股东关系、问责制和审计等。而且，这一准则还确定了董事会应该做出改变的一些方面，包括与员工的接触、创造健康的公司治理文化、非执行董事会成员的多样性和有保证的独立性及透明的薪酬标准。

这些麻烦的要求是为了给上市公司施加压力，要求它们更新已经落后于同行的做法。但公司治理的现实往往与模板大相径庭。这些要求的结果就是薪酬透明度导致情况变得过度复杂。如今，年度报告中包含了几十页关于激励方案之类的细节，只有最精通法律和财务的人才能看懂。其实，大型投资者也有忽视治理缺陷的倾向，比如只要股价还在上涨，董事长和非执行董事就会继续我行我素，完全无视《公司治理准则》。

在卡梅伦领导的联合政府中，自由民主党商务大臣文斯·凯布尔爵士是少数积极关注公司治理问题的政治家之一。2015 年，他召开了高级商业领袖和政府代表峰会，想要在不需要进一步监管的情况下，找到重塑和改善 21 世纪企业文化的最佳方式。这场在 2015 年

---

① 大卫·沃克 (David Walker) 受托对英国银行的治理实践过程进行审查和评估，以降低经济风险。沃克在报告中建议进行结构性变革，尤其是高管薪酬，其中包括银行员工薪酬中至少一半应该是长期激励，2/3 的现金奖励应延迟发放。

3月举办的峰会讨论了改善企业文化的下一步举措，将透明度和员工信心放在每个企业的核心地位。凯布尔说：

> 政府一直在努力制定正确的制度框架，以便公司能够改善其企业文化。在解决和改善企业行为方面，我也做了很多工作，比如促使企业摒弃短期思维、改革高管薪酬、更加注重投资者的积极管理。然而，要改善企业文化，从而让员工感觉受到重视、被倾听，并对引发担忧的问题充满信心，还需要采取进一步的行动。[24]

为了解决这些治理实践中的差异问题，建筑公司沃特斯（Wates）的首席执行官詹姆斯·沃特斯爵士（Sir James Wates）受命在2018年以全新的角度来审视公司治理。所谓的“沃特斯原则”[25]侧重于目标和领导力、董事会的组成、责任、机会和风险报酬及利益相关者关系。

无论是过去还是现在，许多急需解决的问题都进展缓慢，董事会和高级管理职位中的性别失衡就是其中之一。在富时100指数公司的高管中缺乏女性代表，这是英国的耻辱，如果英国想成为一个具有前瞻性和性别意识的经济体，脱欧后踏上新的征程，就需要立即解决这个问题。

到2018年，伦敦金融城的大部分地区已经接受了“三分之一的公司董事会成员应由女性组成”这一原则。支持该倡议的27个全球投资公司包括美国投资公司贝莱德（BlackRock）、摩根大通资产管理公司和标准人寿安本公司（Standard Life Aberdeen）等，它们都加入了“30%俱乐部”①，该俱乐部为女性在董事会中占比达到三分之一的目标而努力。这些投资公司承诺，如果董事会未能任命更多女性，他们将投票反对。[26]

挪威（Norway）一直在推动女性更多地参与公司治理。顺便提一下，挪威是英国最大的外来投资者之一。2008 年，挪威要求上市公司将至少 40% 的董事职位留给女性，否则董事会将被解散。挪威的这种做法在某种程度上是成功的。现在，大多数上市公司的董事会中，女性董事至少占 40%。根据 2017 年世界经济论坛的性别平等指数（World Economic Forum's Gender Equality Index），自 2007 年以来，欧盟国家女性董事的比例增加了一倍多。挪威被视为董事会性别平等的标杆，在该指数（包含 144 个国家）中排名第二。作为支持性别平等的先驱国家，挪威的首相、财政部部长及强大的雇主协会负责人均是女性，此外，政府中的三个政党都是由女性领导，在公共部门，大多数领导人是女性。但私营部门在这方面落后于公共部门，2018 年，挪威前 200 家公司中只有 21 家的首席执行官是女性。

挪威的这个性别平等方案已经让多国效仿。到 2013 年，已有十多个国家设定了类似配额，比例都在 30%~40%。在比利时、法国和意大利，未能遵守该比例规定的企业会面临罚款等制裁。德国、西班牙和荷兰采取没有制裁处罚的比例规定，而英国则设定了

---

① 英国“30% 俱乐部”（30% Club）发起于 2010 年，旨在提高公司里女性董事的比例，争取到 2015 年至少达到 30%。俱乐部支持者表示，性别多元化可以帮助公司理解客户和员工，降低群体思维的可能性，并提升公司股价。不过，公司高层中女性比例偏低是一个全球性现象。

性别平等准则。

英国特许管理工会（Chartered Institute of Management）首席执行官、管理学大师安妮·弗兰克（Anne Francke）积极支持让更多女性进入企业高层。她说："一群人围坐在桌子周围，彼此看起来非常相像。让我们面对现实吧，背景相似的中年白人男性相互附和，这就是造成许多企业倒闭的原因。"[27] 弗兰克坚信性别多样性是企业第一件要做对的事，因为女性占人口的 51%，她们并不是少数人。弗兰克还表示："如果你让职场成为受女性欢迎的地方，那么，它就成了受所有人欢迎的地方。"弗兰克滔滔不绝地列举了一系列统计数据，说明女性如何在职场中受到歧视。如今，男性的收入仍比女性高出 26%，晋升的可能性也比女性高 40%。她补充说，男性首席执行官仍然享受着比女性高 8 倍左右的奖金。目前，富时 100 指数公司中只有 6 位（很快就会变成 5 位）女性老板。对此，她认为这绝对是一个令人震惊的数据。过去的四年里，执行董事的数量一直保持在 10% 左右。弗兰克认为，尤其令人恼火的是，管理咨询公司麦肯锡（McKinsey）提供的数据显示，如果一家企业高层女性比例高，那么这家企业将胜过 21% 的竞争对手，这可能会让国家产出每年增加 1500 亿英镑。

在女性董事比例上，英国落后于欧洲大部分国家——挪威、瑞典、法国、芬兰和比利时。2015 年，由前国际银行家、政府贸易大臣默文·戴维斯爵士（Sir Mervyn Davies）编撰的一份政府背书的性别平等报告[28] 为富时 100 指数公司设定了一个目标：到 2020 年，女性董事的比例达到 33%。也从来没有人解释清楚为什么会选男性而不是女性来承担这项职务。该报告依据自愿执行的原则。报告发现，自 2011 年以来，富时 100 指数公司的女性董事比例已超过 25% 这一目标——此前，女性董事比例仅为 12.5%。

自那以来，女性董事占比从 22.8% 上升到 23.7%，女性董事占比至少为 33% 的公司从 2017 年的 53 家增加到 2018 年的 59 家。然而，在富时 250 指数公司中，担任执行董事的女性比例已从 7.7% 降至 2018 年的 6.4%。[29]

消费品集团联合利华就是引领性别平等的公司之一。自 2011 年以来，该公司董事会中的女性人数增加了一倍，占董事会成员的 50%，这是唯一一家真正实现性别平等的公司。玛莎百货的女性董事比例从 27.3% 升至 41.7%。饮料巨头帝亚吉欧的女性董事比例从 36.4% 升至 40%，该公司的不同寻常之处在于，在高管职位上聘用了大量女性。在制药公司阿斯利康和塞恩斯伯里（Sainsbury），女性董事比例从 27.3% 上升至 33.3%。劳斯莱斯的女性董事比例从 7.1% 升至 33.1%，而汇丰则从 16.7% 升至 42.1%。

英国独立电视台（ITV）首席执行官卡罗琳·麦考尔（Carolyn McCall）就是成功掌管富时 100 指数公司的一个例子。在获得肯特大学和伦敦大学（University of London）的学位后，她在建筑巨头科斯坦（Costain）工作，开始涉足商界。到 1986 年，她决定转行，进入了卫报媒体集团（Guardian Media Group plc）工作，从商务部门级级攀升，当上了子公司的首席执行官，并于2006年接管了母公司。2010 年，麦考尔成为廉价航空公司易捷航空（EasyJet）的首席执行官，不得不立即处理因火山灰云、油价飙升和空中交通管制员罢工导致的航班中断。她在易捷航空工作期间，乘客数量几乎翻了一番，同时，在“艾米·约翰逊计划”[①]下，想成为飞行员的女性申请人数量也翻了一番。2018年，她重返媒体界担任英国独立电视台的首席执行官，面临着来自流媒体竞争对手亚马逊和网飞的巨大挑战，这两家公司都有巨额制作预算。

但麦考尔和艾莉森·罗斯（Alison Rose）等其他女性晋升至最高领导层都是例外。2019年，罗斯接管苏格兰皇家银行，成为英国第一位高街银行的女性首席执行官。英国公司的女性高管少得可怜，性别薪酬差距——同一职位男女收入的差异——更是一种耻辱。英国已经准备就绪，具备了在这一领域成为全球领先者的条件，也有机会提高生产力，但要实现这一目标，则需要股东们采取更为积极的行动，时时警醒，处处监督。

英国的公司治理法规仍有许多需要改进的地方。2018—2019年，许多企业崩盘、倒闭，频频爆出丑闻，比如建筑公司卡里利恩（Carillion）、咖啡集团瓦莱丽糕点（Patisserie Valerie）、百货公司福来德（House of Fraser）、君主航空公司（Monarch）和旅游集团托马斯·库克（Thomas Cook）。这一系列事件都说明了会计失误及治理失败。审计工作过于轻松舒适，董事们自己拿了高薪，却让员工无依无靠。2019年6月，基金管理公司伍德福德（Woodford）的内爆暴露了普通储蓄者（约130万人）容易受到不良治理标准和监管不力的危害。2020年，新冠疫情导致停业，许多公司最终进入破产管理程序，包括弗莱比航空（Flybe）、意大利餐饮集团卡卢乔（Carluccio's）及家电家具租赁集团布莱特（BrightHouse）。

---

① 艾米·约翰逊计划（Amy Johnson initiative），由易捷航空和英国女飞行员协会共同推出，为女飞行员提供机会，希望消除飞行行业对女性的刻板印象。

这些公司失败的原因各不相同，但都有共同的根源。尽管自20世纪90年代早期麦克斯韦尔媒体帝国崩溃以来，进行了各种公司治理改革，但仍有太多公司董事会达不到要求。董事长未能恰当监督首席执行官，高级非执行董事迟迟不能代表主要投资者的利益，而且大型审计公司也一直被轻松搞定。

2018年12月，前财政部官员、英国法通保险公司（Legal & General）主席约翰·金曼爵士（Sir John Kingman）对财务报告委员会[30]展开严格审查，他认为该委员会是一栋“摇摇欲坠的房子，里面充斥着各种各样的扩展职能”，需要推倒重建。金曼提议建立一个独立的法定监管机构，对议会负责，职能明确，而且有新的授权和领导班子。

时任商务大臣格雷格·克拉克高度赞赏这份审查报告，并承诺将采纳这些建议，成立一个新的独立机构，这个机构将巩固英国作为绝佳营商地点的地位。与众多让英国为后脱欧时代做好准备的重要改革一样，成立新的审计、报告和治理机构，这一提议陷入了立法和政治泥潭。负责竞争监管的英国竞争与市场管理局针对审计公司的行为发布了另一份报告，建议进行广泛的改革，增强审计行业的竞争性。[31]主要建议包括拆分四大审计公司——普华永道、德勤、毕马威、安永——的审计和咨询部门，但不是完全剥离。为了鼓励来自二线审计公司的竞争，竞争与市场管理局还要求四大审计事务所和不知名的小审计公司进行强制性联合审计。2019年5月，投资银行高盛集团披露，它将聘请参与金融城大型业务的法国公司玛泽（Mazars）负责其欧洲业务的审计工作。

2019年12月，鲍里斯·约翰逊政府当选后不久，伦敦证券交易所前主席唐纳德·布莱顿爵士（Sir Donald Brydon）发布了另一份审查报告[32]，呼吁对审计行业进行彻底的改革。他提议从大型会计公司中分离出一个新的公司审计业务。该报告还建议停止使用那些被认证为“真实公允”的账目，转而采用关注现金流等因素且覆盖面更广的审计报告。报告还指出账目编制方式的不一致性，重点关注不一致的地方，并建议审计报告之间应该有更多的连续性——指出方法上应该有所改变。

布莱顿还希望看到董事会审计委员会增强独立性，结束利益冲突。除了提供审计服务，许多大型会计师事务所还为各种企业决策提供咨询，涵盖环境、社会和治理实践、高管薪酬等方面。尽管对改革治理监管提出了全面建议，但审计改革仍被搁置下来。财务报告委员会（仍未进行改革）新任首席执行官、前高盛集团投资银行家西蒙·丁格曼斯（Simon Dingemans）明确表示将支持审计改革，主张全面剥离咨询部门。但丁格曼斯上任不到一年就辞职了。这一变故将结束当咨询费和薪酬事项超过审计事项时产生的利益冲突。

英国在治理问题上一直走在世界前列，四大审计公司在英国都有着深厚的基础。然而，金融危机期间及之后的系统性失败导致大型审计公司面临信任危机，这不仅发生在英国，全球范围内也是如此。比如人们对国际足联（FIFA）这个足球权威机构的审计感到不满，原因是未能查出腐败款项。2017 年，在好莱坞奥斯卡颁奖典礼上，普华永道对最佳影片计票的失误令该公司非常尴尬。此后普华永道道歉，但这一事件反映出审计行业丧失了其信誉基础。即使英国笼罩在脱欧的阴影下，海外投资者仍涌入伦敦，最主要原因是他们对英国法治和公平的信任。公司治理和对审计的信任是英国世界一流的金融结构和伦敦金融城赖以建立的基础之一。

2019 年年底，丛林大火重创了澳大利亚得天独厚的经济。在 2020 年年初的达沃斯世界经济论坛上，气候变化便作为一个治理问题迅速进入人们的视野。早在 2015 年，时任英国央行行长的马克·卡尼首次从经济角度提出了气候变化带来金融风险这个问题。环保组织“反抗灭绝”在 2019 年举行抗议活动，导致伦敦商业活动陷入停滞，这一问题便受到了公众的广泛关注。2020 年，全球最大投资商拉里·芬克（Larry Fink）将气候变化及其风险作为首要的治理问题。这位贝莱德集团（资产管理规模达 7 万亿美元）董事长在致投资企业首席执行官的年度公开信中称，“气候风险的证据正迫使投资者重新评估关于现代金融的核心假设”。芬克还宣布，贝莱德将减少对 25% 或以上收入来自动力煤的矿业公司的投资。气候变化成为公司治理的新领域。

英国是全球养老基金和储户的最大资产管理中心之一，所以对它来说，环境、社会和治理投资（ESG）已成为一个关键问题。英国是全球金融中心之一，这意味着，它在世界各地开展新的贸易谈判时须保持最高标准。随着英国准备在全球扮演新的角色，恢复并维持对法律、监管、执法、治理和审计的信任将至关重要。

对外国投资者开放必须符合国家利益，并需要通过最高标准的审查和治理予以加强。公司董事会和政府在做每一个决策时，需要把实现碳减排目标作为重点。新冠疫情让人们认识到，追求绿色发展将是推动英国和全球经济走出低谷的关键。投资银行高盛集团认为，清洁技术将“在即将到来的经济复苏中发挥重要作用”。[33] 据高盛集团估计，将有 1 万亿到 2 万亿美元用于绿色基础设施建设，在全球范围内创造 1500 万至 2000 万个就业岗位。在英国走向全球、克服新冠疫情冲击的过程中，抓住这一碳减排机会至关重要。

把伦敦金融城的改革和环境议程束之高阁，让它们慢慢腐朽，这是不可取的。在整顿企业治理的同时，必须不断进行令人信服的宪法改革。如果 2019 年的约翰逊政府不推进治理改革，那会是一个巨大的错误。治理改革应该与收回英国的经济主权齐头并进。

英国脱欧后面临的挑战之一是恢复高水平的经济增长。考虑到新冠疫情引起的经济衰退，要实现这一目标变得更加困难。目前最好的做法就是，如果英国要重拾其经济雄心，公共投资应转向改善基础设施、互联互通和低碳发展，这最终将提高生产率、实现经济增长。下一章将探讨建筑、互联互通和绿色议程，这些将在英国建设一个更美好未来的过程中发挥至关重要的作用。

第九章
基础设施：火车、电话和飞机

当一个国家的资本发展变成赌博活动的副产品时，结果可能会很糟糕。

——约翰·梅纳德·凯恩斯,《就业、利息与货币通论》，1936 年

就算是来自火星的游客也不得不对英国这种反差感到震惊。在这里，新的办公大楼闪闪发光，但道路却拥堵不堪；地方市政厅修复得很漂亮，但维多利亚时代的铁路却缓慢无比，轧轧作响；最早使用移动通信技术，但大城市里的信号却逐渐减弱；为了建造风力发电厂而破坏了环境，却一直面临停电的风险。

在英国，主要政党之间很少有共识，但在竞争激烈的 2019 年大选中，保守党和工党却达成了一个共识——经过十年的紧缩期，英国需要为未来投资。在新冠疫情之后，数字化转型和脱欧后英国低碳转型等重点计划看起来更加可取。在 2019 年的竞选中，前工党领袖杰

里米·科尔宾承诺将进行以绿色发展为主的重大转型，并计划投资2000亿英镑来实现这一目标。但这一投资金额如此庞大——同时伴有其他承诺，令人难以置信。

保守党提出的竞选纲领相对温和，但他们也认识到，在一个超低利率时代，他们可以将更多精力放在英国北部地区和其他落后地区的发展上，这样就有机会重新平衡英国的南北差距。在维多利亚时代，英国是资本投资的大师。大部分铁路基础设施都是在那个时期设计和建造的，比如由伊桑巴德·金德姆·布鲁内尔（Isambard-Kingdom-Brunel）主持修建的克里夫顿悬索桥（Clifton Suspension Bridge）和由约瑟夫·巴扎尔盖特主持建造的伦敦污水处理系统。与工业化一样，这些19世纪社会先驱的呕心沥血和远见卓识推动了公共投资，比如积极倡导卫生改革的埃德温·查德威克（Edwin Chadwick）。[1] 在当今这个更加现代化的时代，为更广泛的公共利益进行长期投资并非英国所擅长的事情。

20世纪90年代，玛格丽特·撒切尔实施自由市场改革后，私营企业蓬勃发展。伦敦的码头区和金丝雀码头、索尔福德的媒体城、卡迪夫湾（Cardiff Bay）开发计划和迈克尔·赫塞尔廷（Michael Heseltine）的利物浦复兴计划，都是在英国工业历史的废墟上发展起来的。在苏格兰，欧盟投资给苏格兰高地带来了现代化的道路系统。然而，选举周期、对上市公司短期季度业绩的关注及英国煞费苦心的规划体系，这几个因素结合在一起，公共基础设施成为私人投资的次要选择。

这样的结果就是：英国的基础设施——机场、公路、铁路、防洪设施和其他许多设施，已利用到了最大限度。在人口激增的压力下，即使是备受推崇的巴扎尔杰特排水系统在暴雨后也频频失效，而为一年一度的牛津－剑桥赛艇比赛进行训练的船员们不得不参与处理这些未经处理便排入泰晤士河的污水。“赢家通吃”的赌场经济忽视了公共利益。即使房屋建筑商按照规划要求在开发项目中增加经济适用房，但他们建造的房屋质量低劣，有时甚至存在安全隐患，而且缩减房屋供应量、限制租户对邻近公共空间的使用，这让消费者感到失望。

然而，后金融危机时代为基础设施建设创造了新的机遇。自2008—2009年以来，发达国家政府主要依靠货币政策来刺激产出。美国美联储、日本央行、欧洲央行和英国央行等大型央行已向其金融体系注入了数万亿美元，以鼓励向企业和消费者发放贷款。利率已降至历史最低水平，整个欧洲都开启了“负利率”时代。前所未有的低利率改变了人们对基础设施投资贷款的态度。在2019年10月国际货币基金组织会议期间与记者的一次谈话中，前保守党财政大臣赛义德·贾维德对此明确表示：“过去几年发生的最大变化就是我们的利率处于有史以来的最低水平，我认为这将持续很长一段时间。”他补充说，实际负利率和名义负利率是一种非常不寻常的情况。贾维德还告诉我们：“我从事债券交易20年，从未见过这样的情况。”[2]

随着英国与欧洲的昔日合作伙伴渐行渐远，转而将目光投向整个世界，它需要做好迎接挑战的准备。其中关键的一点就是提高生产率。英国的生产率（即每个工人的产出）一直很糟糕，落后于竞争对手。由于生产力推动经济增长，而经济增长又推动公共财政，因此，忽视生产力会给国家带来危险。关于生产力低下，经常提到的原因是无论公共雇主还是私人雇主，都倾向于投资英国劳动力市场的工人，而不是购买新设备，无论是物质性基础设施还是技术。此外，如果英国要维持自己作为一个转口贸易国的地位，那么它的外向型经济需要提升连接外界的能力——无论是超高速宽带还是承载能力更强的机场和港口。

金融危机十年后，人们普遍认为货币政策和利率在促进产出和增长方面已不再适用。其实并非完全如此。2020 年新冠疫情暴发后，各国央行首先遭遇经济瓶颈。在英国，英格兰银行将利率下调至 0.1%，这是该行自 1694 年成立以来的最低水平。它还通过在公开市场上购买政府债券，向金融体系注入了数千亿美元的现金。尽管如此，政界人士普遍认为，财政政策需要挑起大梁。于是，旨在提高长期生产力的基础设施投资便广受青睐。长期以来被认为在财政上持保守态度的国际货币基金组织已经开始改变看法，认为凯恩斯主义经济学——通过增加公共投资来刺激增长——有助于避免经济衰退和提高全球产出。对此，国际货币基金组织首席经济学家吉塔·戈皮纳特（Gita Gopinath）[3] 表示："货币政策不能是唯一的解决方法。在财政空间允许的情况下，货币政策应该辅之以财政支持，但是政策不能一味扩张。"她敦促发达国家"利用低借贷利率来投资社会基础设施"。

在基础设施建设方面，英国发现自己正处于一个十字路口。被称为"三大基础设施项目"的相关计划和工作正在进行中，包括希思罗机场第三条跑道新建计划、萨默塞特郡欣克利角核电站项目，以及高铁 2 号线工程（修建从伦敦尤斯顿到伯明翰，再到利兹和曼彻斯特的高速铁路）。在我看来，这些所有项目对英国的未来至关重要，因为英国未来的发展要寄希望于欧洲和世界其他地区，但这些项目也充满争议，比如环境影响、成本飙升、规划问题等。此外，这三个耗资数百亿英镑的项目主要集中在南方地区。

此外，社会各阶层也议论纷纷，其中大部分人对英国建设大型基础设施的能力持怀疑态度。他们认为英国“在跑之前需要先学会走”。这就是说，英国应该从难度不那么高的项目入手，比如修建北方地区的城市环岛、自行车道和通勤线路，而不是将资源浪费在面子工程上，那些面子工程很少按预算交付，也不符合现代气候变化目标。事实上，人们缺乏想象力，也没有意识到大型基础设施不仅能在建设阶段创造就业岗位和技能，而且能刺激经济发展。

还有一些新的提议也能够为爱尔兰海两岸的社区带来更大的繁荣，比如 2019 年秋季讨论的在北爱尔兰和苏格兰之间修建一座跨海桥梁。但是架桥的困难相当大，尤其是要进入深水区，那里在战时被用作遗留军火的倾倒场，因此桥梁或隧道建设面临潜在威胁。在联合王国本身受到压力的情况下，这可能会导致英国这两个地区难以连接。斯堪的纳维亚半岛上的厄勒海峡大桥（Øresund Bridge）全长 16 千米，通过公路和铁路连接丹麦（Denmark）和瑞典（Sweden）两个国家。这个成功的案例说明建设跨海桥梁可能会推动北爱尔兰和苏格兰这两个权力下放地区的经济增长。然而，人们并不相信现在建设的项目会造福子孙后代，或是提高落后的生产率。

机场是基础设施体系的重要组成部分。2018 年，希思罗机场成功接待了创纪录的 8010 万名乘客，是伦敦面向世界的窗口。在 2019 年最繁忙的日子，希思罗机场接待了超过 26 万名游客。正常情况下，机场几乎满负荷运行，这就说明即使是一个很小的计算机故障也会造成混乱。

2020 年新冠疫情的暴发彻底改变了这一点。随着全球各国政府限制旅客出行，希思罗机场成了一座“鬼镇”。空旷的机场鼓励了气候变化活动家，他们反对航空旅行中大量使用化石燃料、排放有毒气体和制造噪声污染。但他们没有认识到的是，英国作为一个开放经济体，作为全球最大的金融中心之一，从全球吸引的私人投资达到前所未有的水平，机场容量就是英国产出、繁荣和就业的生命线。

在新冠疫情暴发之前，从太平洋或北美搭乘“红眼航班”抵达伦敦的商务乘客都非常熟悉飞行员的广播。他会祝贺自己和机组人员提前或准时到达目的地，然后告诉乘客他们没有可用的飞机着陆点。随后在伦敦周围各郡上空无聊地盘旋 20 分钟。如果乘客真的不走运，那等待他们的将是乘坐拥挤且颠簸的大巴从机场一端到另一端，行李也会延误很长时间。经济舱乘客和高端舱乘客都同样感到不适。这种经历并不能让乘客感受到伦敦是世界上最好的城市之一。这就是为什么上诉法院在 2020 年 2 月决定取消第三条新跑道的扩建计划（由于该计划未能遵守应对气候变化的《巴黎协定》）对伦敦来说是一个沉重的打击。正如希思罗机场首席执行官约翰·霍兰德·凯（John Holland-Kaye）所说：“希思罗机场不只是一个普普通通的机场，作为英国唯一的枢纽机场，我们通过它将欧洲各地的货物对接到全球市场。”[4]

法国电力集体于 2018 年 12 月开始建造耗资 203 亿英镑的欣克利角核电站。该项目将为建筑工人、工程师和学徒创造 2.6 万个工作岗位。这两个巨大的新核反应堆是英国新一代核电站，建成后将为大约 600 万家庭提供低碳电力。但该项目合同一签订，便受到了各种抨击。其中一位反对者是环保活动家乔纳森·波里特（Jonathan

Porritt），他将其描述为“英国历史上最昂贵的白象”①。[5] 当时的财政大臣乔治·奥斯本在引进中国融资方面发挥了重要作用，他因在低碳能源成本不断下降的情况下将“成交价”（即电网电力成本）定得过高而受到广泛批评。对于企业和消费者来说，这一价格似乎过高。如果英国想要核电按照基本负荷运行（如有必要），那么要建造的下一个超级反应堆（位于萨福克海岸的塞斯韦尔）将需要一个不同的融资模式。

此外，还有人批评欣克利角项目需要克服技术障碍和可能不断上升的成本，因为在芬兰和法国布列塔尼（Brittany）的类似核电站工程进度就出现严重延误。然而，欣克利角核电站项目建成后，将能够满足英国 7% 的能源需求。这样一来，老旧且浪费较多的核电站得以退役，同时欣克利角核电站将为英国未来的能源安全提供一个基本负荷。如果英国缺乏稳定的发电设施，作为无碳经济主要支柱之一的电动汽车革命就会停滞不前。没有可靠的能源供应，英国经济的发展和繁荣会受到严重影响。

欣克利角核电站建成后，将为英国减少碳排放做出重大贡献。据计算，在其 60 年的使用寿命中，两座核反应堆产生的电力每年将抵消 900 万吨二氧化碳的排放。但欣克利角核电站仍然还有许多不足。该项目的成交价太高，而且类似的核电站工程被证明存在问题。此外，罗尔斯·罗伊斯公司开发的控制技术还可能被窃取，同时，嵌入式数据也有被盗的风险。诚然，大型基础设施项目的风险很高，但不建设可靠的发电设施（不依靠风力或进口天然气发电）的风险也很大。

---

① 代指无用的昂贵物品，华而不实的东西，累赘。

高铁 2 号线项目合同自提出以来几乎一直受到攻击。对于那些担任交通大臣的官员来说，高铁 2 号线工程和希思罗机场扩建计划一样，是一杯诱人的“毒酒”。作为媒体中为数不多支持大型基础设施建设的人，我从贾斯汀·格林宁（Justine Greening，2011—2012 年任英国教育大臣）和克里斯·格雷林（2016—2019 年任英国交通大臣）那里了解到高铁 2 号线项目的情况。他们与其他交通部门的负责人一起，承受着不断来自下议院、媒体和广大公众的压力，为这个近代最具开创性的项目辩护。在保守党传统票仓，反对的声音如潮水般涌来，人们担心火车会以每小时 200 多英里（约 320 千米）的速度从他们的后花园飞驰而过，从而导致他们房屋的价值降低，破坏古老的森林。

这些反对的声音引起了英国有史以来最彻底的环境影响评估工作，还对该铁路工程增加了不必要的投资，试图通过开凿隧道和景观设计来安抚批评者。高铁 2 号线项目的设计者以类似的欧洲高速铁路项目评估作为参考，来计算其原始成本。但在此过程中，他们根本没有考虑到主要的差异，比如规划限制和迥然不同的地理位置等问题。按照计划，高铁 2 号线将连接英国的主要城市，这说明要与沿线现有的基础设施和车站一起合作。这与连接巴黎和法国南部的法国高速铁路 TGV 有很大不同。

而伦敦和伦敦周边郡以外的人们对该项目的态度截然不同。高铁 2 号线将中部地区和北部城市利兹和曼彻斯特与伦敦更紧密地连接起来，有望释放区域经济发展新动能。在伯明翰和诺丁汉，沿着铁路轨道的废弃工业用地的开发正在加速进行。例如，提议在诺丁汉附近的托顿（Toton）建立高铁 2 号线中心吸引了国内外投资者的兴趣，此前该中心的规划大纲已经获得批准，可以混合建设零售店、办公室和多达 800 套紧急住房。因为该项目，伯明翰对商业空间的需求正在上升。莱坊房地产经纪公司（Knight Frank）报告称："该项目让居住者更快地做出决定，因为伯明翰是这条路线的必经之地。"[6] 高速铁路途经的当地发展计划表明，高铁 2 号线的各个站点将创造近 50 万个新工作岗位，并将在这些站点周围建造 9000 套住宅，包括新的花园村①。高铁2号线项目主席詹姆斯·摩根爵士（Sir James morgan）说："我的经验告诉我，我们会看到更多好处，高铁 2 号线通过连接英国主要城市而为各地带来财富，这仅仅只是开始。"[7]

即使希思罗机场扩建计划、欣克利角核电站项目和高铁 2 号线工程都取得进展（他们理应如此），但仍有很多工作要做。我们需要更多地关注英国作为数字化领域先驱的角色。这需要大幅增加对光纤电缆、超高速宽带和智慧高速公路的投资。英国电信巨头英国电信集团对超高速宽带投入不够，导致英国在追赶韩国、日本和西班牙等超高速宽带经济体的过程中手忙脚乱，这些国家的宽带速度和容量都是英国梦寐以求的。

例如，为了确保更加美好的数字未来，西班牙在金融危机后聪明地利用其经济中的闲置产能②大举投资宽带。在 2019 年 12 月的大选中，保守党和工党都提议利用公共资金增加宽带覆盖的范围和速度。其中工党的提议最为激进，它承诺投入 200 亿英镑为英国的每个家

① 花园村（Garden Village）是一种城市规划概念。其设计理念强调绿色空间、可持续建筑、社区参与和社会互动，通常结合了住宅、商业设施、公共空间和自然景观，旨在提供一个宜居、可持续和社区友好的居住环境。

② 闲置产能是在资源系统中通常不被使用的产能。按约束理论，闲置产能由保护性能力和过剩能力组成。

庭提供免费宽带。此外，工党还提出更加吸引眼球的建议。它想要将英国电信旗下网络基础设施分公司开达（Openreach）收归国有，来建立一个新的英国宽带服务公司，然后再花费 150 亿英镑（在保守党 50 亿英镑的基础上）在全国推出免费宽带。该系统未来的维护和升级费用将由向全球互联网巨头征收的数字税①来支付。工党最初估计该系统每年的维护成本为 2.3 亿英镑，但当其成本计算错误被披露后，这一数字上升到了 5.79 亿英镑。

电信基础设施的主要供应商英国电信集团的新任领导层认识到了这一点的重要性。2020 年春季，疫情封锁说明了居家工作和数字化连接在维持商业运转及就业水平方面的重要性。2020 年 5 月，英国电信集团首席执行官菲利普·詹森（Philip Jansen）暂停向股东派发公司股息，并承诺投资为 2000 多万家庭提供超高速光纤宽带。[8]

政府通常不擅长交付大型 IT 项目，这一点在实现英国国家医疗服务体系医疗记录电子化中得到了验证。但在 2020 年暴发新冠疫情时，政府证明了它可以应对这一情况，成功向强制休假的员工和个体经营者分发了补助金。然而，提供宽带服务很大程度上需要挖路，将光纤电缆穿过现有的导管和管道，因此这是一个物理性基础设施项目。上一次如此大胆之举是第二次世界大战后的住房建设计划。20 世纪 60 年代，哈罗德·麦克米伦领导的保守党政府创下了每年交付 40 万套新住房的纪录。

英国在网购和在线服务领域领先欧洲，如果要继续走在数字革命

---

① 数字税，一般指的是国家对一国境内的跨国公司通过境外子公司所销售的数字服务征税。该税种并不是针对消费者的网络消费税，是针对科技巨头、而非初创企业的一种税收，与许多公司已经缴纳的企业所得税不同，被广泛称为数字税。

的前沿，就需要采取大胆的新举措，遵循竞争性的自由市场规律，而不是政府管制。2018 年年底，我与时任英国通信管理局首席执行官莎伦·怀特（Sharon White）[9] 交谈时，她就对英国超高速宽带的缓慢进展感到明显不满。怀特指出，我们的生活变得越来越依赖于数字经济，且数字经济的发展速度更快，规模更大。[10] 怀特表示：“数字经济应该无处不在，但我们还没有推广数字经济的战略。”在她看来，当时的关键问题在于，推出数字化产品由英国电信集团这家受监管的私营垄断企业负责，但这家企业喜欢大谈自己过去投资的成功故事，而不是未来数字化产品的推广。

对于英国的超高速宽带项目来说，英国电信集团的遗留问题才是其主要障碍。近年来，该企业的重点是留住客户和限制竞争，而不是为数字经济提供所需的超高速宽带。数年来，英国电信没有安装光纤电缆，而是一直维持其铜缆网络系统。然而，人们认识到，城市光纤（CityFibre）、维珍宽带（Virgin，现由美国自由全球电信公司所有）、沃达丰及新兴电信供应商超优光（Hyperoptic）之间相互竞争，势必迫使英国电信提高自己的水平。英国电信随后的管理层变动有助于把更多精力放在推出超高速宽带上。英国电信的董事长杜立石（Jan du Plessis）从上任那天起就明确表示，他认为英国电信已经迷失了方向，需要进行重新定位，支持国家基础设施项目。

2019 年 2 月，菲利普·詹森出任英国电信首席执行官，他拥有强大的互联网行业背景，他的到来改变了英国电信对超高速宽带的态度。詹森认为英国对全光纤宽带的需求完全不需要考虑，这应该是重中之重，不仅对英国电信来说，对政府也是如此。他说：“无论谁入主首相府，都明白需要加快光纤和数字基础设施建设。我希望这是我们的首要任务。”[11]

但空谈和实干不是一回事。英国电信一直为其发展历史所困，其存在的官僚主义问题阻碍着决策的进行。尽管该企业遍布世界各地，但其雄心勃勃的全球网络计划已经成为历届管理层的巨大负担，他们一直想方设法兑现诺言。前首席执行官加文·帕特森（Gavin Patterson）在2019年与该企业分道扬镳，他在任期间，最头疼的便是意大利分部卷入会计丑闻，侵吞了5亿英镑的股东资金。他还与英国通信管理局首席执行官莎伦·怀特发生了争执，因为后者迫使英国电信与其基础设施部门开达进行结构性（但非企业性）分离。詹森接受了这种拆分，同意在时机成熟时将开达作为一个独立的实体剥离出去。英国在全光纤宽带方面的投资不足，这是很明显的。毕竟，韩国的光纤覆盖率为78.4%，西班牙为51.75%，而英国的覆盖率却低至1.52%。

开达是英国电信集团下属子公司，被各竞争对手视为一个巨大威胁。此外，该公司还控制着交易所和进入投票站和光纤管道的渠道。怀特在2018年举办了一系列圆桌会议，试图说服开达做出改变，采取更加包容的态度。怀特从西班牙和葡萄牙的经验中学到可以通过改变规定来提供更多使用遗留基础设施的机会，但实际做法有很大不同。这需要采取更严格的监管措施和更积极主动的态度来向英国电信施压，迫使其做出改变。

技术也将在推动变革方面发挥重要作用。5G移动网络[12]的到来，在目前的移动性能上实现了飞跃。5G网络预计比上一代4G网络快100倍，比3G网络快2000倍。鲍里斯·约翰逊政府决心建设5G网络，这突显出英国在后欧盟时代靠拢美国后出现的问题。建成

5G 网络最快的方式是准许中国公司华为参与，英国电信已同意华为在帮助英国部署超高速宽带方面发挥重要作用。但特朗普政府将华为视为安全威胁，他们对此有充分理由，而且还敦促约翰逊政府停止与华为合作。2020 年 1 月，英国国家安全委员会（National Security Council）批准华为可以加入英国 5G 网络“非核心”部分的建设，其市场占有份额上限为 35%。[13] 英国之所以准许华为有限参与 5G 建设，是因为受到了来自英国移动运营商 EE 的巨大压力，这家公司由英国电信、沃达丰、O2（西班牙电信旗下子公司）和斯锐（Three，总部位于中国香港的和记电讯旗下子公司）共同所有。这些运营商认为，与欧洲承包商爱立信（Ericsson）和诺基亚（Nokia）相比，华为建设 5G 网络的速度更快、价格更低。马可尼（Marconi），曾隶属于已故阿诺德·温斯托克爵士（Sir Arnold Weinstock）领导的英国通用电气公司（GEC）旗下，是英国本土的电信设备制造龙头企业。该企业由于财务问题和不负责任的管理，20 年前便几乎不复存在。不出所料，约翰逊决定继续与华为合作引发了美国总统唐纳德·特朗普的愤怒。在一次通话中，特朗普情绪激动，严厉指责了约翰逊，因为此前他拒绝了禁用华为的要求。[14] 美国方面认为，英国拒绝禁用华为可能阻碍双方最终达成新的自由贸易协定。

奇怪的是，对于基础设施投资规模是否需要达到第二次世界大战后马歇尔计划①那样的规模，英国政府内部看法矛盾，首相鲍里斯·约翰逊就是典型代表。2008—2016 年，约翰逊担任伦敦市长，

---

① 马歇尔计划（The Marshall Plan），官方名称为欧洲复兴计划（European Recovery Program），是第二次世界大战结束后，美国对被战争破坏的西欧各国进行经济援助、协助重建的计划。

热衷于新建基础设施。他大举投资修建自行车道，这让伦敦的出租车司机们苦不堪言。他支持采用更环保的传统双层巴士，支持修建横跨泰晤士河的花园桥［但后来接任约翰逊的萨迪克·汗（Sadiq Khan）取消了这一修建计划］。约翰逊还有一些宏伟的愿景，但都没有得到重视，比如，在泰晤士河口（Thames Estuary）建造一个新的伦敦机场（最终取代希思罗机场）。

鲍里斯的这个想法是基于中国香港在赤鱲角（Chek Lap Kok）成功建设了一个全新的国际机场，而且完全是从零开始。中国香港国际机场通过一系列桥梁、新的多车道公路和高速铁路连接到当地的商业中心。然而，在2015年，鲍里斯威胁要"躺在推土机前的地上"来阻止希思罗机场的扩建计划。这位政治家在担任伦敦市长期间一向反复无常。[15]

2019年7月接任首相后，约翰逊起初对高铁2号线及其不断攀升的成本不感兴趣，并立即指派该工程前主席道格拉斯·奥克维（Douglas Oakervee）对工程进行评估。尽管最初有文件泄露显示，成本已经高到令人无法接受的1060亿英镑，但还是批准了高铁2号线的工程。毫无疑问，高铁成本的飙升导致公众对其支持率下降，但人们的热情依然高涨，尤其是高铁将经过的奇尔特恩斯（Chilterns）地区的居民。2019年7月，我写了一篇文章来支持这个工程和一个有远见的基础设施投资计划，收到了许多读者的辱骂信。有人抱怨说，由于靠近该高速铁路，他的房子会大幅贬值。他还说，要是我失去我的房子，甚至更糟，那就再好不过了。可以说，当谈到着眼长远的基础设施计划，就会遇到涉及地方利益的强大反对力量。此外，政府过去未能按时完成项目也让人们对此不抱希望。

横贯铁路 2 号线（Crossrail 2）就是一个很好的例子。它是英格兰东南部一条新的铁路系统，横贯伦敦，从雷丁和希思罗机场向西，穿过 42 千米长的伦敦地下新隧道，到达东部的申菲尔德（Shenfield）和阿比伍德（Abbey Wood）。该工程被保守党支持者称为欧洲最大的基础设施项目（高铁 2 号线建设前），一直受到技术故障、主要新车站施工延误和成本上升的困扰。这个复杂的工程项目原定于 2018 年 12 月由女王揭幕，并正式命名为伊丽莎白线。以表示对女王的敬意。然而，该工程并未如期完成，最初 148 亿英镑的成本先是飙升至 176 亿英镑，然后又飙升至 182.5 亿英镑。

要在伦敦地下修建与现有线路和车站相结合的新线路，其复杂程度可以想象。在伦敦东区的白教堂（Whitechapel），两个车站正在建设中，其中一个的进度落后于工期，成本攀升了 500%，达到 6.59 亿英镑。为地下工人采取的特殊安全措施包括提供紧急出口。地面上扩建的车站需要修建一个新的入口和一个宽敞的售票大厅。在整个铁路系统中，乘客看不到数千千米的通信电缆和电线，它们连接到位于埃塞克斯郡罗姆福德（Romford）的控制中心。[16]

由于技术问题（主要是调整复杂的计算机信号系统）已得到解决，该铁路开通时间最早被推迟到 2021 年春季①。伊丽莎白线建成运营后，预计每天将运送 17 万名乘客。2019 年，在伦敦议会的一次听证会上。伊丽莎白线的首席执行官迈克·怀尔德（Mike Wild）为推迟开通时间进行了辩护："如果你去到托特纳姆法院路站（Tottenham Court Road）和法灵顿站（Farringdon），其进展一定会令你惊讶，它

① 伊丽莎白线于 2022 年 5 月 17 日正式竣工，5 月 24 日开通运营。

们看起来已准备就绪，但其实还有很多整合工作要做。”[17]

伊丽莎白线多次延期开通已带来负面影响，削弱了人们对英国按时、按预算交付大型基础设施项目能力的信心。尽管该项目由伦敦交通局负责管理，该部门的工程技术通常会受到高度评价，但也无济于事。批评大型基础设施的人往往没有意识到其会带来经济效益、提高生产率或促进增长。但任何一个沿着伊丽莎白线穿过伦敦到达东部欠发达郊区的人，都一定会看到其带来的商业利益。

大型基础设施成本不断上涨，这不仅让人担忧，而且也说明英国开展这些项目总是习惯于增加不必要的开支。高铁 2 号线造价之所以昂贵，是因为该工程要尽可能在山下挖隧道，以便必要时绕开古老森林等。另外，高铁 2 号线将人们带离公路，让他们坐上公共交通工具。这相当于一条新的高速公路，将缓解通勤路线的压力，也在气候变化几乎成为公众关注的焦点之际为英国实现脱碳做出巨大贡献。这是一项长期投资，不仅会在未来数十年给英国带来收益，而且可以惠及数代英国人。

英国国家基础设施委员会（National Infrastructure Commission）主席、73 岁的约翰·阿米特爵士（Sir John Armitt）是高铁 2 号线的支持者之一。他一生完成了许多大型工程项目，经验丰富，其中包括西海岸干线（West Coast Mainline）和伦敦奥运会（London Olympics）。阿米特说：“（建设）高铁 2 号线一定会遇到阻力。”对于更新英国破旧的维多利亚时代基础设施，他还是一如既往地充满热情：

> 如果你身处卡姆登（Camden，伦敦北部）周围的建筑区或者奇尔特恩斯地区（Chilterns），你一定会反对高铁 2

号线项目。但是当你与那些想要连接外面世界的人聊天，当你看到伯明翰的中心正在进行大规模的二次开发工作，这无疑是基于高铁2号线的乐观前景及北方城市的支持，你就会发现大多数人都支持这个项目，他们虽然会受其影响，但也会从中受益。[18]

阿米特对那些抱怨高铁2号线项目的人不屑一顾。凭借意志力与和承包商明智的谈判，他相信，即使是最大的项目也能够按商定的价格交付。阿米特告诉我：

当我们为国营铁路网公司（Network Rail）的西海岸干线进行升级时，本要花费120亿英镑。我们说我们只能负担80亿英镑，于是坐下来和承包商谈，最终花费了83亿英镑。我们必须在这些大型项目上挑战政府，像私人开发商一样，对计划的成本提出更高的要求……别告诉我各种各样花里胡哨的东西，我只要你把成本控制在预算之内。

高铁2号线的设计者之一、交通部前首席科学顾问罗德里克·史密斯（Roderick Smith）教授认为，该项目已偏离原定轨道。史密斯起初为其选定的系统是日本高速铁路系统，该系统早在1964年投入使用后就促进了日本的经济腾飞。他认为，日本从东京到大阪的高速铁路之所以成功，是因为它是一个封闭的系统——其列车不在其他铁路网上运行。[19] 在他看来，目前的项目计划是为了配合传统的城际系统。这也就是说目前铁路网的缺陷还会出现在高铁2号线中。跨国铁路或西海岸主线（WCML）的重大中断将意味着高铁 2 号线的延期。

史密斯模式是基于对日本系统的长期研究，如果得以实施，高铁 2 号线将避开旧的城市中心，采用新的中间站。这在日本被称为“项链上的珍珠”，原因是这些站台刺激了这些新地区的经济发展。最后，他认为，在相对较短的距离内，设定高达 250 英里 / 小时（约 400 千米 / 小时）的速度不仅昂贵，而且没有必要；较低的速度在环境上会更安全。

史密斯很可能是对的。他说难以想象使用现有的终点站（比如伦敦北部的尤斯顿站），因为改建会带来费用和干扰。他更愿意把横贯铁路的老橡树站（Old Oak）作为主要终点站。他的观点有一定的道理，只是除了一点：高铁 2 号线通过与现有的城际路线相适应，可以更好地实现政府的目标，促进中部地区与北部地区持续没落的城镇重新得到发展。事实上，光环效应已经开始。正如一些研究表明的那样，降低速度可能会降低成本、减轻对环境的影响，但同时也会损害下议院和其他地方为高铁 2 号线项目所做的努力，因为他们支持建造高铁 2 号线的理由主要是为在伦敦、中部地区和北部地区，以及最终在苏格兰之间流动的商人提供商业优势。如果高铁 2 号线让人们从航空转向铁路这种交通模式，降低速度也可以降低一些企业的碳足迹①。

对于脱欧后的英国来说，高铁 2 号线等项目不仅提供了数万个就业岗位，还有助于解决富裕的东南部地区与北部地区雄心勃勃的城市之间收入失衡的问题。让公众接受高铁 2 号线一直是一个棘手的问

① 碳足迹是指企业机构、活动、产品或个人通过交通运输、食品生产和消费，以及各类生产过程等引起的温室气体排放的集合。

题。如果这个项目在曼彻斯特而不是在伦敦市中心的尤斯顿站开始筹备，它可能会获得更多的政治支持，因为伦敦有很多大型基础设施建设已在顺利推进，比如横贯铁路2号线和泰晤士潮汐道工程（Thames Tideway，亦称超级下水道工程）。阿米特认为，英国政府之所以决定高铁2号线从伦敦出发，然后北上，是因为白厅缺乏远见。“这个项目与其他项目一样，由南方政府所控制，他们需要横向思维和压力。”既然这样，高铁2号线为什么不从南北两端（伦敦和曼彻斯特）开始筹备？阿米特说：“这可能是现金流方面的原因。项目支出会变成原来的两倍，而这是财政部不会允许的。他们会说，我们的预算是20亿英镑，为什么你们每年要花40亿英镑？”阿米特建议，争取政治支持的一种方法可能就是首先到达伯明翰，然后从曼彻斯特和利兹向南展开建设。

反对大型基础设施的呼声纷至沓来。我听到最多的反对意见就是，明明可以采取简单且省钱的解决方案，为什么政府要把钱花在一些人眼中的面子工程上，比如升级北部地区的通勤铁路线。同样，反对在希思罗机场修建新跑道的人认为，盖特威克机场（Gatwick）可能是一个更好的选择。这些问题本质上是“小英格兰主义者”的担忧。但这不应该是一个二选一的情况，而是要两者兼顾。

2020年年初，新当选的鲍里斯·约翰逊政府试图证明，它一定会找到改善北部地区铁路服务的方法，同时还不挪用高铁2号线等项目的资源。人们不应该抱有这样的期待：如果高铁2号线计划被取消，资金会重新分配给地方项目。因为政府资金不是这样运作的。但是英国政府决心对铁路专营权进行整顿。一些私营部门的经营者未能兑现其特许经营的承诺。他们一直在努力应付密集的时刻表，并且与工会在如何配置现代化机车车辆的人员和是否要维持警卫的数量方面一直存在劳资纠纷，许多人认为这是一个重要的安全和安保问题。国营铁路网公司负责运营铁路、信号和轨道，也有人质疑该公司是否有能力履行其义务，推出更好基础设施。特蕾莎·梅政府软弱且摇摆不定，被英国脱欧谈判分散了注意力，也就很难为当地基础设施建设做出长期规划。

2020 年年初，交通大臣格兰特·沙普斯（Grant Shapps）在北方铁路公司（Northern Rail）多年表现不佳后收回了其特许经营权。他认为，由威尔士铁路公司提供的服务质量是“完全不可接受的”，因为一年来整个铁路网处于混乱状态。该铁路服务包括从纽卡斯尔开到利兹、利物浦、赫尔、曼彻斯特和斯托克。[20] 这次服务中断标志着政府准备解决阻碍经济发展的当地交通问题。白厅不需要放弃高铁 2 号线这样有远见的项目来为彻底整顿北部地区的连通性和通勤服务让路。

扩大英国的机场容量对于促进英国未来实现繁荣发展、走向全球来说至关重要。其中，希思罗机场无疑是一个棘手的问题。它是一个大型机场，但选址存在问题，飞行在伦敦上空的飞机不但发出噪声，而且排放有毒污染物。从本质上讲，这就是为什么在泰晤士河口重新兴建机场。事实上，伦敦作为转口港，希思罗机场和伦敦城市机场（London City Airport，比前者规模要小得多）的作用很关键。与英语、时区和金融市场的传统一样，机场容量将是英国未来的重要组成部分。在这方面，伦敦已经落后于规模小得多的德国金融之都法兰克福，毕竟法兰克福机场拥有 4 条跑道。此外，阿姆斯特丹（Amsterdam）的史基浦机场（Schiphol）有 6 条跑道，法国的戴高乐机场有 4 条跑道。希思罗机场扩建第三条跑道的提案花了十多年才完成，通过了大量的环境测试，进入最终程序，却发现上诉法院在收到绿色组织策划的司法审查申请后设置了新的障碍。

气候变化可能会减缓民航业的扩张速度，但飞行器技术的巨大变革已节省了大量化石燃料。波音公司研发的梦想客机（Dreamliner）系列开创了一个新时代——用碳纤维制造重量轻、燃料消耗低的飞机。目前正在研究如何制造混合动力飞机，这种飞机能以回收排放的废气来产生推进力，并使用电池供电。罗尔斯·罗伊斯公司正在研发用于短途航班的电池发动机，这些发动机很快就能用作直升机和小型跳岛飞机的电力装置。有了大量的研发支持（这对英国脱欧后的经济至关重要），工程技术将解决当前一些与英国碳足迹相关的问题。在英国经济和金融发展进入新阶段之际，现在取消希思罗机场扩建计划可能会毁掉我们的潜力。

人们往往会忘记，英国在保险、外汇、股票交易和其他金融活动方面领先全球是得益于其航海历史和众多港口。海港仍然可以发挥巨大作用。我们只需看看费利克斯托港和泰晤士港（Thames Gateway）完全自动化的集装箱港口所做的贡献就够了，这两个港口已经建成并运行了多年。在政府为增强英国的全球前景所提出的建议中，包括在全国建立十个自由港，这些自由港有权在正常的税收和海关规则之外进口和再出口货物。

2020 年 2 月接替赛义德·贾维德的财政大臣里希·苏纳克是建设自由港的热情支持者。苏纳克在 2016 年的文章中就热情支持这一想法，认为自由港作为经济增长的引擎，将把英国与其“自豪的航海史”重新联系起来，成为“英国价值观的灯塔”。[21] 历史学家奎因·斯洛博迪安（Quinn Slobodian）[22] 认为：“苏纳克设想的自由港类似于美国自20世纪30年代以来就存在的对外贸易区，在那里，商品在（如果）进入国内市场之前都不用缴纳关税。”他表示，由于关税结构不同，这种安排对英国的作用可能有限。然而，英国退出欧盟后的关税结构是一个“已知的未知数”。英国是一个外向型经济体，曾经将目光投向欧洲和其他地区，从零开始创造了辉煌的航海史，现在没有理由不利用一个符合传统低税收、自由企业制度的做法。

此外，人们也很容易忘记，英国在金融服务业的领导地位很大程度上是建立在港口发展的基础上的，可以追溯到12世纪的五港同盟①。我们开放港口进行贸易，随之便产生了对早期保险形式的需求，以保护托运的货物。从以黄金和白银为本位币，到英镑的价值转换需要外汇分类账和计算，这就发展成了第一批外汇市场。获得授权重新发展的自由港会成为连接英国与其历史的黄金节点。

英国的港口历史很辉煌，但最遗憾的就是，英国作为在海外建设港口的全球领先者，却在21世纪初一系列海外收购后失去了自己的控制权。2006年3月，迪拜环球港务集团（DP World）以52亿英镑的价格收购了P&O轮渡公司[23]，该公司拥有全球最好的集装箱港口国际架构，包括美国东海岸在内。几个月后，海外财团以24亿英镑的价格收购了英国联合港口公司（Associated British Ports），该公司共经营着英国的21个海港，占到了英国海运贸易总量的四分之一。[24]英国出售国内外港口基础设施之际，全球经济正经历剧烈的金融转型，直至2007年至2009年的银行业危机。在21世纪初的

① 五港同盟（Cinque Ports），是指英国南部沿海的五个历史港口，包括黑斯廷斯、新罗姆尼、海斯、多佛和桑威奇。其最初是为保护英吉利海峡沿海航行而建立的，这个地区在中世纪时期具有重要的战略和经济地位。

10 年里，即使关键的英国基础设施岌岌可危，工党政府仍认为没有必要干预自由市场。

收购 P&O 轮渡公司和英国联合港口公司等交易将重要的基础设施拱手让给了海外买家，这显然违背了更广泛的公众利益。随着英国在脱欧后寻求独立发展，国内港口基础设施的损失将不可估量，因为这些基础设施原本可以用来扩大全球贸易。英国的做法与美国和中国的做法形成了鲜明的对比。在迪拜收购 P&O 公司的交易中，美国国会出面干预，防止包括纽约在内的 P&O 美国东部沿海港口落入迪拜手中。由于担心安全风险，美国坚持要求拥有该港口的所有权。英国放弃其全球港口网络，而中国却一直致力于建设一个类似的港口网络，从东非一直延伸到斯里兰卡。当希腊政府在金融危机期间需要出售资产时，中国航运公司中远集团（Cosco）随机收购了欧洲五大港口之一——希腊的比雷埃夫斯港（Piraeus）的部分股权。保守党和英国白厅重新发现了港口是一项有价值的事业，但要挽救英国在全球的领先地位，挽救这个与 P&O 等企业之间进行贸易的世界之窗为时已晚。

尽管港口的价值在英国国内可能被忽视，但得到了海外投资者的充分认可。英国先进的费利克斯托电子化集装箱港口就为未来的发展提供了一个模式。该港口由中国香港首富李嘉诚旗下的和记港口集团有限公司（Hutchison Port Holdings）所有，为货物如何通过自动化高科技港口来运输树立了一个好榜样。这表明，只要对技术基础设施进行正确的投资，就可以不用担心在多佛尔（Dover）和爱尔兰边境口岸出现长时间延误。重组英国的港口及改善邻近的公路和铁路基础设施将让英国重拾其辉煌的历史。

国际货币基金组织和英国的政治家们都认识到，低利率时代为政府的转型资本投资提供了机会。对于一个有远见的政府来说，除了备受争议的现有计划之外也不乏其他计划。国家基础设施委员会提出了一系列供政府采纳的核心建议，但关注度和进展一直受到阻碍。该委员会提出了七项主要建议，以修复英国的经济基础设施，其中包括到2033年实现全英国的光纤宽带覆盖。但考虑到英国和海外的数字化发展速度，这个日期看起来既荒谬又遥远。委员会还希望到2030年英国50%的电力由可再生能源提供。

与此同时，阿米特对英国和约翰逊政府有一个愿景，希望英国走绿色发展之路，实现能源自给自足：

> 我会努力推动解决能源战略，包括碳战略的发展工作、氢作为天然气替代品的潜在用途、海上风能和太阳能。到2050年，我们将实现碳净零排放的目标。

氢作为燃料有着悠久的历史。1966年，美国通用汽车公司（General Motors）研制了第一辆氢动力汽车，不过由于种种原因，这款汽车最终被雪藏。[25] 2015年我去了一趟东京，参观了一家陈列着氢动力燃料电池车的丰田汽车制造工厂。在慷慨的税收优惠政策的鼓励下，已有数千辆这样的汽车出现在日本首都的道路上。大多数供应的氢气是化石燃料提炼的副产品，产生的碳足迹很高。代表氢能行业的国际氢能委员会（The Hydrogen Council）雄心勃勃，他们估计，到2050年近五分之一的全球能源消耗可能是氢能，可避免约60亿吨温室气体排放——相当于美国一年的排放量。[26]

如果英国接受氢气，它很可能成为英国未来的燃料。铁路电气化，特别是对中央铁路公司（TransPennine）运营的路线，也被列为绿色议程的一部分，但约翰·阿米特认为这列火车（电气化）已经离开了车站。他建议："你可以设想，下一代火车不一定是电动的，而是由氢气驱动的。"[27] 作为一名工程师和朴次茅斯大学技术学院（Portsmouth College of Technology）的毕业生，阿米特应该知道自己在说什么。他几乎担任过英国建筑和基础设施行业的所有职位，从约翰莱恩国际（John Laing International）的董事长到国营铁路网公司的董事长，再到奥林匹克筹建局主席。一些即将更新的铁路可能会考虑使用氢气作燃料，这让阿米特深受鼓舞。他指出，铁路车辆租赁公司波特布鲁克（Porterbrook）与伯明翰大学合作研发新一代氢能源列车，目前正在测试之中。

国家基础设施委员会对未来可再生能源发电提出的核心建议是自由市场解决方案，包括差价合同[28]和容量市场。该委员会认为应优先考虑建筑隔热，这是工党 2019 年选举计划的一项主要内容。工党承诺创造 45 万个就业岗位，方法是通过给几乎 2700 万英国家庭安装节能措施，如阁楼隔热、双层玻璃及低碳技术，等等。这项计划将由公共财政承担，耗资 2500 亿英镑。

如果要实现绿色发展目标，英国显然需要进行技术转型。除了碳捕获与封存①，在家庭中使用氢的安全性也应该得到适当的测试。目前公众对气候变化的认识已改变，气候变化的关注度也得到提高，其

① 碳捕集与封存（Carbon Capture and Storage，CCS，也被译作碳捕获与埋存、碳收集与储存等），是指将大型发电厂所产生的二氧化碳（CO_2）收集起来，并用各种方法储存以避免其排放到大气中的一种技术。这种技术被认为是未来大规模减少温室气体排放、减缓全球变暖最经济、最可行的方法。

中的原因有很多。国际货币基金组织和世界银行的政策制定者们已经转变观点，认为气候变化投资是财政政策的当务之急。2015 年，时任英国央行行长的马克·卡尼首先将气候变化视为在考验金融稳定性，他敦促金融机构采取措施来避免气候变化的影响。与此同时，在英国和其他国家的街头，虽然环保组织“反抗灭绝”的抗议活动可能给上班族造成困扰，但也为技术变革带来空前的关注，并将公众环保意识提高到了前所未有的水平。

过去的二十年里，英国的汽车司机饱受折磨。因为多年来政府一直鼓励人们购买柴油动力汽车，但之后却在低排放社区禁止使用柴油车，比如 2019 年在伦敦的拥堵收费区。此后英国重新转向使用汽油车，再加上欧盟实施新的排放标准，要求严格（此前大众汽车爆出“排放门”丑闻①），这导致消费者使用柴油车的幻想破灭。而由于续航能力差且缺乏快速充电桩，电动汽车和混合动力汽车被认为对许多汽车司机来说风险太大。尽管如此，到 2019 年年底，英国道路上有 25.5 万辆电动汽车和货车，其中 5.8% 是混合动力汽车（插电式混合动力汽车），3% 是纯电动汽车。[29]

基础设施委员会主张在全国范围内建立一个快速充电站网络，认为这将为那些提倡环保的汽车司机提供保障。但这个计划面临的困难很大。英国高速公路服务站的运营商认为，推出充电桩是为了

① 2015 年 9 月 18 日，美国环境保护署指控大众汽车所售部分柴油车安装了专门应对尾气排放检测的软件，可以识别汽车是否处于被检测状态，继而在车检时秘密启动，从而使汽车能够在车检时以“高环保标准”过关，而在平时行驶时，这些汽车却大量排放污染物，最大可达美国法定标准的 40 倍。2020 年 4 月 6 日，英国高等法院裁定，德国大众汽车集团利用“作弊软件”让柴油车尾气排放符合欧洲联盟排放标准的行为违法。

适应向混合动力汽车和电动汽车的转变，但电力网络并不适合推出充电桩。[30] 其中，运营商公路厨师（Roadchef）董事长彼得·特尔（Peter Turl）向英国《金融时报》表示，由于配电网络运营商（负责当地电网和新电线安装收费）的问题，我们提供充电服务的计划可能会被耽搁长达 3 年。政府估计，要实现净零排放目标需要 21.4 万个公共充电桩。截至 2019 年年底，只有 29019 个公共充电桩。

更令人担心的是，一个基于风能等可再生能源的电网是否足够可靠，是否足以维持电力供应、汽车正常行驶和商业活动运转。如果要在 2050 年实现雄心勃勃的零碳排放目标，就需要高度重视对新能源发电的投资。电力专家们确实怀疑英国寻求向电动汽车时代转型是否真的能推动无碳革命，因为电动汽车的燃料电池储存需要依赖稀有金属。

随着时间的推移，人们期望大型石油公司从汽油和柴油向电力转型时，为其汽车服务加油站配备充电桩。这会成为一个竞争优势，就像美国加利福尼亚州的购物中心和超市一样，因为那里是特斯拉的大本营。久而久之，英国最大的经济收益将是利用国家的科学、研究和工程基础来接受新的汽车技术。对这些环保汽车和电力技术的研究将会加强。2019 年 11 月，电动汽车先锋特斯拉决定在德国柏林开设其第一个欧洲工厂，人们感到非常失望——当时，英国脱欧被视为特斯拉做出该决定的一个重要原因，但如果英国支持已经完成的研究，它很可能成为绿色技术的先行者。

吉凯恩（2018 年被梅尔罗斯工业集团收购）是开发 e-Drive 技术（相当于电动汽车的动力系统）的先驱企业，但其地位并不牢固。国际货币基金组织在其《世界经济展望报告》中提出了大幅增加对绿色汽车技术投资的理由。该报告警告称，由于汽车行业目前的结构，转型将对其产生破坏性影响：

> 对电动汽车和其他替代燃料汽车的生产投资预计在中期内大幅增加，尤其是在欧洲。然而，电动汽车的供应链比燃油汽车的供应链要短几个数量级。此外，电动车的入门价仍然高于燃油车，这可能会限制需求增长。因此，汽车制造商正面临挑战，他们必须在技术重组所要求的基础上对商业模式做出更多的改变。[31]

为了鼓励这种绿色转型，政府最好通过扩大“专利盒”① 的覆盖面和范围来调整研发的税收优惠政策，这主要是为制药公司开发的。气候变化不仅提供了一个清理环境的机会，也提供了一个让英国走在技术前沿的机会，比如研发更持久的充电电池和燃料电池。英国拥有成熟的技术，但在支持这些想法方面过于胆怯。

罗尔斯·罗伊斯公司努力成为下一代能源领域的重要参与者，这说明了英国需要提升自己的全球定位。2019 年 7 月，英国政府在经过长期拖延后批准了 1800 万英镑的研发支持资金，用于该集团的小型模块化核反应堆技术研发，使用核动力船舶和潜艇中首创的技术，在需要的地方灵活提供陆上发电。这样做确保了该研发得以继续进行，而不是急切地推动它向前发展。相比之下，罗尔斯·罗伊斯的德国子公司那时获得 5 亿英镑，用于投资一个州政府的混合动力项目。

① “专利盒”（Patent Box）制度，即规定企业转让知识产权等取得的收入适用较低的税率或者是免税。

由此可见，英国政府一直这样“小打小闹”是远远不够的。

有证据表明气候变化正在摧毁社区。中北美和加勒比海地区（Caribbean）凶猛的飓风季造成一片荒凉的景象，从相对贫穷的波多黎各（Puerto Rico）到超级富豪的时尚乐园圣巴特岛（St Barts）。超强台风海贝思（Hagibis）不仅夺走了许多人的生命，还摧毁了许多社区，2019 年 10 月举行的橄榄球世界杯也因此中断。在 2019 年和 2020 年间，森林大火肆虐，越来越接近城市中心，从加利福尼亚州到新南威尔士州（New South Wales）和昆士兰州（Queensland），摧毁了沿途的生命和社区。

以前洪水在英国几十年才发生一次，但现在几乎成了常态。因此每年都需要使用公共资金来加强防洪建设，救济成千上万的人。私营部门的建筑商和地方政府的规划部门——英国工作最繁忙的机构——可以发挥自己的作用，结束在洪水泛滥平原建造房屋的集体闹剧。英国国家基础设施评估[32]发现，英国目前有多达 500 万处房产面临洪水风险。事实上，在 2019 年大选的初期，公众就想起了这一令人不安的情况。在连续数周（如果不是数月的话）的秋季暴雨后，顿河（River Don）差点决堤，党内领导人急忙赶往唐卡斯特（Doncaster）和周围的约克郡社区。

2020 年的前几个月，残酷的大西洋风暴席卷英国，导致大片地区被淹没。英国需要立即进行投资，确保受洪水威胁最大的地区得到所需的保护。从长远来看，政府需要抓住时机，采纳国家基础设施委员会的计划，制定国家抗洪标准。这些措施应包括传统的防洪措施、绿色基础设施和单项措施，降低房屋被淹没的可能性。环境署现有计划需要尽快完成、更新和实施。“政府融资的方式使其难以承销或担保项目。只要政府表示他们将承保某项资产，就会有人说这是一项或有负债[①]，然后就会计入账面。”

其实还有更多有创意的方法可以为基础设施融资，超级下水道工程就是一个例子。泰晤士水务公司被允许将该项目定为受监管的资产，对正在建设的项目进行估值，并在建设期间提供投资回报。事实证明，这种做法极具争议，在 2017 年和 2019 年的选举中，工党都将其作为武器，提出将水行业纳入公有制管理。2019 年，败选的工党领袖杰里米·科尔宾及其团队认为，泰晤士潮汐道的消费者支付额外费用来向主权财富基金等海外所有者提供红利，这是错误的。不过，阿米特认为，如果政府想要大胆一点，这种模式是可行的，尤其是对于养老基金等这种英国金融机构拥有的资产而言。在我与法国电力集团的谈话中，他们表示，要建造第二个欣克利角核电站以取代现有的塞斯韦尔核电站，这种财务结构是首选。

2008 年至 2009 年金融危机后，英国经历了 10 年的经济紧缩，政府支出受到严格控制。英国的公共财政因银行纾困、衰退带来的福利成本、经济增长放缓及税收收入减少而膨胀，当务之急是恢复公共财政状况。结果就是包括横贯铁路在内的一些基础设施项目幸存，但很多都被叫停了。从日本的新干线到中国的工业革命，所有的证据都表明基础设施投资可以推动经济增长，但英国财政部历来不愿支持大型基础设施建设，也不愿拿国民资产负债表冒险。只有在危急情况下，比如 2020 年新冠疫情封锁的高峰期，财政部才会出手相救。低利率、低生产率及为英国脱欧后的未来奠定基础的必要性，这些因素

① 或有负债（contingent liability），是指因过去的交易或事项可能导致未来所发生的事件而产生的潜在负债。

结合在一起，一定可以克服财政部以往的畏首畏尾。

政府应该提供大量的研发资金支持新的绿色技术，以及桥梁、高速公路、信息高速公路、铁路、港口和飞机跑道等工程项目。此外，私营部门需要提供后勤和财政支持。将英国北部较贫穷的地区发展得与东南部地区一样繁荣，这也是我们必须要做的工作。取消大型项目和降低英国的目标显然不行。新冠疫情带来的经济后果、商业活动严重受创及失业率上升，更说明要采取强有力的措施。正如 20 世纪 30 年代大萧条时期的美国一样，找到可以立刻动工的项目和公共工程将是经济复苏的关键之一。

2019 年的大选改变了基础设施的进程，英国三大基础设施项目之二——欣克利角核电站项目和高铁 2 号线项目——继续推进，另一个希思罗机场扩建计划则被搁置（法院裁定该计划违法）。长期以来，交付大型项目一直是英国面临的一个问题。但英国并非没有优势，英国人的诚信、总体廉洁的商业及英语的通用性都是巨大的财富。此外，英国还有可以追溯到帝国时代的传统国际贸易。正如我们将在下一章看到的那样，面对日趋激烈的国际竞争，英国许多传统价值和品牌的质量及持久性会带来极大的优势。

第十章
传统：归于未来

因为我们的祖国和我们遍布全球的民众拥有狮子般的雄心，我才有幸获命发出吼声。

——温斯顿·丘吉尔，1954 年 11 月 30 日

经济冲击和政治冲击如果处理得当，可以激发极大的活力。英国脱欧就是如此，新冠疫情对英国、全球贸易和生产的深远影响也一样。在英国的经济史上，这样的冲击并不陌生，比如 1967 年英镑贬值和 1992 年英国退出欧洲汇率机制。这样的经济创伤让英国从浑浑噩噩中清醒过来，将最近的分歧抛在脑后。

英国在展望离开欧盟后的未来时，不应该忘记自己的历史和传统。尽管贬低大英帝国已成为一种时尚——从奴隶贸易到鸦片战争，有很多事情让人深感羞愧——但它也有关于文明、善治和重要商业价值的一面，发展中国家和新兴市场仍在其帮助下跻身被称为发达国家

俱乐部的经合组织。

我的父亲对英国充满热爱和尊敬。我很难理解为什么英国人似乎常常自卑。随着英国踏上脱欧后的复兴之路，反对英国作风和“全球英国”这个公认的模糊概念已成了时尚，但我坚信英国仍有巨大的价值。它在国内外的丰富遗产是值得钦佩和发展的，而不应该被当作空洞的口号。

我父亲叫迈克尔（Michael）。他对英国的感激及英国对他的包容可以追溯到第二次世界大战初，那时他从处于战乱中的欧洲逃到英国，受到了善待，但其实远不止于此。这是对生活方式和更广泛的文化发自内心的尊重。例如，当他享受赛马场的友情，研究驯马师和骑师，并参加到这项大众型社会运动中时，他是最快乐的。事实上，家里人说在我出生的那天，我爸还在位于坎普镇（Kemp Town）上方白垩悬崖上的布莱顿赛马场，是派我舅舅去把他叫到妇产医院的。

在我写作的桌子上方，挂着一张他在 20 世纪 40 年代末拍摄的黑白照片，当时他来英国刚好 10 年。初到英国时他身无分文，等积累了足够的资本，便在南唐斯（South Downs）买了一个小农场，也习惯了当地的服装。他穿着一件粗花呢夹克，外面套着一件 V 领费尔岛套头衫，下身一条灯芯绒裤子，头上戴着一顶俏皮的软毡帽，这是典型的英国服饰。大约 10 年后，他买了自己最喜欢的冬大衣，那是一件厚重的克龙比牌（Crombie）羊毛大衣。在该品牌 2020 年的网站上，这款经典大衣的介绍是“唤起传统和源源不断的英式优雅。温斯顿·丘吉尔爵士、披头士乐队和加里·格兰特（Cary Grant）的首选”。尽管我父亲活到了 103 岁，但这件大衣比他的寿命还长，几乎完好无损。

作为一个初到英国的人，我父亲觉得传统的英国着装方式很舒服，也很重视剪裁。他有一种直觉，这件大衣不仅质量上乘，而且购买英国品牌的大衣关乎更广泛的国家利益。但令人遗憾的是，近几十年来，在自由市场资本主义的名义下，许多本质上属于英国的宝贵企业日益衰败，或被出售到海外。我从家族史中了解到，英国和组成这个联合王国的各个国家有一些非常特别的地方，它们会继续在世界上留下浓墨重彩的一笔。英国接纳难民和移民的历史悠久，为文化、科学和艺术，以及经济繁荣做出了真正的贡献。就像炸鱼薯条（英国特色美食）一样，咖喱、烤肉串、百吉饼和比萨已经成为我们多样化街头生活的一部分。我个人感到遗憾的是，人们对移民在英国经济发展中所发挥的作用认识不足。事实上，英国预测机构经济与商业研究中心（CEBR）的最新长期预测指出，移民是英国经济在 21 世纪 20 年代超过法国和其他欧盟成员国的原因之一。[1]

2019 年 12 月的大选结果表明，英国人民，包括那些支持民族主义者的苏格兰人，意识到杰里米·科尔宾的工党有一些不正常的地方。全国各地的普通公民（伦敦是个明显的例外）反对影响深远的公有制议程[2]和工党的反犹太主义，这两者都与英国的价值观背道而驰。英国拥有值得珍惜的文化、商业和社会一致性，不应该被埋没。

还有一种流行的观点认为，英国作为一个国家是一种构想。剑桥历史学家大卫·雷诺兹（David Reynolds）在他的著作《岛屿故事》（*Island Stories*）[3]中指出："尽管英格兰的帝国大厦造就了联合王国，但它从未创造出一个统一的英国，也从未培养出一种强烈且连贯的民族认同感。"从本质上来说，这可能是真的——只要看看 2016—2019 年的政治混乱就知道了，它突显了权力下放的弊端和"联合王国的终结”。只关注不断变化的政治解决方案，就会忽略了问题的关键。英国具有超越政治的统一特征，宽容和公平是民族精神的一部分。正因如此，英国的极端主义政党从来没有像欧洲大陆的同类政党那样在选举中获得成功。但他们偶尔也会登上头条，比如 2020 年 6 月，极右翼分子表面上聚集在一起捍卫议会广场（Parliament Square）的丘吉尔雕像，[4] 据称这是对“黑人的命也是命”抗议活动（基本上是和平的）的回应。但伴随抗议者参与的种族主义暴力和故意破坏活动，我们知道，这些远离主流的暴徒示威者已经变得多么可耻。他们的价值观脱离了国防部队、英国王室和国家医疗服务体系等统一机构，这些机构在英国大部分地区都受到尊重，或者说至少是勉强受到尊重。2020 年新冠大流行期间，英国国家医疗服务体系受到了最大的尊重。而在加强个人防护装备的后勤保障，以及测试和建设南丁格尔急救医院方面，军方虽行事低调，但发挥了关键作用。

英国的品质和传统也令人钦佩，无论是蒸馏的苏格兰单一麦芽威士忌，在威尔士塔尔伯特港（Port Talbot）制造的特种钢材，在斯塔福德郡特伦特河畔伯顿（Burton–upon–Tren）制作的马麦酱，还是在北爱尔兰编织的精细亚麻布。然而，有人担心离开欧盟后，英国会摇摇欲坠，将走向分裂。联合王国中的其他政治实体，也就是苏格兰、北爱尔兰和威尔士，以留欧派为主，他们会打击英格兰的统治地位、选择建立新的关系或尝试脱离英国独立。

英国在 1973 年加入欧洲经济共同体时就选择了一条不同的政治和经济道路。如今，英国即将脱欧，那些留欧派很容易认为“全球英国”计划的拥护者是在幻想维多利亚时代的大英帝国。考虑到第二次世界大战和帝国终结以来几十年的动荡不安，真正值得注意的是共同的价值观和历史仍然如此强大。2008—2009 年金融危机爆发后，英国在关键时刻求助于盎格鲁文化圈[①]来修复其体系。

为了恢复伦敦金融城的安全，加拿大人马克・卡尼被直接从加拿大银行抽调出任英格兰银行行长。新西兰人罗斯・麦克尤恩（Ross McEwan）被选为扭转苏格兰皇家银行局面的人选。当英国橄榄球队在 2016 年橄榄球世界杯上失利后急需关注时，它向澳大利亚人埃迪・琼斯（Eddie Jones）等人投去了橄榄枝。尽管近 50 年来一直处于欧洲经济共同体及后续欧盟的保护伞之下，但欧洲从未完全信任盎格鲁文化圈的价值观（拥有海外经理和明星球员的英超联赛是个明显例外）。英国不仅仅是与加拿大、澳大利亚和新西兰有紧密的联系。2019 年，在与一位肯尼亚高级银行家的午餐会上，这位银行家对英国在准备离开欧盟时没有尽力来接触非洲表示失望，因为在那里，英国的价值观、商业和诚信仍然受到高度重视。

在英国大型公司的董事会里，来自次大陆的移民做出了巨大贡献。来自印度的企业家，尤其是塔塔集团（Tata），收购了我们一些最具代表性的品牌，比如捷豹路虎。然而，从另一个方面来看，印度是全球增长最快的市场之一，英国对其的渗透却一直很弱，这显然是一次错失的机会。像麦芽味饮料好立克（Horlicks）这样的英国品牌在印度有巨大的吸引力，但 2018 年 12 月，它被葛兰素史克以 38 亿美元出售给联合利华。这种商业优势从未得到充分利用。此外，英国与中国在香港有一段共同的历史，然而，除了奢侈时尚集团博柏利和

---

① 盎格鲁圈（Anglosphere），也称“盎格鲁－撒克逊传统的民主国家联盟”，主要用于指以英语为主要本地语言、核心人口血缘来自不列颠群岛、具有相似的文化传统的国家组成的集团。

生命科学企业阿斯利康等明显的例外，我们对中国大陆市场的渗透落后于竞争对手。

英国享有的优势经常被低估。21 世纪的潮流是反对过去的殖民主义。在“觉醒”的人群中，那些注重对种族或社会歧视和不公正保持警惕的人，非常想要拆除被看作低俗历史建造的纪念碑。在英国，历史悠久的大学一直面临着审视过去历史的压力。2019 年，剑桥大学宣布将通过研究档案来确定其如何从奴隶制中受益。[5] 2020 年，乔治·弗洛伊德在美国遇害后，英国各地的城市和商业企业都觉得有责任重新审视维多利亚时代的企业家和慈善家在奴隶贸易中扮演的角色。

正如上面引用的丘吉尔名言，这位英国战时首相在他 80 岁生日时在下议院表示，遍布全球的英国人及其后裔都拥有狮子般的雄心。世界上历史最悠久、令人感受最深刻的体育竞赛之一是英格兰板球队（代表整个英国）和澳大利亚板球队之间的对抗。

这些热情是强烈且深刻的，而几乎每个英国人都有家人或朋友在澳大利亚，因此会感到一种紧密的联系。英国，尤其是伦敦，对澳大利亚年轻人的吸引力一如既往。但一大遗憾就是英国在脱欧前对欧盟成员国之间人员的自由流动所做出的承诺，这意味着有才华的澳大利亚公民和其他英联邦的公民缺乏同样的机会。如果是英格兰的古老林地受到威胁，那么 2019 年年底和 2020 年年初肆虐澳大利亚的丛林和森林火灾就不会引起那么严重的恐慌和广泛的同情。正如这位英国战时首相所说的那样，这种联系、感情、牺牲、归属感，以及对民主和自由的热爱尽管有时陷入紧张状态，但仍保持不变。

英国不可能在没有筹码的情况下在全球舞台上扮演新的角色。前面几章已经介绍了英国一流研究型大学的实力，以及英国在技术、制药、创意产业和金融方面的领先地位。支撑这些核心经济优势的是强大但低调的文化实力。人们津津乐道的斗牛犬精神并非是错误的，实际上它是足智多谋的另一种说法。人们只需要到一家大医院的急诊科，就能了解到资金紧张、人员不足的国家医疗服务体系是如何在某些艰难的情况下应付自如的。即使国家医疗服务体系有时做得还不够好，但它有为病人提供最好服务的决心。

对英语语言（或其中一个版本）的所有权被大大低估了。在其他国家，人们往往因为缺乏外语技能而自责。英国人能够摆脱这种情况的其中一个原因就是，对世界上大多数国家来说，英语即使不是官方语言，也是事实上的第二语言。在瑞典语、丹麦语和德语广播节目中，主持人讲的英语比我们一些本国人要好懂得多，这有点令人不安。在拥有数十亿成员和用户的硅谷巨头推动下，英语的通用性让英语成为数字世界的通用语言。这使得英国成为编写软件、进行科学研究和撰写学术论文的好去处，也是从《星球大战》电影到斯托姆齐的托特纳姆之声等创意产出的好地方。这部分传统的商业优势是不可估量的，尤其是在次大陆和太平洋地区等世界上发展飞快的地区，英国搭上了万维网的顺风车。

这些传统很容易被遗忘，并且置之不理，但英国以王室为首的等级社会就是一个对英国传统的宣传，而且很成功。只是偶尔也会出现严重的负面影响，有关女王的第二个儿子约克公爵（Duke of York）安德鲁王子（Prince Andrew）的丑闻就是一个典型的例子。2019 年年底，他几乎被逐出皇室，因为他与被定罪的现已故性犯罪者杰弗里·爱泼斯坦（Jeffrey Epstein）关系密切。同样，苏塞克斯公爵哈里王子（Prince Harry）和公爵夫人梅根（Meghan）决定脱离王室，在2019年12月带着他们的小儿子阿奇（Archie）回到加拿大，然后在2020年3月搬到了洛杉矶，这与过去截然不同。尽管如此，媒体对他们离开英国的全面报道，以及公众对此众说纷纭，都标志着君主制受到尊重。

总的来说，王室是一个很好的加分项。即使苏格兰实现了独立，也没有明显的意愿要瓦解联合王国的这一特别部分。除了为整个英国提供外在形象之外，英国王室的形象也很受欢迎，他们是盎格鲁文化圈的重要代表。到目前为止，他们成功遏制了澳大利亚和新西兰（在较小程度上）的共和主义倾向。

近250年前，美国赶走了英国王室，但如今他们在美国所赢得的喜爱和尊重，证明了英国王室这一品牌的价值。因此，网飞电视剧《王冠》获得巨大成功也就不足为奇了，这部剧于2016年开播，2019年播出第三季，一直是帮助后起之秀娱乐流媒体巨头网飞在这一领域与迪士尼等老牌媒体巨头抗衡的利器。就像“品牌女王”[①]在海湾地区开辟了各种商业机会一样,《王冠》同样可以打入快速增长的太平洋新市场。如果要在全球范围内发展这一遗产，为英国带来更广泛的利益，就必须避免其受损。

英国脱欧解决方案巧妙地利用了伦敦作为一个国际性大都市的优势。这就是为什么，除了其他原因之外，伦敦有理由对未来及其脱离

---

① 品牌女王（Brand Queen），亦译为“形象女王”，是一个术语，用来形容英国女王伊丽莎白二世在推广和塑造英国王室形象方面的能力和影响力。女王伊丽莎白二世以其长期的执政和公众形象的稳定性而闻名，被认为是英国王室的品牌代言人。这个术语强调女王作为英国王室的象征和形象代言人的角色，以及她对塑造和维护王室形象的重要性。

欧洲邻居后蓬勃发展的能力充满信心。法国有理由为巴黎的优雅而自豪，而德国则采用了最好的建筑（顺便说一句，大部分是英式建筑）将柏林改造成了一个汇聚文化、科技和政府的中心，罗马和米兰是集历史、文化、品味和时尚于一体的典范。但就绝对规模、经济实力和全球影响而言，这几个城市没有一个能与伦敦相提并论。伦敦有 910 万人口，远远超过其在欧盟中最接近的竞争对手——柏林，其人口仅为 370 万。

伦敦也是英国最支持留欧的地方。它的繁荣、精英主义和世界主义，意味着这里的许多居民，尤其是年轻人，对欧洲有不同的看法。在欧洲，找工作容易、度假方便且作为欧洲人可以享受出行自由，这些胜过其他很多东西。而欧洲经济增长缓慢长达十年，失业率居高不下及右翼民粹主义政党崛起似乎没有引起公众的兴趣。在 2016 年的公投中，伦敦以 60∶40 的投票结果坚定支持留在欧盟。在 2019 年大选中，尽管伦敦相对繁荣，但工党和自由民主党占据主导地位。因为人们不相信变革对一座快速发展的多元文化城市的影响，也不喜欢前伦敦市长鲍里斯·约翰逊反复无常的政治策略。

伦敦金融城和金丝雀码头在金融领域的卓越地位是众所周知的。有人担心，如果伦敦的规则和条例与欧盟和欧洲央行的规则和条例相差太远，其金融影响力将会慢慢下降。然而，那些认为伦敦金融城的优势正在受到威胁的人低估了其多年来重塑自身的能力。英国基于贸易文化的盎格鲁－撒克逊原则，与欧洲墨守成规、规避风险、基于规则的融资方式形成鲜明对比，后者扼杀了风险和竞争。伦敦不仅仅是欧洲的金融之都。英国也是一个文化强国，这在一定程度上要归功于英语。在新冠疫情之前，剧院信托基金（Theatres Trust）估计，伦敦有 263 家剧院在运营，与东京的数量大致相当，而纽约则有 400 家，位居全球之首。2018 年，伦敦西区剧院的收入为 7.65 亿英镑，吸引观众 1550 万人次。再加上伦敦地区电影制片厂的产出，以及英国广播公司、英国独立电视台（ITV）、英国第四频道（Channel 4）和英国天空电视台的原创作品，英国就拥有了欧洲最集中的创意产出。

在 2016 年至 2019 年，伦敦有点摇摆不定，因为当时英国脱欧存在不确定性，税收改革损害了国内房地产市场。然而，这并没有影响其持续扩张。从巴特西（Battersea）到国王十字区，在这些曾经被忽视的地区，摩天高楼拔地而起。2019 年，这些地区获批新建 500 多座摩天大楼。金丝雀码头开启了一个新的发展阶段。伦敦金融城依然青睐充满异国情调的高楼大厦，其中钻石大厦和郁金香大厦就是最新的例子。想要收购这些高楼大厦的外国买家热情不减——来自拉丁美洲和海湾地区的新投资者不断涌入。作家西蒙·詹金斯（Simon Jenkins）并不支持英国脱欧，但在其著作《伦敦简史》（*A Short History of London*）[6] 中，他认为，无论议会发生什么，伦敦的全球地位看起来都很牢固，其作为教育和旅游目的地的文化吸引力也是如此。在他看来，伦敦将一如既往，成为“英国通往欧洲大陆的桥梁”。

在英国寻求在世界秩序中找寻新定位之际，伦敦的规模和声望，以及其在历史上重塑自身来应对灾难和政治变革的能力，如果得到适当支持，都可能成为巨大的遗产优势。然而，如果要进一步发展其作为西欧最大、最国际化的大都市的霸权地位，伦敦需要不断完善基础设施，包括提升机场跑道容量。随着英国脱欧后寻求独立发展，与英国相关的各种企业、品牌和知识产权遗产都将至关重要。

作为欧盟的一分子，英国常常将很大一部分发展预算外包出去。在发达国家组成的七国集团中，英国是唯一一个履行承诺，将其国内生产总值的 0.7% 用于海外援助的国家。尽管不断受到政治右翼和部分媒体的批评，认为这些钱花得不明智，但这一政策在英国十年的繁荣期中一直得以维持。一些批评者认为，将这些现金用在英国的食品银行和无家可归者身上，而不是遥远的海外，可能会更好。

可以肯定的是，每年用于海外发展援助的 140 多亿英镑[7]（随着经济规模的增长而增加）可以有不同的分配方式。作为世界银行优惠贷款窗口——国际开发协会①——的最大捐助国，英国在如何使用提供给全球最贫困国家的资金方面拥有很大的话语权，但可以说这些资金部署并没有让英国的外交和商业利益最大化。这在一定程度上是因为政策方向缺乏一致性，尽管大量纳税人资金处于危险之中，但国务大臣们却来去匆匆。前保守党议员贾斯汀·格里宁在 2012 年至 2016 年担任英国国务大臣期间，通过与大型审计公司、伦敦商学院和其他机构合作，积极推动英国商业和教育专业知识纳入发展项目。她认识到，通过更明智地支出海外援助预算，英国公司确实有机会在外交、人道主义和商业方面受益。这是英国退出欧盟后的机遇。在对欧盟的现有义务完成后，英国可以像法国一样，专注于利用海外援助来支持其在前沿市场和国家的商业雄心。在 2020 年 6 月新冠大流行期间，鲍里斯·约翰逊宣布将把国际发展部与外交和联邦事务部合并，称这

---

① 国际开发协会（International Development Association，IDA）成立于 1960 年，是世界银行集团附属机构之一，是世界银行的无息贷款（软贷款）和赠款窗口，通过向生产性项目提供贷款，促进欠发达国家的经济社会发展。

是“全球英国”计划的一部分。[8]这是一个有争议的举动，引起了托尼·布莱尔、戈登·布朗和大卫·卡梅伦三位前首相的愤怒。约翰逊政府的目标是在英国确立新的国际定位之际，为海外援助提供一定程度的政策一致性。

同样，外交和联邦事务部早就认识到，在海外推销英国是我们驻世界各地大使馆和高级专员公署的重要工作。事实上，人们通常不会因为喜欢商业而加入外交部，归根结底，他们也不会选择从事商业。然而，如果认为大使们只是开着劳斯莱斯四处转悠、招待来访的商人、偶尔举办贸易展览，就是在履行重要的商业职责的话，这种想法是荒谬的。随着英国将触角伸向太平洋地区，它需要一批新的专家型官员。政府需要进入金融城“魔术圈”①、大型审计专业公司及其咨询部门、工程咨询公司、金融城和富时 100 指数公司中去招聘人才。到目前为止，我国的服务业，从建筑业到保险业，在大使馆帮助极其有限的情况下，在海外蓬勃发展。

保险集团保诚在亚太地区的扩张要归功于该公司在 20 世纪 90 年代的远见。当时，保诚前首席执行官米克·纽马奇（Mick Newmarch）将中国视为一个潜在市场。深入了解商业及如何在全球更好地部署英国技能至关重要，这些都是企业自身可以做到的。国防工程师巴布科克（Babcock）利用其专业知识，帮助核潜艇在内的英国国防舰队保持运转，并为澳大利亚海军提供类似服务。

---

①“魔术圈”指英国五家最大的，同时也是最优秀的商业律师事务所，包括：安理国际（Allen & Overy）、高伟绅（Clifford Chance）、富而德（Freshfields Bruckhaus Deringer）、年利达（Linklaters）、司力达（Slaughter And May）五大律所，其总部均设在英国伦敦。

进军新市场的可能性是无限的，尤其是利用英国在从航空航天到金融交易等领域的独特优势。传统的外交官会纠结于复杂衍生品交易的技术细节，他们不知道从哪里开始使用"比较"网站，这些网站利用英国率先开创的技术，为公民提供了他们从未有过的简单选择。这些传统外交官根本不具备专业知识或战略想象力。

国家利益经常被牺牲是英国走出去所面临的困难之一，因为英国希望展示自己对商业持开放态度，特别是在进行脱欧的关口。2019年12月24日，就在鲍里斯·约翰逊以多数票当选后仅12天，现任商务大臣安德烈娅·利德索姆签署了将英国航空航天行业先驱科巴姆公司出售给美国私募股权公司安宏资本的协议。这家公司由第一次世界大战中的王牌飞行员艾伦·科巴姆爵士（Sir Alan Cobham）所创立，在空中加油技术方面领先世界。科巴姆爵士被认为是著名的"约翰斯上尉"系列书籍中比格尔斯（Biggles）的原型之一。在1982年马岛战争[①]期间，正是科巴姆的工程技术帮助英国成功将弹药和其他物资转移到南大西洋。将科巴姆出售给安宏资本的计划违背了一份国家安全报告的建议，这份报告由国防部编写，经过了大量修改。利德索姆和她的顾问将一家著名公司、其研发和专利交给一家在该领域缺乏专业知识的美国金融机构，不仅背叛了英国重要知识产权的未来，还剥夺了英国从出售航空航天宝贵技术中获得的利润。虽然在多塞特郡（Wimborne）温伯恩明斯特（Dorset）的工作岗位和技能可能暂时得以保留，但一个传统品牌及其技术却被牺牲了。

科巴姆公司的命运与前一章讨论过的全球制药巨头阿斯利康的命

① 马尔维纳斯群岛战争，简称"马岛战争"，是1982年4月到6月，英国和阿根廷为争夺马岛（阿根廷称"马尔维纳斯群岛"）的主权而爆发的一场战争。

运形成鲜明对比，科巴姆软弱的管理层不相信英国未来的潜能，因此出售了科巴姆。2016年美国制药巨头辉瑞竞购阿斯利康时，英国政府也有类似的观点，认为展示英国对商业的开放态度比企业本身更重要。最后，阿斯利康法籍首席执行官帕斯卡尔·索里奥特击退了这些收购者。失去研发支持和帮助英国在癌症免疫治疗领域确立领先地位的药物渠道，对于阿斯利康将是灾难性的。早在英国脱欧之前，阿斯利康就认识到了中国市场的机遇，并从此成为在华运营的最大、最成功的海外制药公司。美国绝不会允许将一家美国所有的大型制药公司出售给外国公司。

海外买家对英国传统品牌的重视程度远远超过英国本土，这是一个非常矛盾的现象。科巴姆前老板迈克尔·科巴姆爵士（Sir Michael Cobham）的遗孀科巴姆夫人对海外掠夺者进行了勇敢的反击，虽然被白厅和政府所忽视，但她受到了公众的欢迎。同样，大约10年前，尽管遭到了公众的强烈反对和吉百利家族一些成员的干预，吉百利仍被出售给美国食品集团卡夫（Kraft）。吉百利对其新东家的吸引力在于它在新兴市场的声誉，尤其是在印度，美国买家在那几乎没有收购任何公司。

英国标志性产品在海外的价值远高于国内。2019年1月，日本饮料公司朝日啤酒（Asahi）斥资2.5亿英镑收购了精酿啤酒公司富勒啤酒（Fuller's），该公司自1654年以来一直在伦敦西部奇斯威克（Chiswick）的格里芬啤酒厂生产啤酒，特别是伦敦之巅啤酒（London Pride）。从历史上看，日本一直是英国公司较为温和的所有者之一。作为对英国持积极态度的战略投资者，日本企业的投资眼光更长远。

有价值的传统品牌有能力引领海外市场扩张，失去对这些品牌的控制，就像富勒啤酒的情况一样，总是会引起焦虑。民众更愿意发起运动来保留他们能够认同的英国品牌，比如富勒啤酒和吉百利。一些海外所有者，尤其是汽车行业的所有者，以英国资本主义通常不赞成的方式大举投资。宝马复兴并重塑了迷你系列。大多数劳斯莱斯汽车的购买者几乎不会意识到，这个全球最著名的汽车品牌最终是归宝马所有。德国汽车制造商宝马和大众深知，正是因为汽车的英伦气质和庄严气派，才让其在新兴的太平洋经济体中备受青睐。

为了短期利益，公众利益经常被牺牲。2020 年年初我就意识到了这一点。想象力科技（Imagination Technologies）是英国为数不多的从大学实验室转型为富时 350 指数上市公司的高科技领军企业之一。该公司主要是设计给苹果公司移动设备屏幕供电的芯片。2017 年，苹果公司成功在自己的实验室里复制了想象力公司的芯片。随后这个无情的硅谷巨头终止了与这家英国公司的合同，想象力的股价因此暴跌 70%。尽管想象力公司的专利、工程技术和经过验证的研发能力，以及将新产品推向市场的能力具有内在价值，但还是无法避免这样的结局。

想象力背后的投资基金一发现苗头不对，就将该公司卖给了中资背景的私募股权公司凯桥资本（Canyon Bridge），后者此前曾遭到美国当局的排斥。2020 年年初，想象力开发出了用于移动设备的新一代图形处理单元（GPU），再次取得成功。技术分析师认为，这种新型芯片是 15 年来手机技术的最大突破。苹果公司又重新签署了使用这种新设备的许可协议，但收益将归中国投资者而非那些英国股东所有，因为那些英国股东过早放弃了他们曾经支持的公司。如果英国真的要在全球市场上竞争，它就需要支持诸如想象力开发的技术及总部位于剑桥的安谋（现在隶属日本软银集团旗下）制造的智能芯片。

毫无疑问，英国确实拥有能够开拓全球市场的巨头企业，联合利华就是一个很好的例子。2017 年 2 月，在澳大利亚参加亲人的婚礼后，我在中国香港国际机场的国泰航空（Cathay Pacific）休息室里一边等待转机返回伦敦，一边浏览电子邮件。得知南美控股的食品巨头卡夫亨氏向联合利华发出 1450 亿美元的指示性收购要约时，我真的很震惊。卡夫亨氏的所有者不亚于世界上最著名的品牌投资者——有“奥马哈圣人”之称的沃伦·巴菲特（Warren Buffett）。我当时就想到这个收购计划会对英国脱欧后的未来有多大损害。抛开反对这一交易的所有其他理由不谈，拥有众多国际知名食品和家用卫生品牌的联合利华，是英国脱欧后为数不多的几家符合目标的英国企业之一。

联合利华由英国和荷兰共同所有，这说明无论英国和欧盟之间未来的贸易如何安排，它都可以安全地在欧盟扎根。值得注意的是，随着英国将目光从欧洲大陆的近邻转向了更广阔的世界，该公司 58% 的销售额来自新兴市场，成为少数几家认识到并充分应对全球挑战的英国公司之一。特蕾莎·梅政府和政治阶层对联合利华 1120 亿英镑的收购报价保持沉默，这是早期令人惊讶的事情之一。毕竟，首相在 2016 年夏天上任时曾在首相府的台阶上宣称对外资收购持怀疑态度，人们可能认为面对这样的竞购时，政府一定会强烈反对。毕竟，这家英荷巨头的历史可以追溯到 19 世纪的威勒尔（Wirral），当时它正面临被一家唯利是图的巨头公司吞并的危险，该公司对道德资本主义和绿色资本主义毫无兴趣，而这些正是联合利华业务的核心。

如果联合利华在英国寻求后脱欧时代的全球定位时放弃其独立

性，那将会带来毁灭性的影响。从亚洲到拉丁美洲，正是像联合利华这样的公司打入了这些世界上增长最快的市场，英国未来的繁荣也离不开这些市场。当时，联合利华在英国可能只有 7500 名员工，但其品牌效应、宣传营销、食品和产品安全被视为全球典范——其位于默西赛德郡阳光港（Port Sunlight）的研发和测试实验室备受推崇。此外，联合利华的海外收益反过来促进了英国的国际收支平衡和税收体系，同时支付股息来为英国私营部门的养老金提供资金。2020 年 6 月，经过长时间的审查，联合利华首席执行官艾伦·约普（Alan Jope）宣布，董事会决定统一其英荷“双总部”运营模式，未来唯一的全球总部将设在伦敦。事实证明，英国脱欧并不会成为一个阻碍。英国首相鲍里斯·约翰逊宣布此举是“对英国投下明确的信任票”。[9]

竞购联合利华的卡夫亨氏已不再是 2010 年收购吉百利的那家公司，但光是卡夫这个词就应该在英国政府、英国议会及荷兰和欧盟的竞争监管机构中敲响警钟。当卡夫收购吉百利时，它曾郑重承诺尊重该品牌，保留布里斯托附近生产金箔巧克力棒的萨默代尔工厂。然而，卡夫将生产线转移到了波兰，违背了保留布尔纳维尔（Bourneville）工厂的承诺并关闭了吉百利在英国的总部。吉百利的税务注册地被转移到了瑞士，英国税务海关总署失去了这笔税收。当卡夫的美籍首席执行官由艾琳·罗森菲尔德（Irene Rosenfeld，现在领导吉百利的母公司亿滋国际①）邀请到下议院委员会就违背承诺作证时，她拒绝出席。

卡夫亨氏的最终所有者是 3G 资本（3G Capital）的三位巴西亿

① 卡夫食品于 2012 年 10 月 1 日拆分为两家独立上市公司，面向北美的生鲜业务沿用“卡夫食品”一名，而面向全球市场的零食业务使用“亿滋国际”名称。

万富翁，他们对公司治理、商业道德规范，以及我们在英国资本主义中珍视的一切都一无所知。此外，3G 资本在以前的高杠杆收购中已经负债累累了。如果再承担数百亿的债务，将导致财务结构更加不稳定，并给联合利华许多标志性品牌的未来带来更大的不确定性。卡夫亨氏收购联合利华背后的动机非常清楚。其老板被两家传统公司缠住了，一家以难以食用的廉价奶酪产品而闻名，另一家则拥有 57 个已经过时的品牌。这两家公司都生产名牌产品，但在那个时代，人们追求的是不断变化的营养创新产品及对个人卫生护理进行品牌化和测试，因此这两家公司都停滞不前。而联合利华推出了新品牌——从本杰瑞（Ben & Jerry）的冰激凌到多芬的个人护理用品——并且拥有不断增长的市场，这些都将为卡夫亨氏这家巴西公司沉重的现有投资组合带来新希望。卡夫亨氏之所以会考虑这样的出价，是因为可以获得廉价融资，而且有可能大幅削减成本。换句话说，要想成功收购联合利华，它就必须像卡夫对待吉百利那样——寻找更廉价的生产领域，破坏企业文化并背叛企业的价值观。

其实，联合利华也有很多需要批评的地方，比如其令人费解的企业官僚主义，以及在英国脱欧后试图对英国消费者强行提高马麦酱的价格。2017 年，卡夫亨氏计划收购联合利华。但对联合利华来说幸运的是，卡夫亨氏遇到了一股不可动摇的力量——联合利华的荷兰籍首席执行官保罗·波尔曼。如果联合利华是一个以英国人为主的董事会，那可能会屈服，但波尔曼明确支持应对气候挑战、履行国际责任，坚决反对掠夺者。所以他拒绝了卡夫亨氏的收购要约，把他们赶出了收购战场。他承诺进行自我改革，包括出售富兰（Flora）等疲于经营、利润微薄的品牌，制定更严格的增长目标，从而获得了股东们的支持。遗憾的是，一年后，联合利华试图通过将注册地和股票报价从英国伦敦转移到荷兰鹿特丹来进一步提高抗风险能力，但在2018年10月，联合利华又反悔了（3月提出的合并伦敦总部并完全迁往鹿特丹遭到了股东的反对）。而波尔曼，这位曾光荣捍卫联合利华的独立性、品牌和文化并且反对掠夺者的首席执行官，因失去投资者的信任而提前离任。

幸好联合利华足够强大，足以击退掠夺者。虽然发生了这一切，但英国政府一直在界定国家利益的问题上很纠结。戴维·卡梅伦和乔治·奥斯本政府在英国脱欧公投前夕支持自由市场利益，理由是有必要表明英国对商业持开放态度。然而，包括下议院商业特别委员会（Business Select Committee of the Commons）的听证会、我所在的《每日邮报》牵头的媒体宣传、强大的董事会，以及一些长期股东的决心等在内的反对力量，共同挫败了辉瑞对阿斯利康的收购计划。

特蕾莎·梅政府承诺采取一种不同的方法更多地进行干涉，而且部长们好像也将对国家利益进行有意义的测试。然而，梅政府几乎没有解决这个问题的机遇，反而深陷困境，最终因未能引导下议院通过英国脱欧协议而垮台。鲍里斯·约翰逊政府也在第一关就栽了跟头。尽管有国家安全、技术和遗产方面的理由可以阻止这笔交易，英国政府还是放弃了，最终批准出售科巴姆。这并不是一个好的开始。

走向全球是呼吁英国摆脱与欧盟条约关系的号角。英国在银行拥有巨额信贷。尽管围绕英国脱欧的政治闹剧层出不穷，但英国与包括中国和印度在内的一些发展最快的经济体有历史渊源，这让英国商品和服务打入其市场取得先机。在包括美国（英国在欧盟之外最大的单一贸易伙伴）在内的英语圈，英国得益于语言纽带和自由经济体系。

与世界上许多其他国家相比，英国企业遵守更高的环境、社会和治理标准。然而，除非英国利用其传统品牌、公司和历史纽带的优势，否则将不会取得成功。如果英国将最好的跨国公司和诸如创新软饮芬味树等新兴品牌拱手让给海外买家，也不可能成功。英国也不能放弃在航空航天、高科技、制药和金融科技领域丰富的研发经验，否则就会徒劳无功。

由前议员安德鲁·泰利爵士（Sir Andrew Tyrie）领导的英国竞争和市场管理局愿意代表消费者和国家利益进行干预，令人钦佩。如果我们要利用英国的英镑遗产，政府就需要更主动地进行干预，在支持内部收购之前，先对其进行彻底测试。英国还必须改革外交部门来提高其商业能力，并愿意利用海外援助预算，为英国的商品和服务打开欠发达的新兴市场。

杰森·考利（Jason Cowley）在2020年的《新政治家》（*New Statesman*）杂志上撰文指出："没有哪个国家允许如此多的战略产业和资产落入外国人手中。我们都在努力应对这种失控的后果。"[10] 将落入海外买家手中的公司和资产收回来是很困难的，但在有限的情况下，由于公众的不安，水务等某些行业已经收回了控制权。遗产都带有过去的印记，但"英国国民化"和掌控国家命运有着巨大的价值。其中的一部分是重视我们所拥有的东西，而不是认为我们所拥有的一切都可以用价格来衡量。

英国的品牌备受推崇，只要推广得当，就能征服世界——博柏利的高端时装和普里马克（Primark）的廉价服装就是典型的例子。政府拥有开阔视野、走向全球的企业，但如果英国最好的东西都流到海外，而我们又不能控制自己的命运，英国就无法走向全球。人们越来越认识到我们失去的东西。英国许多大型快消品企业很久以前就把重点从欧洲转向了更广阔的国际市场。人们认识到，在更久远的过去，英国把眼光投向全球背后的原因在后脱欧时代、后新冠时代也是很有价值的。

主张留在欧盟的人拒绝从过去五十年的经历中摆脱出来，因为留在欧盟能将英国的进步与成为欧洲贸易和经济集团的一部分直接联系在一起，但在这五十年中，世界发生了巨大变化。重塑我们与欧盟的关系，创造一个更加全球化的未来，从来都不是一件容易的事。正如我们将在最后一章中看到的那样，用玛格丽特·撒切尔的话说，现在是调动整个民族的雄心和灵魂的时候了。

第十一章
勇往直前

成功不是终点，失败也非末日，重要的是继续前进的勇气。

——温斯顿·丘吉尔

当英国在 2016 年 6 月投票决定离开欧盟时，很少有人预见到其离开所花费的漫长时间。扭转公投结果的斗争也许是可以预见的，但国家决策瘫痪，以及脱欧派和留欧派双方的规模和热情却是没有预料到的。这就好像公投没有解决任何问题一样。留欧派在议会、英国街头和电视广播中进行了无情的反击。而胜利的脱欧派选民被忽视和诋毁，他们的挫败感可想而知。

2019 年 12 月英国大选，鲍里斯·约翰逊以压倒性优势重返首相府，这场大选本应要与不确定性划清界限，标志着英国政府重回正轨。由于第二次公投等可能的退路被阻断，英国脱欧在政治和经济分歧各个方面造成的混乱都变得不那么重要。鲍里斯·约翰逊于 2020 年

1 月 31 日执行了英国脱欧决定。他所领导的政府迅速采取行动，不仅与欧盟，还与美国、日本、澳大利亚和新西兰等国展开了未来的贸易谈判。

没错，有一些问题仍然存在，比如难民儿童与家人团聚的权利，这些问题会在下议院引起立法摩擦。但是，显而易见的是，前几届下议院的争议性投票已经结束，下议院又恢复了某种议会常态。举国上下一片平静。

这种平静在 2020 年前几个月被疫情的到来所打破。新冠疫情的迅速蔓延导致对经济进行前所未有的封锁，政府和国家医疗服务体系正在努力应对这种疾病带来的后勤、医疗、经济和财政挑战。由于新冠疫情不可预测的进程及其对英国和全球经济的影响，我们需要采取和平时期闻所未闻的干预措施，并放弃传统上制约英国预算政策的财政规则。

在 2020 年 3 月的短短几周内，财政大臣里希・苏纳克推出了一系列措施来帮助大中小企业和个体经营者，并且鼓励企业不裁员。在高峰期时，有近 900 万工人（占总劳动力的三分之一）享受国家的休假计划，超过一半的人口享受政府的某种福利政策，可能是休假、求职者津贴、通用福利金、养老金或其他福利。

政府还暂时控制了全国铁路特许经营权，公开补贴公交系统。为了支持面临严重压力的社会保障体系，向地方财政注入了现金流，以及各种其他补贴。对于工党政府或左翼联盟来说，这些都是激进的政策，更不用说主张自由市场经济的鲍里斯・约翰逊所领导的保守党政府。

这些干预措施的目的是让经济处于停滞或休眠状态，等到疫情过了高峰期，经济就可以恢复活力。此外，这些措施还旨在创造条件，让经济学家所说的“V”型周期得以实现，也就是从急剧下降到快速上升，走出低迷，恢复增长。新冠疫情改变了整个金融格局。它引发了股市崩盘，主要股指暴跌30%~40%，这是自大萧条以来从未有过的跌幅。油价也跌至20多年来的最低水平。

英国央行分两次大幅降息，将利率降至0.1%，这是英国历史上的最低水平。美国央行美联储也采取了类似的重大举措。新上任的英国央行行长安德鲁·贝利[1]打开印钞机，大幅增加了银行的债券购买量——量化宽松——购买规模增加了2000亿英镑，达到6450亿英镑。几个月后，英国央行在2020年6月再次进入市场，债券购买计划规模进一步增加了1000亿英镑，还将购买企业债券（由私营部门发行）的规模提高到200亿英镑。英国财政部还授权英国央行为大型企业提供3500亿英镑的巨额援助资金。在采取这些重大举措时，贝利将金融市场的状况描述为“近乎无序”。[2]

英国央行市场事务执行董事安德鲁·豪瑟（Andrew Hauser）注意到新冠疫情对金融市场的影响：

> 我一直对3月13日星期五有一种奇怪的感觉。马克·卡尼担任英国央行行长的最后一天……由于搬家车等在外面，我建议行长们（卡尼和他的继任者安德鲁·贝利）在周末前会面。此前一天，美国国债市场出现混乱，股市出现了自1987年股市崩盘以来的最大单日跌幅……显然，我们需要采取行动。[3]

3月13日星期五也是马克·卡尼与他的主要支持者——来自国

家媒体和英国广播公司的资深经济作家——接触的最后机会。英国央行的宫廷餐厅举行了一场丰盛的午宴，银行午餐不饮酒的常规规定（自已故的埃迪·乔治勋爵2003年离任以来一直如此）暂时取消，从地窖中拿出了最好的红葡萄酒。卡尼比我最近见到他时更加放松，他期待着更深入地参与全球气候变化的辩论。但我们不禁注意到午餐会几次被打断，因为他的私人办公室接到来自世界各地的电话。一场大戏正在我们眼前上演，但由于这是一个严格保密的场合，任何言行都不能被报道！

2020 年英国经济的安全网不足以防止经济活动大幅下滑、企业倒闭数量激增、失业率飙升及申请救济金人数激增，这种混乱远远大于英国脱欧所造成的麻烦。历史证据表明，经济在自然灾害后的反弹比灾害开始时更强劲。但目前还不清楚，这场突发卫生事件持续到被疫苗完全抵消，会带来什么样的持久损害。作为一个开放的外向型经济体，英国比其许多贸易伙伴更容易受到全球经济衰退的影响。

脱欧公投对英国来说是一次宣泄。它给英国提供了可以摆脱深刻分歧的机会，这种分歧可以追溯到金融危机和 2008—2009 年的经济大衰退。与欧洲大陆的合作伙伴相比，创造就业岗位推动了英国经济复苏。数字经济和物流经济催生的新兴职业提升了整个英国的就业率。21 世纪 20 年代初，英国就业人数达到 3280 万，占劳动力的 76.2%，达到英国历史最高水平；失业率为 3.5%，降至 20 世纪 70 年代以来的最低水平。[4] 银行系统得到修复，安全性提高。银行信贷再次流向企业和消费者，金融市场的信心基本得到恢复，企业得益于前所未有的长期低利率，一直蓬勃发展，直到受到新冠疫情的冲击。

英国的韧性及技术、创新和创造力的进步本应激发并重振民族自豪感和信心，但围绕英国脱欧的闹剧和辩论双方固有的看法却让人乐观不起来。人们重返工作岗位，但金融危机给英国普通家庭的收入所带来沉重打击仍无法恢复。对社会保障体系进行重要且必要的改革也被搞砸了，尤其是引入通用福利金的政策。但当新冠疫情来袭时，通用福利金却成了给困难家庭提供收入的首要选择。

尽管在实施过程中出现一些问题，延迟发放福利金也带来一些麻烦，但改革后的福利措施对劳动力市场有一定激励作用。只有那些企业高层、专业领域的顶尖人士、富时 350 指数公司的首席执行官和老板、私募股权大佬，以及伦敦金融城的律师和专业人士看起来会更上一层楼。而英国议会、董事会和全国大部分地区的治理不仅让公民失望，也让这些人士感到失望。正是由于人们感受到机会不平等、不满精英阶层并且认为政府在某种程度上脱离了英国人民，才造成了破坏性失调。

鲍里斯·约翰逊的高级顾问多米尼克·卡明斯对传统公务员招聘不满，这反应在选举后他呼吁政府和白厅顾问中出现新的声音。对许多英国公民来说，遥远的欧洲才有权利和影响力，而英国在政治、社会和经济上比记忆中更加分裂。这也不仅仅是英国才有的情况，尽管有时也有这样一种倾向——认为这个位于欧洲多风带西北角的小国才是“宇宙的中心”。然而，并不是只有英国才会有这种不寻常的错位感。

世界其他大部分地区，包括我们的欧洲邻国，在面对更强大的力量时都有同样的无助感。面对全球经济动荡，失控和脆弱的情绪表现为极端主义、民粹主义政党的力量不断增强，从法国的右翼政党国民联盟（前身是国民阵线）到德国的选择党，以及匈牙利的极右翼执政党青民盟和极端主义政党尤比克党。而在美国，反复无常的民粹主义领导人唐纳德·特朗普凭借辛克莱·刘易斯（Sinclair Lewis）1935年出版的小说《不会发生在这里》（*It Can't Happen Here*）中的“美国优先”（America Frist）这一口号最终入主白宫。当新冠疫情导致美国经济的“火车头”踩下急刹车时，美国最贫穷的黑人和少数族裔社区怨声载道。

其实，导致英国做出脱欧决定的是不平等现象、全球变化、对更强大力量的不满，以及对议会和公司治理的失望。主张留欧的舒适阶层将脱欧描述为一种自残的民族行为，但对大多数人来说，这是一种变革的呼声、一个摆脱过去的枷锁、摆脱地区不平等和过去并创造一个全新英国的机会。

脱欧公投取得成功及多数人投票支持脱欧的理由遭到留欧派的贬低，这有点不够体面。确实，有一部分心怀不满的英国公民投票反对大规模移民进入一个部分人眼中已经“太满”的国家，这显然是支持脱欧的一个原因。但现实情况却大不相同。大多数证据表明，移民一直是经济增长的引擎，并且增强公共财政的可持续性。[5]

实际上，英国更为开放的边境让英国在产出、机会和年轻人口方面与许多工业国家有所不同。更开放的边境有助于重振劳动力的技能和态度。除此之外，英国的顶尖大学也是一个巨大的吸引力。2019年，英国高等教育统计局发现，仅来自中国的学生人数就增长了13%，达到12万人。来自欧盟和印度的学生人数也大幅上升。即使这些受过良好教育的人中只有一小部分留在英国，也会扩大英国的人才储备。尤其是那些回到中国和印度的学生不太可能忘记他们在英国的成长经历、他们所在大学的教学质量，以及他们提高英语技能所获得的帮助。在英国寻求建立更深入、更广泛的全球影响力之际，这一教育遗产将为英国带来一批年轻的大使。

在关于英国脱欧无休止的辩论中，也有很多关于恢复行使主权的讨论。希望英国继续留在欧盟的人倾向于认为，那些支持英国脱离欧盟的人会把英国带进一条狭窄的“小英格兰”胡同；对于一些心怀不满的人来说，这无疑是事实。但现实情况却是，尽管首相鲍里斯·约翰逊提出的“全球英国”口号饱受嘲讽，但像他这样的脱欧派人士对于英国有一个更广阔的愿景，那就是把目光投向欧洲以外的地区，建立一个监管更少、更开放的英国。

人们认识到，世界经济发生了巨大变化，数字时代打破了物理边界。每当我们在移动设备上输入“www”时，我们就会立刻想到，这是英国互联网先驱蒂姆·伯纳斯·李爵士（Sir Tim Berners-Lee）发明的万维网，而不是英国网络或欧盟网络。硅谷的数字巨头们承认没有国界，不过世界各地的税务当局更希望脸书等公司缴纳他们的“地方税”。中国政府则更希望用户使用本土先锋企业。抵制数字巨头苹果和亚马逊是徒劳的——这两家公司的股票市值在 2020 年都超过了 2 万亿美元。他们是无国界世界的一部分，这样的世界在很大程度上会无视贸易协定和集团的准则。

英国缺乏推进脱欧计划的信心和雄心，这就是英国脱欧一直存在的风险。在 2016 年公投结束后，那些反对脱欧的人认为可以扭转结果。他们的信心来源于议会在这个脱欧问题上有分歧，各种脱欧方案都难以获得议会多数席位的支持。人们还认为，如果第一轮公投失败，欧盟成员国会在欧盟的协助下推翻公投结果。

欧盟试图增加英国脱欧的成本和难度，希望这样能改变人们的想法。对于支持脱欧的英国公民，尤其是生活在落后地区的人们而言，他们的想法永远不会改变。但对于议会、商界代表团体和伦敦金融城中的意见领袖而言，包括一些把英国作为金融第二故乡的纽约银行家，他们会受到影响。英国在脱欧的道路上困难重重。脱欧的高昂财政成本是最先被积极讨论的问题之一。此外，还提出了关于在英国生活和工作的欧洲人，以及英国人在欧洲的地位问题。其中，最棘手、最难解决的问题是爱尔兰共和国和北爱尔兰之间将建立怎样的陆地边界。

日本汽车制造商警告称，英国脱欧将破坏准时制生产计划，并影响未来投资。摩根大通的杰米·戴蒙（Jamie Dimon）等美国银行家也警告称，伦敦金融城数以千计的工作岗位将转移到欧洲，这会导致伦敦金融城作为全球最大金融中心之一的地位逐渐下降。随后，2020 年年初，戴蒙的银行在巴黎开设了一间七层楼的新办公室。尽管伦敦面临金融就业岗位外迁的威胁，但大部分岗位却仍流向了另一个方向。

政府行政部门加剧了人们对英国脱欧的担忧，尤其对“无协议”的断崖式脱欧的担忧。新闻节目中充斥着噩梦般的场景，卡车在肯特海岸的多佛港口（欧洲大陆货运的主要口岸之一）大排长龙，一直延伸到英国西部。人们担心英国的卫生纸短缺，药店没有重要药品，超市没有蔬菜，商店里物价飞涨。实际上，这些问题都可能发生，但让人难以相信的是，在这个世界上竞争最激烈、最复杂之一的食品杂货市场上，经营出色的公司有三年时间为供应问题准备应急计划，但他们却没有这样做。

一家大型超市集团的董事长是一位直言不讳的留欧支持者，他直接批评了我，因为我提出有些蔬菜可以空运而不是用卡车运往英国，他认为这个建议很荒谬。当然，这样做的成本极其高昂，碳足迹也会很高，但值得注意的是，英国 60% 以上的水果是从世界各地进口的，加勒比地区的香蕉、秘鲁的鳄梨、巴勒斯坦的椰枣、以色列的草莓、肯尼亚的鲜花等。早在英国脱欧到来之前，这些超市就已证明，在为易腐烂的产品建立全球供应链方面，他们既有经验又有专业知识。

更值得注意的是，鲍里斯·约翰逊在 2019 年 12 月以绝对多数席位当选后，辩论的条款几乎在一夜之间发生了变化。最大的争论不是关于爱尔兰的边界，而是北爱尔兰的分权政府能多快恢复。结果证明，北爱尔兰权利共享政府于 2020 年 1 月重组。

现在讨论的不再是政府行政部门是否有能力实现英国脱欧，而是如何快速地重新分配任务，以实现保守党“重振北方经济”的选举承诺。作为重新平衡经济和政治权力的一部分计划，甚至有人建议将上议院搬到约克郡。

2019 年 12 月大选后的问题不在于基础设施投资是否会升级，而在于升级速度有多快，也不在于高铁 2 号线项目是否应该被取消，而在于能否拯救这个项目（此前该项目不断增加不必要的开支，导致失去了公众的支持）。由于脱欧，英国要想在全球舞台上进行有效竞争，就更加迫切地需要拥有世界一流的道路连通性和宽带接入能力。

随着部分劳动者在 2020 年转为居家办公，视频会议网站极速会议室等鲜为人知的数字应用开始发挥作用，拥有一流的宽带、5G 移动电话网络和全方位连接性的价值更加突显。电信运营商英国通信管理局发布报告称，英国的宽带速度“在封锁期间顶住了需求激增”[6]，但它也指出，英国仅有 350 万户家庭（12%）可以使用全光纤宽带。

这本书是在2020年新冠疫情封锁期间撰写的，也是为了警醒人们，尽管英国有许多问题需要解决，特别是部分劳动力的再培训问题，但现代科技主导型经济的基础已经存在。英国经营得最好的公司（有些是海外控股）和最差的公司之间存在巨大差异，但英国企业可以得到改善，落后地区的经济发展也可以得到提高。与其把经济的杯子看成是半空的，不如把它看成是半满的。

以气候变化为例。2019年，环保组织“反抗灭绝”可能导致伦敦街道陷入瘫痪，但在威斯敏斯特桥上做瑜伽的抗议分子依旧在向人们宣扬环保。当然，政府在气候变化问题上也犯过重大错误。其中一个就是政府2017年4月将绿色投资银行拍卖给澳大利亚私募股权机构麦格理。作为一个成功支持公私合营项目的机构，这家成立五年的银行是一家推进绿色项目投资的现成机构。

英国已经走上了环保的道路。罗尔斯·罗伊斯公司有先进的电动飞机计划，也能够建造模块化核反应堆。梅尔罗斯工业集团在下一代电动汽车的驱动系统（驱动轴）方面处于领先地位。庄信万丰（Johnson Matthey）是生产清洁排放催化转换器的先驱企业，正在进行一项大型研发计划，开发先进电池等更环保的技术。

全国各地的实验室都在研究燃料电池技术，海上风电场已经成为国家电网的重要组成部分。然而，这些大多是零散的举措，我们需要唤起一种紧迫感。例如，只要看看第二次世界大战期间投入布莱切利公园（Bletchley Park）的资源就知道了。只要英国企业和政府投入精力、意志力、想象力和资源，任何事情都可以实现。英国研究型大学的吸引力、它的创意和设计产业及体育特许经营权已经是国际性的，但欧洲作为向大学输送科学家和技术人员的供应地和市场，仍然很重要。

但是，英国的眼界也需要更加开阔。英国需要从全世界吸引人才，需要认可、开发并利用渴望英国创意和产品的全球市场。英国的前沿产品包括从《哈利·波特》到用于手机显示屏的智能芯片，但其实远不止这些。除英国之外，欧洲对待互联网先驱企业和全球娱乐供应商的方式，是通过用过度监管来束缚它们，而不是让它们百花齐放。这就是为什么脸书、苹果、亚马逊、网飞、谷歌和声破天这些企业都把英国视为扎根欧洲的好地方。

在英国脱欧前夕和大选后，关于英国的很多负面言论就是无稽之谈。经济学告诉我们，我们最大的贸易优势在于离我们最近的邻国。但如果这些邻国的经济变得僵化，机会转移到其他地方怎么办？这就是英国重新启动所必须关注的地方。尽管脱欧和新冠疫情带来了诸多不确定性，但英国的表现仍优于许多竞争对手，特别是在科学、创新和服务等快速发展的领域。

在脱欧公投后的几年里，英国科技领域的外来投资一如既往地强劲，2019 年激增 44%，达到 132 亿美元，比德国和法国的总和还要多。[7] 英国的投资水平位居全球第三，仅次于美国和中国。尽管新冠疫情肆虐，但英国科技公司在 2020 年 1 月至 5 月筹集到 53 亿美元，超过了巴黎、斯德哥尔摩（Stockholm）、柏林和特拉维夫（Tel Aviv）这些城市的公司的总和。[8]

随着经济重组，英国科技面临的挑战是要确保知识产权、专利和技能留在英国。我们有太多的初创企业被海外掠夺机构吞并。如果让这些企业发展成熟，硅沼、剑桥和牛津这些英国高科技企业云集的腹地可能会成为下一个硅谷。为了实现这一目标，需要加强英国的风险资本。英国投资银行需要得到支持和适当的融资，这样才能够在英国比较落后的地区支持科学和技术的发展。政府需要重新制定竞争政策，从更广泛的国家利益角度来看待交易问题。

然而，并非所有的外资收购都是为了夺取英国的技能和技术。康卡斯特收购天空广播公司是为了发展英国卓越的技术和创造力。该公司承诺向位于赫特福德郡埃尔斯特里的电影制片厂额外投资 20 亿英镑，这说明英国可能没有自己的好莱坞，但它拥有与世界其他地方一样优秀的创意人才和科技基础设施。2020 年 2 月，贝尔法斯特港（Belfast Harbour）[9] 透露将在北爱尔兰再投资六家电影制片厂，打造英格兰东南部以外最大的影视综合基地。贝尔法斯特泰坦尼克电影制片厂作为风靡全球的美剧《权力的游戏》的取景地，也证明了自己的价值。

企业出售给海外买家后，几乎不可能跟踪其进展。比如软银集团在 2016 年以 230 亿英镑收购剑桥智能芯片制造商安谋国际，随后，资金驱动的持股变化和资产处置掩盖了公司的基本情况。然而，在自由市场经济中，政府介入来防止此类收购通常是不大能被接受的。迎接挑战需要一定的勇气和眼光，也要求政府和监管机构认识到，由资金驱动的并购，尤其是那些随心所欲、目光短浅和行事隐秘的私人股本公司的并购，很少符合公众利益。纳税人通过支持教育系统来帮助创造英国数字革命背后的思想、科学、代码、软件和技术，但随后其中大部分却被随意抛弃，这简直是疯了。通过适当的研发和税收激励措施，英国可以更好地确保在英国创造的技术留在英国。

只有在政府内部、白厅、监管机构、董事会和大型投资者的态度发生全面转变时，英国脱欧才能奏效。奇怪的是，新冠疫情可能会促成这些变化，就像它为政府加大对私营部门的干预消除了污名一样。盎格鲁－撒克逊资本主义善于利用思想和技术并将其转化为财富，但正如诺贝尔经济学奖得主约瑟夫·斯蒂格利茨所言：“不受监管的商品市场已被证明是行不通的；事实证明，不受监管的创意市场也同样如此。”[10]

在英国，人们一直执着于不要重蹈20世纪70年代的覆辙，当时政府出手拯救濒临倒闭的公司是一种常态。但面对2020年的突发卫生事件，政府不得不咬紧牙关进行干预。拯救经营不善的公司从来都是有道理的，但我们需要一种长远的眼光，对经营不善的企业内部的工程、技术和知识产权进行评估。其中最引人注目的例子发生在1971年，当时特德·希思领导的保守党政府在一片指责声中出手拯救了濒临破产的航空发动机公司罗尔斯·罗伊斯。希斯和他的部长们认识到，政府干预不仅能挽救工作岗位，还能挽救公司内部的研究和工程价值。虽然RB211发动机的研发成本高昂，导致该集团现金流失严重，但大约50年后，该发动机的现代衍生产品遄达1000发动机（适用于宽体喷气式飞机）的订单数量创下了纪录。路虎、迷你等著名的汽车品牌尽管曾经属于走向没落的英国利兰（Leyland）汽车公司，但现在仍然活跃在市场上，发展得很好。

英国拥有领先全球金融服务业，其中以伦敦金融城为代表，但这一资源并没有被用于提高更广泛的公共利益，这是自相矛盾的一点。要获得更快的回报，可以通过创造新的金融产品、为收购和合并提供金融建议或者仅仅只是进行交易而不是长期投资。

曾经充满活力的英国商业银行将协助企业发展视为自己职责中的一部分，但现在，这些大多数著名的银行，比如华宝银行（SG

Warburg）、罗伯特·弗莱明银行（Robert Fleming）和施罗德集团（Schroders）的投资部门，都属于华尔街和其他欧洲大陆巨头所有。独立的伦敦清算银行[①]在支持企业方面可以做得更多。

汇丰银行的“动能”（Kinetic）等新的数字银行平台恰恰可以做到这一点。充满不确定性的时代一结束，企业储存的现金——富时350指数公司的资产负债表上约有7500亿英镑——可能会被释放出来。因此，英国有资源、有技能、有大学，以及对资本主义和企业家精神的热情，可以用这些来重新将自己打造成世界强国，但这不会轻易发生。这需要创造一个良好的环境，这个环境支持对产业长期投资，反对金融工程；还需要英国政府做出改变，因为政府缺乏雄心壮志，而且在财政问题上畏首畏尾。

英国商业有诸多优势，但如果英国要成功引领第三次工业（数字）革命，重新成为世界强国，还有很多事情要做。如果这本书看起来对英国的大学、科技、创新和金融服务一直充满信心，那确实如此。如果英国要在脱欧后再现辉煌，就必须重启、支持和发展这些产业。这并不容易。此外，还必须大力解决国内基础设施投资不足、富人和穷人之间社会契约受损，以及政治制度失灵等国内问题。这些所有问题都必须得到关注，同时还要弥补新冠疫情带来的创伤——特别是年轻人的前途问题——走好低碳发展之路并签署影响深远的贸易协定。

① 伦敦清算银行（London clearing bank），是英国银行制度中特有的称谓，系指英格兰及威尔斯地区的11家商业银行。由于它们几乎全部为伦敦清算所的会员，因此通称为伦敦清算银行。伦敦清算所是一个金融市场基础设施，负责处理伦敦证券交易所和伦敦期货交易所上的交易。

新冠疫情导致政府借款和债务水平不断膨胀，借款攀升至国内生产总值的 15%，债务相当于我们的国民产出，这可能会成为英国一个沉重的负担。新冠疫情需要英国进入战时状态。休假费用等支出是短期的，2021 年就应该从国家的资产负债表上消失。新冠疫情表明，在低利率时代，只要政府坚持既定的货币政策和财政政策，除了紧缩措施和缩减政府规模，还有其他选择。将纳税人的资金投入下一代基础设施、培训和学徒制，以及对研发的支持，这种更开放的方法可能会带来巨大的长期效益。

英国面临的挑战不容小觑，但实现英国复兴对子孙后代大有裨益，留下的遗产可能会与维多利亚时代先驱们留下的一样持久。

注 释

第一章 企业与希望的国度

1. 英国国家统计局，人均国内生产总值，季度数据，2016 年价格。
2. 安迪・霍尔丹，接受作者访谈，2019 年 1 月。
3. 同上。
4. 'Apple Buys UK Photography Start-up Spectral Edge', *Financial Times*, 13 December 2019.
5. 'US Anger at Britain Joining Chinese-led Investment Bank AIIB', *Guardian*, 12 March 2015.
6. Joseph S. Nye, 'Why the Gulf War Served the National Interest', *Atlantic*, July 1991.
7. 保罗・约翰逊，与作者的对话，2020 年 5 月。
8. 'Key Facts About the UK as an International Financial Centre 2019', The CityUK, https://www.thecityuk.com/research/key-facts-about-the-uk-as-an-international-financial-centre-2019/ (accessed 30 June 2020).
9. A. Brummer, *Britain for Sale: British Companies in Foreign Hands–The Hidden Threat to Our Economy*, London: Random House Business Books, 2012.

10. *Industrial Strategy: Building a Britain Fit for the Future*, London: HM Government, 2017.

11. 安德鲁·希尔顿，与作者的对话，2020 年 5 月。

第二章 美丽新世界

1. Ruth Gregory, 'Brexit Will Hold Back the Recovery', *Capital Economics*, 15 June 2020, https://www.capitaleconomics.com/publications/uk-economics/uk-economics-update/brexit-will-hold-back-the-recovery/ (accessed 30 June 2020).

2. 以 2011 年购买价格平价条件下每日生活费等于或低于 1.90 美元的人口百分比衡量。

3. IMF, *World Economic Outlook, October 2019: Global Manufacturing Downturn, Rising Trade Barriers*, Chapter 1, 'Global Prospects and Policies', https://www.imf.org/en/Publications/WEO/Issues/ 2019/10/01/world-economic-outlook-october-2019# Chapter%201 (accessed 30 June 2020).

4. Graham Allison, *Destined for War: Can America and China Escape Thucydides' Trap?*, Boston, MA: Houghton Mifflin Harcourt, 2017.

5. 'OECD Sees Deepest Peace-time Slump in a Century', Reuters, 10 June 2020.

6. Mark Carney, 'The Global Outlook', speech given at the *Financial Times* event, Frobisher Hall, 12 February 2019, https://www.bankofengland.co.uk/speech/2019/mark-carney-speech (accessed 30 June 2020).

7. 尚塔亚南·德瓦拉詹，接受作者访谈，2018 年 5 月。

8. Crispin Tickell, 'How Britain Negotiated Its Entry to the EEC-Then Failed to Play Its Part', *Guardian*, 25 June 2016.

9. Guy Chazan, 'Macron and Merkel Sign Aachen Treaty to Deepen Franco-German Ties', *Financial Times*, 22 January 2019.

10. ‘ECB Boosts Bond-buying Stimulus Package by €600bn’, *Financial Times*, 4 June 2020.

11. ‘EU Aims to Back Struggling South with Fiscal Shock and Awe’, Bloomberg, 27 May 2020.

12. Crispin Tickell, ‘How Britain Negotiated Its Entry to the EEC-Then Failed to Play Its Part’, *Guardian*, 25 June 2016.

13. Ben Broadbent, ‘Winners from Globalisation’, speech to the Scottish Council for Development and Industry, Aberdeen, 11 July 2017.

14. Chris Giles, ‘What has the EU Done for the UK?’, *Financial Times*, 31 March 2017.

15. Patrick Minford and Molly Scott Cato, ‘Will Brexit Boost or Hurt the Economy?’, *Guardian*, 21 August 2017.

16. Hayley Jarvis, ‘Europe, Not Thatcher, Reversed UK Economic Decline’, Brunel University London, 10 May 2017, https://www.brunel.ac.uk/news-and-events/news/articles/Europe-not-Thatcher-reversed-UK-economic-decline (accessed 30 June 2020).

17. James Bartholomew, ‘The EU has Destroyed Some of Our Most Prosperous Industries’, *Daily Telegraph*, 21 May 2016.

18. Heather Stewart, ‘Osborne Bats for Bankers’ Bonuses Citing Risk to City from EU Cap’, *Guardian*, 25 September 2013.

19. 二十国集团（G20）包括阿根廷、澳大利亚、巴西、加拿大、中国、欧洲联盟、法国、德国、印度、印度尼西亚、意大利、日本、墨西哥、俄罗斯、沙特阿拉伯、南非共和国、韩国、土耳其、英国和美国。

20. IMF, *United Kingdom: 2018 Article IV Consultation*, Country Report No. 18/316, November 2018.

21. Patrick Minford, *Should Britain Leave the EU? An Economic Analysis of a Troubled Relationship*, 2nd edn, Cheltenham: Edward Elgar, 2015.

22. Chris Giles, 'The Latest Pro-Brexit Analysis Has Got Its Sums Badly Wrong', *Financial Times*, 21 February 2018.

23. Patrick Minford, 'Pro-Brexit Analysis Figures Add Up Perfectly, In Fact', letter, *Financial Times*, 26 February 2018.

24. Ben Chu, 'Give Us Credit for Avoiding Post-Brexit Vote Financial Crisis, Says Bank of England Governor Mark Carney', *Independent*, 21 February 2017.

25. Gita Gopinath, 'Tentative Stabilization, Sluggish Recovery', *IMF Blog*, January 2020, https://blogs.imf.org/2020/01/20/tentative-stabilization-sluggish-recovery/ (accessed 30 June 2020).

26. ONS, *UK Labour Market: January 2020*, https://www.ons.gov.uk/releases/uklabourmarketjanuary2020 (accessed 30 June 2020).

27. 安德鲁·琼斯，接受作者访谈，2018 年 3 月。

28. 安迪·霍尔丹，接受作者访谈，2019 年 1 月。

29. 同上。

30. HM Treasury, 'Future Fund Launches Today,' 20 May 2020, https://www.gov. uk/government/news/future-fund-launches-today (accessed 30 June 2020).

31. Mariana Mazzucato, *The Value of Everything: Making and Taking in the Global Economy*, London: Allen Lane, 2018.

32. 安德鲁·琼斯，接受作者访谈，2018 年 3 月。

33. 'Results of the Public Consultation on the Top 10 Most Burdensome Legislative Acts for SMEs', European Commission, 2012, https://ec.europa. eu/info/index_en (accessed 30 June 2020).

34. 东南亚国家联盟（Association of Southeast Asian Nations, ASEAN，简称"东盟"）成立于 1967 年，由十个国家组成：印度尼西亚、马来西亚、菲律宾、新加坡、泰国、文莱、老挝、缅甸、柬埔寨和越南。

35. 尚塔亚南·德瓦拉詹，接受作者访谈，2018 年。

36. Sajid Javid, 'Forget Staying Close to EU after Brexit', *Financial Times*, 17 January 2020.

37. Liam Fox, 'Road to Brexit', Speech at Bloomberg, 27 February 2018 https://brexitcentral.com/full-text-liam-foxs-road-brexit-speech-britains-trading-future/

38. Bruno Maçães, *The Dawn of Eurasia: On the Trail of the New World Order*, London: Penguin, 2018.

39. Gary Gibbon, 'Brexit vs the World: Is Britain Too Self-obsessed?', *Politics: Where Next?* podcast, 8 March 2019.

40. Department for International Trade, 20 December 2018, https://www.gov.uk/government/organisations/department-for-international-trade (accessed 30 June 2020).

41. Economist Intelligence Unit, 'Out and Down: Mapping the Impact of Brexit', 27 March 2018.

42. Home Office, *The UK's Points-Based Immigration System: Policy Statement*, 19 February 2020, https://www.gov.uk/government/publications/the-uks-points-based-immigration-system-policy-statement/the-uks-points-based-immigration-system-policy-statement (accessed 19 June 2020).

第三章　研发领域的大师

1. 帕斯卡尔·索里奥特，通过软件极速会议室接受对作者线上访谈，2020 年 6 月 10 日。

2. GSK Announces Intention to Produce 1 Billion Doses of Pandemic Vaccine Adjuvant System in 2021, GSK Press Release, 28 May 2020, London.

3. “医学免疫”（MedImmune）原名为“分子疫苗”（Molecular Vaccines），于 2007 年被阿斯利康收购。2019 年 2 月 14 日更名为阿斯利康。

4. 接受作者访谈，2018 年 11 月。
5. 'The Future of Research. The £18 Billion Question', *The Economist*, 29 February 2020.
6. 'Faster Diagnosis from "Transformational" Gene Project', Fergus Welsh, *BBC News*, 5 December 2018.
7. HM Government: Industrial Strategy, Building a UK Fit for the Future, White Paper, 2017, https://www.gov.uk/government/topical-events/the-uks-industrial-strategy (accessed 30 June 2020).
8. *Times Higher Education*, World University Rankings 2018.
9. *Cambridge University Reporter*, 14 December 2017, https://www.reporter.admin.cam.ac.uk/
10. *BBC News* website, 5 December 2018, https://www.bbc.co.uk/news
11. 帕斯卡尔. 索里奥特，接受作者访谈，2018 年 11 月。
12. 同上。
13. Imperial College website, https://www.imperial.ac.uk/
14. UCL website, https://www.ucl.ac.uk/
15. *The Economic Impact of Russell Group Universities*, London: London Economics, October 2017.
16. 同上。
17. Southampton University Science Park, https://www.google.com/search?q=university+of+southampton+science+park&rlz
18. 彼得·伯克特，接受作者访谈，2018 年 5 月。
19. *Post-16 Skills Plan* and *Report of the Independent Panel on Technical Education*, July 2016, https://www.gov.uk/government/publications/post-16-skills-plan-and-independent-report-on-technical-education
20. 'Tony's Legacy to Tony', *Guardian*, 19 February 2007.
21. 'The Fall of the Meritocracy', *The Spectator*, 29 January 2011.

22. ‘Michael Gove：Radical，Controversial and Divisive’，*BBC News*，15 July 2014，https://www.bbc.co.uk/news

23. ‘Pisa Tests：UK Rises in International Rankings’，*BBC News*，30 December 2019，https://www.bbc.co.uk/news/education-50563833#

24. ‘A-level Results Day LIVE：Joy，Celebration（and a Few Tears）as Teenagers across the Country Receive Their Grades’，*Daily Mail*，16 August 2018.

25. *Times Higher Education*，19 March 2013.

26. *Apprenticeships：Report of Parliamentary Sub-Committee on Education，Skills and the Economy*，March 2017.

27. ‘Dyson Has Scrapped Its Electric Car Project’，*BBC News*，11 October 2019.

28. 詹姆斯·戴森访谈，‘Vacuums Are Already Smarter than People’，*Guardian*，9 May 2014.

29. *Innovation and Research Strategy for Growth*，Department for Business，Innovation and Skills，December 2011.

30. N. Moran，‘UK Sets Out Future Strategy for Research and Innovation’，Sciencebusiness.net website，5 July 2017.

31. ‘UK sets out future strategy for research and innovation’，Science Business，5 July 2017，https://sciencebusiness.net/news/80368/UK-sets-out-future-strategy-for-research-and-innovation#

32. 马克·沃尔波特教授在英国皇家学会的演讲：‘Research Culture：Changing Expectations’，30 October 2018.

33. 同上。

34. 所谓“霍尔丹原则”，是指：研究经费应该由研究人员而不是政治家来决定。该原则得名于理查德·伯登·霍尔丹（Richard Burdon Haldane），他在1904年和1909年至1918年担任多个委员会主席，提出了这项政策。

35. Higher Education Statistics Agency，2017，https://www.hesa.ac.uk/

36. J. Adams，‘We Need to Rethink Research Funding for UK Regions to Prosper’，*Guardian*/Higher Education Network，5 June 2017.
37. ‘Big Pharma Boost for Brexit’，*Financial Times*，27 November 2017.
38. *Budget 2020：Delivering on Our Promises to the British People*，HM Treasury HC121，March 2020.
39. ‘Surging R&D Spending in China Narrows Gap with US’，*Science*，10 October 2018.
40. *The UK's Future Skills-based Immigration System*，policy paper，HM Government Cm. 9722.

第四章 白热化的技术

1. P. Campbell，‘UK Sees an Opening to Overtake US and China in Driverless Cars’，*Financial Times*，2 January 2018.
2. *Self-driving Cars：Are We Ready?*，KMPG report，2016.
3. ‘Jaguar to Supply 20,000 Cars to Waymo’，*Guardian*，27 March 2018.
4. ‘Dyson Has Scrapped Its Electric Car Project’，*BBC News*，11 October 2019.
5. A. Brummer，*Britain for Sale*，London：Random House Business Books，2012.
6. C.P. Snow，‘The Two Cultures’，Rede Lecture，Cambridge University Press，1959.
7. ‘Foreign Investment in UK Technology Firms Doubles in One Year’，*Daily Telegraph*，10 June 2018.
8. M. Ridley，‘Britain Can Show the World the Best of AI’，*Daily Telegraph*，April 2018.
9. 基于2020年6月奥凯多公司为新技术投资进一步筹集10亿英镑后的股价。
10. 激光线（Laserlines）公司网站案例研究，2018，https://www.laserlines.co.uk/

11. M. Pooler, 'Siemens to fund 3D printing facility in West Midlands', *Financial Times*, 19 March 2018.

12. *BBC News*, 25 August 2018, https://www.bbc.co.uk/news

13. International Data Corporation, November 2016, https://www.idc.com/

14. 'Automation Readiness Index and Global Rankings for Robotics and AI', ABB and the Economist Intelligence Unit, 23 April 2018.

15. London & Partners, https://www.londonandpartners.com/, 12 January 2017.

16. 'Tailwinds: 2018 Airline Industry Trends', PwC, 10 April 2018.

17. 'Boeing HorizonX Invests in Reaction Engines, a UK Hypersonic Propulsion Company', Sir Michael Arthur, Boeing News Release, Chicago, 12 April 2018.

18. 'Theresa May Pledges to Boost Aerospace Amid Brexit Fears', *BBC News*, 16 July 2018.

19. House of Lords Committee report, UK.GOV website, March 2018.

20. 'US Kills Iran General Qassem Suleimani in Strike Ordered by Trump', *Guardian*, 3 January 2020.

21. PwC, https://www.pwc.co.uk/intelligent-digital/drones/Drones-impact-on-the-UK-economy, May 2018.

22. N. Gould, 'Ransomware Attack on Travelex Leads to Website Shutdown', Cyber Security, January 2020.

23. 'Britain's Cyber Security Bolstered by World-class Strategy', GOV.UK website, 1 November 2016.

24. 'Darktrace Leads the Way to Automatic Cyber Security', Computer Weekly.com, 6 July 2016.

25. 'Britain's Tech Industry Shrugs Off Brexit Fears with Record £9 Billion Investment', *Daily Telegraph*, 21 November 2019.

26. PwC, https://www.pwc.co.uk/intelligent-digital/drones/Drones-impact-

on-the-UK-economy, May 2018.

27. G. Grech,‘Can the UK Lead in Tech?’, *Daily Telegraph*, 14 August 2019.
28. ‘High-value Tech Jobs Boom Across the UK’, *Tech Nation*, 12 June 2018.

第五章　创意天才：从游戏到奥斯卡

1. S. Friedman,‘The Final Curtain Call for British Theatre? ’, *Observer*, 14 June 2020.
2. ‘Google's AlphaGo AI Defeats Human’, *Guardian*, 9 March 2016.
3. 罗素集团于 1994 年，由 18 所英国研究型大学组成，包括：伯明翰大学、布里斯托大学、剑桥大学、爱丁堡大学、格拉斯哥大学、帝国理工学院、伦敦玛丽女王大学、利兹大学、利物浦大学、伦敦政治经济学院、曼彻斯特大学、纽卡斯尔大学、诺丁汉大学、牛津大学、谢菲尔德大学、南安普敦大学、伦敦大学学院和华威大学。
4. ‘Israel's Mobileye Bought by Intel for $15 Billion’, *Haaretz*, 17 May 2018.
5. 谷歌于 2015 年将母公司字母表更名为“字母表”，以便开展其正在投资的许多新活动，包括人工智能领导者深脑公司。
6. 总增加值（Gross Value Added，GVA）用于衡量特定行业或地区对所属经济体的价值。
7. 接受作者访谈，2018 年 8 月。
8. 数据英国互动娱乐（Ukie），一家游戏和互动娱乐贸易机构，参见：https://ukie.org.uk/
9. J. Batchelor,‘GTAV Is the Most Profitable Entertainment Product of All Time’, GamesIndustry.biz website, 9 April 2018.
10. 约翰·坎普纳接受作者访谈，2018 年 8 月。
11. 流媒体服务是指通过互联网以压缩形式发送，可立即播放的视频或音频内容。

12. ‘US Film Studios to Build £150m Reading Production Hub’, *Financial Times*, 18 February 2020.

13. ‘Amazon Pays $250m to Sign Departing Top Gear Trio for New Show’, *Financial Times*, 30 July 2015.

14. Ofcom, *Media Nations* report, August 2018.

15. R. Seales, ‘The Crown: Does Netflix Series Cost More than the Actual Queen?’, *BBC News*, 25 December 2017.

16. 霍格沃茨官方网站（Pottermore），现已迁移至 https://www.wizardingworld.com/, February 2018.

17. M. Paulson, ‘Another Harry Potter Landmark: At $68 Million, the Most Expensive Broadway Nonmusical Play Ever’, *New York Times*, 14 April 2018.

18. EW.com, 23 March 2017.

19. ‘George Osborne Announces Another New Star Wars Film to be Made in Pinewood’, *Daily Telegraph*, 10 June 2014.

20. P. Bradshaw, ‘Star Wars: The Last Jedi Review–An Explosive Thrill–ride of Galactic Proportions’, *Guardian*, 13 December 2017.

21. A. Monaghan, ‘Spotify's Stock Market Debut: Everything You Need to Know’, *Guardian*, 3 April 2018.

22. 斯托姆齐此处意指伦敦北肯辛顿街区发生的火灾，导致 71 人死亡。

23. ‘Stormzy Launches Cambridge Scholarship for Black Students’, *BBC Newsbeat*, 16 August 2018.

24. 约翰·坎普纳，接受作者访谈，2018 年 8 月。

25. 捷豹网站：https://www.jaguar.co.uk

26. 参见：https://www.topuniversities.com/university-rankings, 14 March 2017.

27. *Global Talent*, *Global Reach* report, RIBA Architecture.com, 7 December

2017.
28. B. Darbyshire, *Financial Times*, December 2017.
29. 'London Fashion Week September 2018 Facts and Figures', Oxford Economics, https://www.britishfashioncouncil.co.uk/
30. 'Premier League Remains World's Richest', *Guardian*, 12 July 2017.
31. Deloitte, *Roar Power: Annual Review of Football Finance*, 27th edn, 2018, https://www2.deloitte.com/uk/en/pages/regions/articles/deloitte-sports-business-group.html
32. 'How Do You Make, or Lose, Money in Formula 1?', *BBC News* website, 29 September 2014.
33. 托尼·霍尔宣布他将于2020年1月离开英国广播公司。
34. 'Licence Fee Income of the BBC in the United Kingdom (UK) from 2010 to 2019', Statista Research Department, 20 September 2019, https://www.statista.com/statistics/284705/the-bbc-s-licence-fee-income-in-the-united-kingdom-uk/ (accessed 30 June 2020).
35. S. Block and M. Samuels, 'The Windermere Children', BBC TV, 27 January 2020.
36. M. Billington, 'The Pope: Anton Lesser and Nicholas Woodeson's Papal Powerplay', *Guardian*, 13 June 2019.

第六章　摇钱树：贪婪、蝗虫与嬉皮士

1. 2019年，菲利普·詹森被任命为电信巨头英国电信的首席执行官。
2. 新冠疫情业务中断贷款计划（CBILS）向中小企业提供了高达500万英镑的贷款。反弹贷款计划（BBLS）向微型企业提供贷款，政府提供百分之百的担保。
3. 新冠疫情企业融资工具（CCFF）。
4. PRA statement on deposit takers' approach to dividend payments, share

buybacks and cash bonuses in response to Covid-19, Bank of England, 31 March 2020.

5. 自 2020 年 1 月 31 日英国正式退出欧盟以来，欧盟还有 27 个成员国。
6. J.E. Stiglitz, *The Euro and Its Threat to the Future of Europe*, London: Allen Lane, 2016.
7. 欧盟关于卖空和信用违约掉期的第 236/2012 号法规于 2012 年 11 月 1 日生效，欧洲证券和市场管理局通知。
8. 'EU Agrees to Cap Bankers' Bonuses', *Financial Times*, 28 February 2013.
9. 'Paris: A Rather Exclusive Global Financial Centre', *Financial Times*, 29 February 2020.
10. *Key Facts about the UK as an International Financial Centre 2018*, London: TheCityUK, October 2018.
11. 同上。
12. 'HSBC Planning to Shift 1,000 Jobs to Paris', *Huffington Post*, 10 January 2017.
13. Bank of England, *Inflation Report–May 2019*.
14. IMF Discussion Note, 'Fintech and Financial Services: Initial Considerations', June 2017 (SDN/17/05).
15. 斯蒂芬·琼斯于 2020 年 6 月 17 日从英国金融行业协会（UK Finance）辞职，此前他承认，在 2008 年救助巴克莱银行时，对金融家阿曼达·斯塔夫利发表了"完全不恰当的评论"。
16. 斯蒂芬·琼斯，接受作者访谈，2018 年 11 月 1 日
17. *Key Facts about the UK as an International Financial Centre 2018*, *op. cit*.
18. Lulu Yilun Chen, 'Ant Financial Annual Profit Jumps 65% Ahead of Anticipated IPO', *Bloomberg*, 4 May 2018.
19. D. Ramsden, 'Resilience and Innovation in Post-trade', Speech to the Association of Financial Markets in Europe, Bank of England, 8 May 2019.

20. 同上。

21. C. Morrison，'TSB IT Meltdown Cost Bank £330m and 80,000 Customers'，*Independent*，1 February 2019.

22. 斯蒂芬·琼斯，接受作者访谈，2019 年 11 月 1 日。

23. J. Haskel and S. Westlake，*Capitalism without Capital：The Rise of the Intangible Economy*，Oxford：Princeton University Press，2018.

24. *Industrial Strategy：Building a Britain Fit for the Future*，UK.GOV，2017.

25. 'Macquarie Completes £2.3 Billion Green Investment Bank Deal'，*Financial Times*，18 August 2017.

第七章　分裂的国家：地理、代际与商品之战

1. 脱欧协议在未能获得下议院多数支持后，特蕾莎·梅于 2019 年 7 月离任。

2. 'Ethnicity Pay Gaps in Great Britain：2018'，ONS，9 July 2019，https://www.ons.gov.uk/releases/ethnicitypaygapsingreatbritain2018（accessed 30 June 2020）.

3. 利普顿于 2020 年 2 月卸任，这是新任董事总经理克里斯塔琳娜·格奥尔基耶娃进行管理层调整的一部分内容。

4. 2016 年 4 月，作者采访时任国际货币基金组织副总裁大卫·利普顿。

5. N. Shafik，'A New Social Contract'，*Finance & Development* 55（4），December 2018.

6. 爱德华·希思在 1970 年至 1974 年担任英国首相。

7. 詹姆斯·卡拉汉在 1976 年至 1979 年担任英国首相。

8. A. Beveridge，'Social Insurance and Allied Services'，25 November 1942，http://filestore.nationalarchives.gov.uk/pdfs/small/cab-66-31-wp-42-547-27.pdf（accessed 30 June 2020）.

9. D. Willetts，*The Pinch：How the Baby Boomers Took Their Children's Future–And Why They Should Give It Back*，London：Atlantic Books，2010.

10. J. Bristow, 'From Brexit to the Pensions Crisis, How Did the Baby Boomers Get the Blame for Everything?', *British Journal of Sociology*, re-published on the LSE website in February 2017, https://blogs.lse.ac.uk/politicsandpolicy/how-did-the-baby-boomers-get-the-blame-for-everything/ (accessed 30 June 2020).
11. 'The Over-fifties Have Gambled Away My Generation's Future', Philip Bronk, Letter to the Editor, *Independent*, 26 June 2016.
12. C. Bickerton, 'The Roots of Brexit Lie in Britain's Broken Growth Model', LSE blog, 23 August 2018, https://blogs.lse.ac.uk/brexit/2018/08/23/the-roots-of-brexit-lie-in-britains-broken-economic-model-now-a-new-social-settlement-is-needed-urgently/ (accessed 30 June 2020).
13. Eurostat: Unemployment statistics, May 2019.
14. 'Youth Unemployment', House of Commons Library, June 2019.
15. Resolution Foundation, *A New Generational Contract: Final Report of the Inter-generational Commission*, May 2018.
16. A. Smith, 'The Generation Gap Is Deep: Here's How to Bridge It', *Guardian*, 4 September 2017.
17. IPPR, *Our Common Wealth: A Citizens' Wealth Fund for the UK*, policy paper, London: Institute for Public Policy Research, March 2018.
18. IPPR, *Extending Working Lives: A Devolved Life-course Approach to Establishing Work Beyond State Pension Age*, London: Institute for Public Policy Research, 16 May 2018.
19. M. Francese and D. Prady, 'Universal Basic Income: Debate and Impact Assessment', IMF Working Paper No. 18/273, 10 December 2018.
20. 米娅塔·法恩布勒与作者之间的电子邮件交流，2020 年 5 月。
21. 保罗·约翰逊与作者之间的电子邮件交流，2019 年 5 月。
22. G. Monbiot et al., *Land for the Many*, London: Labour Party, 2019.

23. Centre for Social Justice, *Ageing Confidently–Supporing an Ageing Workforce*, London: Centre for Social Justice, August 2019.

24. 'Will We Ever Summit the Pensions Mountain? ', Royal London Insurance Research Paper, 16 May 2018.

25. 赛义德·贾维德于 2019 年 7 月被鲍里斯·约翰逊任命为财政大臣，并于 2020 年 2 月 13 日辞职。

26. 赛义德·贾维德与作者的谈话。

27. Pensions Commission, *Pensions: Challenges and Choices*, https://www.tsoshop.co.uk/bookstore.asp?Action=Book&ProductId=978011702 7800, 2004.

28. Social Mobility Commission, *State of the Nation 2016: Social Mobility in Great Britain*. Report, November 2016.

29. L.E. Major and S. Machin, *Social Mobility and Its Enemies*, London: Penguin, 2018.

30. Association of Colleges, 'The UK's Success Post–Brexit Relies on "a New Social Contract" and the Delivery of a World–class Technical and Professional Education System', 22 January 2019, https://www.aoc.co.uk/news/the-uk% E2%80%99s-success-post-brexit-relies-%E2%80%9C-new-social-contract %E2%80%9D-and-the-delivery-world-class-technical.

第八章　国家治理：拿回控制权！

1. *The Economist*, cover, 1–7 June 2019.

2. 2005 年 5 月 29 日，法国就《欧洲宪法条约》举行公投，有 55% 的选民投了反对票。大多数被否决的宪法随后被纳入《里斯本条约》，并赢得了议会的多数支持。

3. 'Tusk Warns of "Special Place in Hell" for Those Who Backed Brexit Without a Deal', *Guardian*, 6 February 2019.

4. J. Rutter, 'How Brexit Has Battered Our Reputation for Government',

Guardian, 27 December 2019.

5. International Civil Service Effectiveness (InCiSE) Index, Blavatnik School of Government, Oxford University, 2019.
6. *The Civil Service after Brexit*: *Lessons from the Article 50 Period*, London: Institute of Government, 13 May 2020.
7. 建筑公司卡里利恩于 2018 年 1 月倒闭，老牌旅行服务商托马斯·库克于 2019 年 9 月破产。重大丑闻包括 2018 年柿子建筑公司董事薪酬过高、2019 年瓦莱丽糕点公司会计欺诈，以及 2019 年 6 月伍德福德投资基金帝国倒闭。
8. *The Brexit Effect*: *How Government Has Changed Since the EU Referendum*, London: Institute for Government, 29 March 2019.
9. V. Bogdanor, *Beyond Brexit*: *Towards a British Constitution*, London: I.B. Tauris, 2019.
10. 乔治·奥斯本在 2010 年至 2016 年担任英国财政大臣。
11. W. Woodward and L. Elliott, 'From Britishness to Blair: The Brown Vision', *Guardian*, 10 May 2006.
12. 尼克·麦克弗森在 2006 年至 2015 年担任英国财政部常务秘书。
13. C. Bennett, 'As Statues of Slave Traders Are Torn Down, Their Heirs Sit Untouched in the Lords', *Observer*, 14 June 2020.
14. P.G. Richards, *Patronage in British Politics*, London: Allen & Unwin, 1963.
15. “超级预言家”是美国情报机构首创的一个术语。它指的是一个人非常擅长估计每件事发生的概率，即使是在一些非主要训练的项目上。
16. 'DFID Merger with Foreign Office Draws Ire of Blair and Cameron', *Financial Times*, 17 June 2020.
17. G. Freeman, *Britain beyond Brexit*: *A Collection of Essays*, London: Centre for Policy Studies, June 2019.
18. 工业战略委员会主席安迪·霍尔丹 2019 年 9 月 24 日在纽卡斯尔圣詹姆

斯公园发表演讲。

19. 英国政府控制着苏格兰皇家银行 62.4% 的股份，这是金融危机期间英国政府援助苏格兰皇家银行的结果。

20. W. Hutton, *The State We're In*, London: Random House, 1995.

21. Cadbury Report, *The Financial Aspects of Corporate Governance*, London: Committee on the Financial Aspects of Corporate Governance, December 1992.

22. Greenbury Report, *Directors' Remuneration*, 1995, https://ecgi.global/code/greenbury-report-study-group-directors-remuneration (accessed 30 June 2020).

23. Hampel Report, *Committee on Corporate Governance: Final Report*, London: Gee & Co., January 1998.

24. 'Vince Cable Announces Summit to Reshape Corporate Culture in Big Business', Press Release, Department of Business, Innovation and Skills, 9 March 2015.

25. 'Wates Principles to Improve Corporate Governance', Financial Reporting Council, 10 December 2018.

26. 'The Old Girls Network', *The Economist*, 17 February 2018.

27. 英国特许管理工会首席执行官安妮・弗兰克 2019 年接受作者采访。

28. Lord (Mervyn) Davies, *Women on Boards: 5 Year Summary*, London: Department for Business Innovation and Skills, October 2015.

29. S. Vinnicombe, E. Doldor and R. Sealy, *The Female FTSE Board Report 2018*, Bedford: Cranfield University.

30. *Independent Review of the Financial Reporting Council (FRC): Final Report*, London: HMSO, December 2018.

31. Competition and Markets Authority, *Statutory Audit Services Market Study: Final Report*, London: CMA, 18 April 2019.

32. Sir D. Brydon, *The Quality and Effectiveness of Audit: Independent Review*,

December 2019.

33. ‘Carbonomics. The Green Engine of Economic Recovery’, Goldman Sachs Equity Research, 16 June 2020.

第九章　基础设施：火车、电话和飞机

1. S. Heffer, *High Minds: The Victorians and the Birth of Modern Britain*, London: Random House, 2013.
2. 2019 年 10 月 17 日，赛义德·贾维德在华盛顿国际货币基金组织出席新闻发布会。
3. G. Gopinath, ‘The World Economy: Synchronized Slowdown, Precarious Outlook’, IMF Blog 1555, 15 October 2019.
4. J. Holland-Kaye, ‘Failing to Build a Third Runway Won’t Help the Climate. But It Will Make Us Little Britain not Global Britain’, *Mail on Sunday*, 1 March 2020.
5. J. Porritt, Blog, 15 October 2015, http://www.jonathonporritt.com/
6. ‘Birmingham Leads Surge in Regional Serviced Office Take-up’, *Property Week*, 30 August 2019.
7. S. Penfold, ‘HS2 Boss Says Route Will Bring 500,000 Jobs and 90,000 New Homes’, *Express & Star*, 7 November 2018.
8. ‘BT Suspends Dividend and Expands Fibre Network’, *The Times*, 7 May 2020.
9. 莎伦·怀特宣布她将于 2019 年 6 月离开英国通信管理局。2020 年 2 月，她开始担任约翰·刘易斯百货的董事长。
10. Sharon White, interview with the author, November 2018.
11. J. Curtis, ‘BT Boss Philip Jansen Says Full-fibre Rollout Should Be “Top Priority” for Next Government’, City A.M., 31 October 2019.
12. 5G 是用于提供移动互联网上网的第五代技术。

13. ‘5G Controversy: Boris Johnson Faces Backlash from the US and Some Senior Tories over Huawei’, *The Times*, 28 January 2020.
14. ‘Trump Attacked Boris Johnson over Huawei in a Heated Phone Call’, *Bloomberg*, 7 February 2020.
15. *Channel 4 News*, Fact Check, 25 June 2015.
16. ‘Crossrail. Gleaming Stations So Why No Trains Until 2021?’, *Guardian*, 27 December 2019.
17. 同上。
18. 2019 年 7 月接受作者采访。
19. Professor Roderick Smith, ‘On the Wrong Lines’, *Mail on Sunday*, 29 December 2019.
20. ‘“Northern Could Lose Rail Franchise”, Says Grant Shapps’, *BBC Business* website, 2 January 2019.
21. R. Sunak, *Free Ports Opportunity*, London: Centre for Policy Studies, November 2016.
22. Q. Slobodian, ‘Rishi Sunak’s Free Ports Plan Reinvents Thatcherism for the Johnson Era’, *Guardian*, 1 March 2020.
23. A. Brummer, *Britain for Sale*, London: Random House Business Books, 2012.
24. 同上。
25. 同上。
26. 同上。
27. 2019 年 7 月接受作者采访。
28. 差价合约是在金融衍生品交易中做出的一种安排，开盘价和收盘价之间的差额以现金结算。
29. Electric car market statistics, November 2019, www.nextgreencar.com
30. P. Campbell and N. Thomas, ‘Motorway Services Chiefs Fear Power Grid

Not Fit for Electric Car Revolution', *Financial Times*, 20 January 2020.

31. 'Box 1.1 The Global Automobile Industry', in *World Economic Outlook*, IMF, October 2019.
32. National Infrastructure Commission, *National Infrastructure Assessment*, UK, July 2018.

第十章　传统：归于未来

1. Centre for Economics and Business Research (CEBR) Consultancy, *World Economic League Table 2020*, London, 26 December 2019.
2. 工党提议将铁路特许经营权、水务公司、能源公司、皇家邮政和英国电信的分销部门开达收归国有。
3. D. Reynolds, *Island Stories: Britain and Its History in the Age of Brexit*, London: William Collins, 2019.
4. 'London Protests Live: Six Police Officers Injured in Far-right Protests as PM Condemns "Racist Thuggery"', *Telegraph*, 13 June 2020.
5. 'Cambridge University Launches Inquiry into Historical Links to Slavery', News, University of Cambridge, 30 April 2019, https://www.cam.ac.uk/news/ cambridge-university-launches-inquiry-into-historical-links-to-slavery (accessed 30 June 2020).
6. S. Jenkins, *A Short History of London: The Creation of a World Capital*, London: Viking, 2019.
7. Department for International Development, *Final Aid Spend 2017*, November 2018.
8. 'Prime Minister Announces Merger of Department for International Development and Foreign Office', Press Release, Prime Minister's Office, 16 June 2020.
9. 'Unilever Back in Political Spotlight over UK Return', *Financial Times*, 11

June 2020.

10. J. Cowley, 'Editor's Note: The Great Railways Debacle', *New Statesman*, 14-20 February 2020.

第十一章 勇往直前

1. 安德鲁·贝利于 2020 年 3 月 16 日接替马克·卡尼成为英国央行行长。他在 2016 年至 2020 年担任英国金融市场行为监管局首席执行官；在 2013 年至 2016 年担任英国央行副行长，负责该银行的执法部门——审慎监管局。
2. 'BOE's Bailey Says "Financial Markets Were Bordering on Disorderly in Recent Days"', Reuters, 19 March 2020.
3. Andrew Hauser, 'Seven Moments in Spring: Covid-19, Financial Markets and the Bank of England's Balance Sheet Operations', Speech at Bloomberg, London, 4 June 2020.
4. *Employment in the UK, December 2019*, ONS.
5. 'Migration and Fiscal Sustainability', Box 3.4 in *Fiscal Sustainability Report*, Office for Budget Responsibility, July 2014, p. 101, https://obr.uk/box/migration-and-fiscal-sustainability/ (accessed 30 June 2020).
6. 'Broadband Networks Stand Firm During Pandemic', Ofcom Media Office, 13 May 2020.
7. 'Investment in Britain's Tech Sector Jumped 44 Per Cent in 2019', Reuters, 15 January 2020.
8. 'US Tech Demonstrates Resilience as Startups Navigate Virus Crisis', *Tech Nation*, 10 June 2020.
9. J. Campbell, 'Belfast Harbour Film Studios Set for £45m Expansion', BBC website, 17 February 2020.
10. J. Stiglitz, 'Facebook Does Not Understand the Marketplace of Ideas', *Financial Times*, 18 January 2020.

主要参考文献

[1] Anderson, C., *Makers: The New Industrial Revolution*, London: Random House Business Books, 2012.

[2] Banerjee, A.V. and Duflo, E., *Good Economics for Hard Times: Better Answers to Our Biggest Problems*, London: Allen Lane, 2019.

[3] Brummer, A., *Britain for Sale: British Companies in Foreign Hands–The Hidden Threat to Our Economy*, London: Random House Business Books, 2012.

[4] Cameron, D., *For the Record*, London: William Collins, 2019.

[5] Davis, E. *Made in Britain: How the Nation Earns Its Living*, London: Little Brown Books, 2011.

[6] Department for Business, Energy and Industrial Strategy, *Industrial Strategy: Building a Britain Fit for the Future*, Report, London, 2017.

[7] Digital Competition Expert Panel, *Unlocking Digital Competition*, Report, London: HM Treasury, 2019.

[8] Galbraith, J.K., *The Great Crash 1929*, London: Allen Lane, Reissued 2007.

[9] Haldane, A.G., 'Industrial Strategy', Speech, St. James' Park, Newcastle; 24 September 2019.

[10] Haskel, J. and Westlake, S., *Capitalism without Capital: The Rise of the Intangible Economy*, Oxford: Princeton University Press, 2018.

[11] Heffer, S., *High Minds: The Victorians and the Birth of Modern Britain*, London: Random House, 2013.

[12] Hutton, W., *The State We're In*, London: Random House, 1995.

[13] Institute of Public Policy Research, *Prosperity and Justice: A Plan for the New Economy–The Final Reports of the IPPR Commission on Economic Justice*, Cambridge: Polity, 2018.

[14] Jenkins, S., *A Short History of London: The Creation of a World Capital*, London: Viking, 2019.

[15] Keegan, W., *Mr. Osborne's Economic Experiment: Austerity 1945-51 and 2010–*, Milton Keynes: Searching Finance, 2014.

[16] Liddle, R., *The Great Britain Betrayal: The True Story of Brexit*, London: Constable, 2019.

[17] Mazzucato, M., *The Value of Everything: Making and Taking in the Global Economy*, London: Allen Lane, 2018.

[18] Minsky, H.P., *Stabilizing an Unstable Economy*, New York: McGraw Hill, 2008.

[19] National Infrastructure Commission, *National Infrastructure Assessment*, Report, July 2018.

[20] Rosenberg, D., *Israel's Technology Economy: Origins and Impact*, Cham, Switzerland: Palgrave Macmillan, 2018.

[21] Rowan, D., *Non-Bullshit Innovation: Radical Ideas from the World's Smartest Minds*, London: Bantam Press, 2019.

[22] Shipman, T., *All Out War: The Full Story of How Brexit Sank Britain's*

Political Class, London: William Collins, 2016.

[23] Stiglitz, J.E., *The Euro and Its Threat to the Future of Europe*, *London*: Allen Lane, 2016.

[24] Taaffe, O. (ed.), *Banking on Change: The Development and Future of Financial Services*, Chichester: John Wiley & Sons, 2019.

索引

A

阿彻家族　136，229
阿黛尔　4，151-154，167
阿克苏诺贝尔　23
阿斯利康　11，13，59，71-74，79-83，257，264，272，314，321，322，327
爱所思　159，160
安德鲁·贝利　187，188，200，332
安迪·霍尔丹　7，56，260
安吉拉·默克尔　16，37
安谋　17，18，79，121，134，324，341
暗痕　131
盎格鲁－撒克逊　21，22，24，45，75，204，244，313，317，342
澳大利亚　51，227，258，313，314，316，331

B

巴西　45，51，69，189，196
百代唱片　150，154，172
宝马　7，323
保罗·波尔曼　10，120，326
保罗·约翰逊　17，222
保险市场　190，191
鲍里斯·约翰逊　25，95，166，205，234，247，249，251，256，258，296，317，325，330，336，338
北方经济引擎　7，59，101，238，260
北海链路　123，124
比萨测试　94
伯明翰　6，24，207，259，281，285，286，294，296，302
伯尼·埃克莱斯顿　163，166
博柏利　14，159，160，313，328
不负　133，160，290

不平等现象 22，54，55，205，206，209，210，219-221，238，335
布莱克霍尔工作室 144

C

财务报告委员会 265，267，268，274，275
创意产业 4，16，17，19，57，58，60，70，88，89，134，137，139，140，142-144，155，167-172，174，201，315

D

代际问题 17，210，223，237
戴森 98，99，103，109
戴维·卡梅伦 48，92，97，181，215，254，327
单一货币 51，192，193
单一市场 3，16，20，37，40，43，61，62，65，76，173
德国 7，14，16，23，29，32，37，38，40-42，48，96，102，110，123，132，177，183，209，236，270，317，340
地方主义 259，262
迪兹·雷斯科 153
帝国化学工业集团 11，23，81
电动汽车 33，34，98，100，108，109，117，124，180，201，284，303-305，339
电影 4，53，57，135-137，140，141，143-150，163，168，172，315，318，341
电子支付系统 53，197
对冲基金 12，182-184，191

E

俄罗斯 51，64，66，102，138，189
二十国集团 45，179，186，199

F

法国 29，36，37，124，156，177，182，183，194，243，270，271，283-285，340
法国电力集团 110，122，307
反抗灭绝 123，202，276，303，339
反应引擎 125
房屋所有权 224
疯狂汽车秀 145
芬味树 189，328
服务业 34，41，43，44，53，60，68，70，121，143，163，177，194，202，205，217，222，299，320，342
富时100指数 13，73，269，271，272，320

G

高铁2号线 24，259，285，286，291-297，338
戈登·布朗 12，45，185，187，193，

225，249，257，320
更好工作协议　223，238
工业战略　22，25，59，77，95，97，100，201
公用事业　7，11，13，15，42，59，217，266
共同市场　3，36，37，51
国家网络安全战略　130
谷歌　52，85，108，110，137，139，140，142，151，169，201，340
关税同盟　37，61，64，65，76，249，254
光谱边缘　8，9
硅谷　31，52，54，62，85，88，97，99，132，134，138-140，142，179，201，315，323，336，340
国际公务员效率指数　244
国际货币基金组织　32，38，45-47，75，193，197，202，211-213，280，281，300，302，304
国家医疗服务体系　5，29，67，68，80，81，130，166，208，210，231-234，245，287，312，315，331
国民保险税　225，226，228

H

哈罗德·麦克米伦　18，36，287
哈罗德·威尔逊　18，91，111，213
航空航天业　33，126，127
核电　7，86，110，122，281，283，284，286，307，308
横贯铁路　24，292，295，296，307
互联网银行　178，195，204
华为　15，33，199，290
辉瑞　73，264，322，327
回流　118，119

J

J.K. 罗琳　4，147，148，167
机器人技术　8，22，114，118，132
积分制　67，105，171
基础设施投资　6，15，20，196，197，212，280，281，290，291，307，338，343
吉百利　11，12，322，323，325，326
吉凯恩　116，117，304
技术教育　17，69，90，95，96，133，222，223
伽利略计划　129
剑桥大学　8，71，75-80，83，85-87，91，102，105，131，133，134，138，154，157，217，314
教育体系　12，61，70，90，95，96，238
杰拉德·格里奇　133
捷豹路虎　59，108，117，155，313
金融服务　3，16，21，32，41，43，44，56，60，66，176-178，181，182，184，186，187，193，194，197，200，202，204，205，299，342，343
金融监管　45，179，182，183，187，190

金融科技　53，60，138，143，174，176-179，187，189，193，195-202，204，205，328
金融危机　4，5，12，20-22，32，41，42，45，49，50，53，68，99，139，170，174-176，178-180，182，186，187，196，198，199，208，211，212，215-218，220，227，256，275，280，281，286，300，307，313，333，334
金融稳定委员会　45，179，186，187
金融行为监管局　199，200
经合组织　32，54，93，94，266，310
酒店业　4，67，68，222
剧场行业　136
决议基金会　210，216，218，222，223，227，229，238

K

卡夫亨氏　120，264，324-326
康卡斯特　144，341
科巴姆　13，126，321，322，327
空客　16，59，128

L

劳斯莱斯　7，34，96，124，128，272，320，323
里希·苏纳克　6，25，104，225，256，298，331
利物浦　2，46，101，162，163，207，279，297
联合利华　10，13，23，119，120，264，272，313，324-327
脸书　52，62，139，140，142，336，340
量化宽松　49，332
零工经济　54，222，223
另类投资市场　189
流行音乐　143，150，168
伦敦大学学院　58，77，78，84-86，102，133，138，157，160，169
伦敦证券交易所　13，14，115，120，176，177，184，188，204，267，274，343
罗恩·卡利法　175，177，199
罗尔斯·罗伊斯　96，284，298，305，339，342
罗素大学集团　19，77，86，89，90，94，102，138
绿色金融　196，202

M

麻省理工学院　80
玛莎百货　52，114，115，159，266，272
曼彻斯特　6，24，56，99，102，133，157，161，162，207，259，260，281，285，296，297
梅尔罗斯工业　117，304，339
媒体城　56，133，279
美国　12，15，19-22，27，29-33，55，60-63，66，69，76，108，

113，115，127，140-146，149-153，163，164，166，171，172，175-178，190-193，195，196，198，199，205，209，243，244，253，257-259，288-290，316，321-323，332，335
民粹主义　20，29，30，208，317，334，335

N

纳税人联盟　223
南北分歧　19
能源供应　122，284
牛津大学　11，70，71，77，78，80，86，87，102，105，116，133，138，244
挪威　32，123，124，270，271

O

欧盟可再生能源指令　122
欧元区　12，14，22，29，38，42，44，51，104，181，182，192，193，198，217
欧洲货币体系　193
欧洲经济共同体　3，40，42，312，313
欧洲央行　38，183，185，204，280，317

P

帕斯卡尔·索里奥特　72，73，83，264，322
披头士乐队　152，158，172，310
苹果　8，9，31，52，53，62，140，142，143，150，151，155，197，323，336，340

Q

权力的游戏　150，341
全球英国　61，257，258，310，312，320，336
气候变化　5，33，84，171，190，202，204，205，263，265，275，276，282，283，293，298，302，303，305，306，333，339
迁移　30，200
乔治·奥斯本　7，14，44，49，59，62，101，149，183，221，248，284，327
乔治·弗洛伊德　209，210，314
权力下放　219，238，242，247，249，262，282，311
全民公投　28，48，66，67，243，247
全民基本收入　219
全球付　52，60，175-177，197-199，202

R

人民投票　243

软银集团 18，79，324，341
瑞士 12，103，192，325

S

撒切尔 1-3，6，20，22，41-43，46-48，50，75，90，196，237，279，329，330
萨维尔街 158-160
赛车谷 109，110，165，167
赛义德·贾维德 65，187，230，280，298
上议院改革 254
社会保险 194，235-237
社会关怀 210，214，228，232-237，239，255
社会流动性 212，237，239
社会契约 206，210-216，228，231，236，238，343
社交媒体 53，139，151，209，252
深脑 113，133，137-141，169
生产力 5，7，24，57，68，71，74，102，110，127，132，212，246，255，273，280，281
失望 11，24，25，29，46，109，110，203，208，246，280，304，313，334，335
失业率 10，14，29，42，46，50，51，70，95，208，216，217，222，308，317，333
收入不平等 20，209，210，218
数字化颠覆 22
水务 7，11，15，24，307，328
税收改革 223，318
松林制片厂 147-150
苏格兰 11，35，126，141，207，221，242，245，247-250，255，279，282，295，311-313，316
苏格兰独立公投 48，248
苏格兰皇家银行 175-177，198，256，262，273，313

T

碳减排目标 276
糖果传奇 141，142
唐纳德·特朗普 20，30，32，62，199，208，290，335
特蕾莎·梅 49，60，61，92，105，118，126，154，234，248，251
特斯拉 110，139，304
特许经营权 160，163，297，331，339
天空电视台 90，136，144，146，150，160-163，167，172，318
通用福利金 215，245，248，331，334
通用数据保护条例 31
投资银行 12，15，41，178，190，192，194-196，203-205，262，274-276，339，341
推进中心 99，104，107，121
托尼·布莱尔 12，93，242，254，257，263，320

W

外汇交易　184，192
王冠　145，146，316
王室　167，250，312，315，316
网飞　52，140，142，144-146，163，171，173，273，316，340
网络安全　21，128，130，131，179，197
网络货币　197
威尔士　35，207，232，242，245，247-250，262，297，306，312
未来基金　57，103
文法中学　91-93
无家可归　19，27，215，319
无人机技术　127，128
无人驾驶汽车　100，107，108，114
无协议脱欧　244，245，255
物联网　121，138

X

西风　128
西门子　117，118，256
侠盗猎车手　141
宪法　5，214，240，242，243，246，247，249，252，261，277
欣克利角核电站　281，283，284，286，307，308
新加坡　51，94，98，99，109，132，157，192，258
星球大战　141，147，149，150，315
性别薪酬差距　210，273
选择性学校　91
学徒制　20，69，95-97，344

Y

亚历山大·麦昆　158，160
亚马逊　52，53，62，113，133，140，142-145，151，162，221，273，336，340
研究型大学　3，8，19，78，87，97，105，137，138，169，198，315，339
养老金计划　207，216，225-228，235
一级方程式锦标赛 /F1　104，109，110，163-167
以色列　51，138，171，189，262，338
议会主权　239，242，246，253
银石　164，165
印度　19，27，45，51，64，66，69，71，75，97，119，155，165，189，194，210，220，257，313，322，327，335
英国创意产业国际战略报告书　58
英国数字化战略　133
英超联赛　161-163，313
英格兰银行 / 英国央行　7，34，39，45，49，50，56，113，179，180，184-188，190，193，195，197，199，200，202，212，227，241，

260，261，276，280，281，303，313，332，333
英国财政研究所 17，218
英国创意产业联合会 140，142，155，168，170
英国大选 144，239，240，242，248，330
英国广播公司 56，114，133，136，145，146，154，168，170-172，207，229，318，333
英国皇家建筑师协会 157
英语语言 315
婴儿潮一代 207，208，215-217，221，228，229，233，234
游戏产业 4，21，137，139，140
约翰·坎普纳 140，142，155，170

Z

债券交易 189，190，280
詹姆斯·戴森 98，99，103，109
占领行动 209
知识产权 12，83，138，142，146，151，154，155，168-170，172，305，319，321，340，342
职业化学习 95
智能手机 53，121，142，151，161
中国 3，14，15，18-20，27，29，30，32，35，36，66，69，83，94，97，105，106，184，191，194，199，257，284，290，291，300，313，314，320，322，335，336
中远 300
终身个人储蓄账户 221，222
庄信万丰 339
准时制生产 116，181，337
自由贸易 39，46，47，61-64，290
综合中学 91，92，95
足球 146，161-163，167，260，275
最低收入保障 221

译后记

工业革命后，全球科技突飞猛进，推动人类进入了由科技文明主导的时代。英国作为工业革命的先驱，却已不复往日的荣光与繁盛，用三年多的时间告别“欧盟”俱乐部后，开始思考在这动荡的世界中如何“重启”并再次繁荣。

《英国重启》一书正是站在英国脱欧的特殊节点，对英国在过去、现在和未来如何利用科学技术在大国竞争中谋取优势展开了详尽讨论。全书围绕着三个关键词：脱欧、科技、创新。英国正式脱欧，再一次印证了百年未有之大变局的真实性。局势变幻莫测，更加凸显科学技术对于国家发展的基础和关键作用。亚历克斯・布鲁默在本书中强调：英国的繁荣源泉在于创新，英国人在金融、科研、影视、娱乐等行业积攒的经验与成果形成了英国独特的竞争优势。他呼吁政府担当作为，提升治理能力，保护优势产业，加大教育投入，重视科学研发，弥合社会分歧，完善基础设施，重建国民信心，引领英国勇往直前走向美丽新世界。

不患人之不己知，患不知人也。2022 年，中国成功进入创新型国家行列。我们走出了一条从人才强、科技强，到产业强、经济强、国家强的自主创新发展之路。接下来，这条路如何走得更好，需要更深远的思考和探索。吸取别国的经验教训，可以少走弯路。亚历克斯·布鲁默深度剖析英国社会现实后而提出的建议，或可为我国的创新之路提供一定参考。

在翻译过程中，译者深感学无止境。如读者所见，作者视域开阔，观点犀利独到，论述深入人心。阅览原文，字里行间可见其在政治、经济、历史、科技、文艺及语言等领域的深厚功底，给翻译造成不小压力。书中内容涉及多个学科，为方便读者理解，译者通过脚注作了一些背景补充，以供参考。尽管已然精益求精，纰漏之处仍在所难免。如有发现，还望不吝赐教。

洪　云

2024 年 4 月